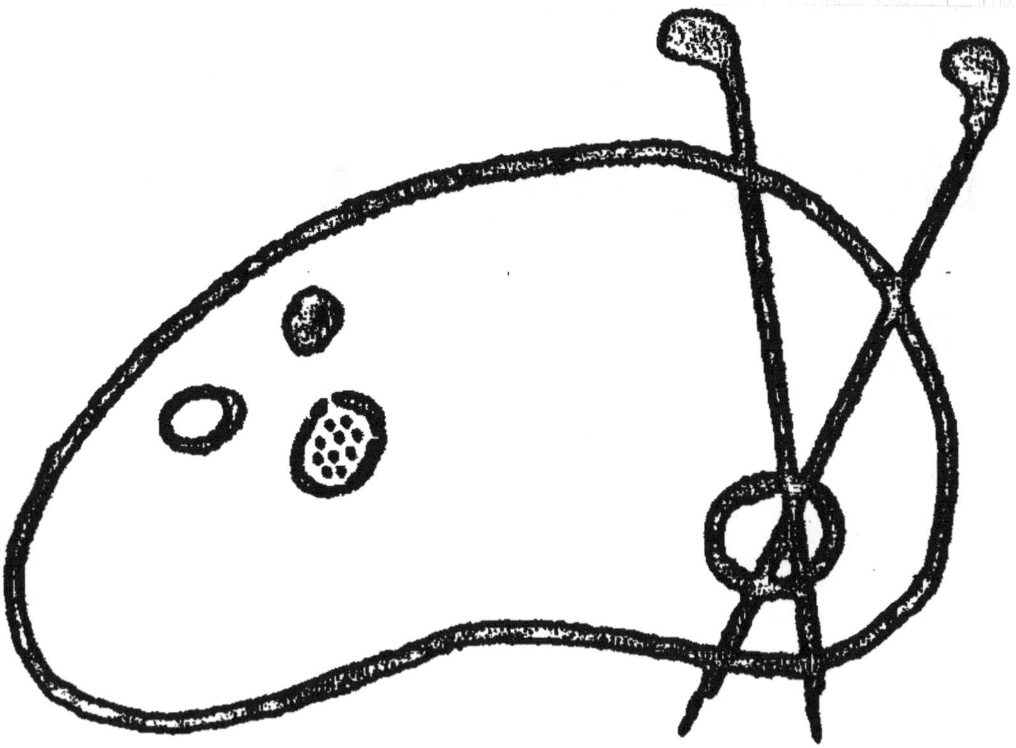

Couvertures supérieure et inférieure en couleur

GUSTAVE DROZ

MONSIEUR, MADAME

ET

BÉBÉ

CENT SEIZIÈME ÉDITION

PARIS
VICTOR HAVARD, LIBRAIRE-ÉDITEUR
175, BOULEVARD SAINT-GERMAIN, 175

1882

Tous droits de traduction et de reproduction réservés.

EN VENTE A LA MÊME LIBRAIRIE

GUSTAVE DROZ

Monsieur, Madame et Bébé, illustré par Edmond Morin, 1 vol. grand in-18 jésus. 30 fr. »

Entre Nous, 48ᵉ édition, 1 vol. in-18. . . . . 3 fr. 50

Le Cahier bleu de Mademoiselle Cibot, 34ᵉ édition. 1 vol. in-18. . . . . 3 fr. 50

Autour d'une Source, 25ᵉ édition, 1 vol. in-18. 3 fr. 50

Babolain, 29ᵉ édition, 1 vol. in-18. . . . . . 3 fr. 50

Une Femme gênante, 24ᵉ édition, 1 vol. in-18. 3 fr. 50

Les Étangs, 20ᵉ édition, 1 vol. in-18. . . . . 3 fr. 50

Un Paquet de Lettres, nouvelle édition, 1 vol. in-18 . . . . 3 fr. 50

MONSIEUR, MADAME

ET

BÉBÉ

EN VENTE A LA MÊME LIBRAIRIE

GUSTAVE DROZ

Monsieur, Madame et Bébé, illustré par Edmond Morin, 1 vol. grand in-18 jésus. 30 fr.

Entre Nous, 48ᵉ édition, 1 vol. in-18.... 3 fr. 50

Le Cahier bleu de Mademoiselle Cibot, 34ᵉ édition, 1 vol. in-18............ 3 fr 50

Autour d'une Source, 25ᵉ édition, 1 vol. in-18 3 fr. 50

Babolain, 28ᵉ édition, 1 vol. in-18......... 3 fr. 50

Une Femme gênante, 24ᵉ édition, 1 vol. in-18 3 fr. 50

Les Étangs, 20ᵉ édition, 1 vol. in-18....... 3 fr. 50

Un Paquet de Lettres, nouvelle édition, 1 vol. in-18..................... 3 fr. 50

GUSTAVE DROZ

MONSIEUR, MADAME

ET

BÉBÉ

CENT-SEIZIÈME ÉDITION

PARIS

VICTOR HAVARD, LIBRAIRE-ÉDITEUR

175, BOULEVARD SAINT-GERMAIN, 175

1882

Tous droits de traduction et de reproduction réservés.

Chère Madame,

Si par hasard, en ouvrant ce volume, vous alliez vous heurter contre quelque... gaieté, ne vous hâtez pas trop, je vous en conjure, d'aller chercher la garde et de crier : « Au feu! »

Dans les premières pages de mon livre, c'est un célibataire qui parle, et je vous demande pour lui indulgence et pardon. Ne le condamnez pas trop vite, vous en seriez au regret; car, vers la centième page, ce garçon se marie, et, sur l'honneur, fait un mari charmant.

Faut-il dire qu'il devient bientôt père et mérite alors toutes vos sympathies?...

Mon embarras n'est pas mince, je vous jure! Je vous conseillerais bien de commencer par la fin, mais, pour aimer le père, il faut connaître l'homme, et toutes ces petites études sont réunies entre elles par un lien que je ne saurais briser.

Donc, chère Madame, soyez brave. Si parfois le récit s'anime un petit peu, fermez un œil : c'est un moyen parfait pour ne lire qu'à moitié et ne se brouiller avec personne.

Votre respectueux serviteur,

GUSTAVE Z.

MONSIEUR, MADAME ET BÉBÉ

MON PREMIER RÉVEILLON

Du diable si je me souviens de son nom ! et pourtant je l'ai bien aimée, l'adorable fille !

C'est singulier comme on se trouve riche quand on fouille dans les vieux tiroirs; que de soupirs oubliés, que de jolis petits bijoux en miettes, passés de mode et couverts de poussière ! Mais peu importe ! J'avais alors dix-huit ans, et, sur l'honneur, une grande fraîcheur de sentiment. C'est entre les bras de cette chère... — j'ai le nom sur le bout de la langue, il finissait en *ine*, — c'est donc entre ses bras, la chère enfant, que j'avais murmuré mon premier mot d'amour, sur son épaule rondelette, à côté d'un joli petit signe noir, que j'avais posé mon premier baiser. Je l'adorais, et elle me le rendait bien.— Je l'habillais moi-même, je laçais son corset et j'éprouvais une émotion sans bornes lorsque je voyais, sous l'effort de ma main, sa taille s'arrondir et son corsage s'effiler.

Elle me souriait dans sa glace. Elle me souriait de son petit œil noir, brillant, tout en me disant : Mais pas si fort, mon petit chéri, tu vas m'étouffer.

Je crois vraiment que je l'eusse épousée et gaiement, je vous le jure, si dans certains moments de défaillance morale son passé ne m'eût inspiré des doutes et son présent des inquiétudes. — On n'est pas parfait : j'étais un brin jaloux.

Or, un soir, c'était la veille de Noël, je vins la prendre pour aller souper chez un ami à moi, que j'aimais beaucoup et qui est mort depuis juge d'instruction je ne sais plus où.

Je montai l'escalier de la chère petite et fus tout surpris de la trouver prête à partir. Elle avait, je m'en souviens, un corsage décolleté carrément et un peu bas, à mon goût; mais tout cela lui allait si bien que lorsqu'elle m'embrassa je fus tenté de lui dire : « Dis donc, mignonne, si nous restions ici; » mais elle prit mon bras en chantonnant un air qu'elle aimait et nous nous trouvâmes dans la rue.

Vous avez éprouvé, n'est-ce pas, cette première joie de l'enfant qui devient homme lorsqu'il a *sa maîtresse* au bras? Il tremble de sa fredaine et flaire pour le lendemain une correction paternelle; mais toutes ces craintes s'effacent devant le moment présent qui est ineffable. Il est affranchi, il est homme, il aime, il est aimé, il se sent un pied dans la vie. Il voudrait que tout Paris le vît ainsi et il tremble d'être reconnu; il donnerait son petit doigt pour avoir trois poils de barbe, une ride au front, pour que le cigare ne lui fît plus mal au cœur et pour qu'un verre de punch ne le fît plus éternuer...

Quand nous arrivâmes chez mon ami, depuis juge d'instruction, il y avait déjà nombreuse compagnie; on entendait de l'antichambre des rires bruyants, des éclats de voix avec une sourdine de vaisselle qu'on remue et de couverts qu'on dresse. J'étais un peu ému; je me savais le plus jeune de la bande, et j'avais peur d'être emprunté dans cette nuit de débauche. Je me disais : « Mon garçon, de l'entrain, sois mauvais sujet et bois ferme, ta *maîtresse* est là et les yeux sont fixés sur toi. » L'idée que je pourrais bien être malade le lendemain matin me tourmentait bien un peu, je voyais ma pauvre mère m'apportant une tasse de thé et pleurant sur mes excès; mais je refoulai toutes ces pensées et vraiment tout alla bien jusqu'au souper. On avait légèrement taquiné *ma maîtresse*, une ou deux personnes l'avaient même embrassée à ma barbe, je veux dire sous mon nez; mais j'avais immédiatement inscrit ces détails au chapitre des profits et pertes, et très-sincèrement j'étais fier et joyeux.

« Mes petits enfants, s'écria tout à coup le maître de la maison, voilà le moment de donner un violent coup de fourchette. Passons dans la salle où on mange. »

Des cris de joie accueillirent ces paroles, et avec un grand désordre on se rua autour de la table, aux bouts de laquelle j'aperçus deux plats remplis de ces gros cigares dont il m'était impossible de fumer un quart sans avoir des sueurs froides.

« Voilà qui amènera une catastrophe, de la prudence et dissimulons, » me dis-je.

Je ne sais comment il se fit que *ma maîtresse* se trouva placée à la gauche du maître de la maison. — Je n'aimais point cela, mais que dire? Et puis, ce maître de la maison avec ses vingt-cinq ans, ses moustaches en croc et son aplomb, me semblait être le plus idéal, le plus étourdissant des démons, et j'avais pour lui une nuance de respect.

« Eh bien! dit-il, avec une volubilité entraînante, vous êtes tous bien, pas vrai? Vous savez que les invités qui sont gênés dans leurs habits peuvent les enlever — et ces dames aussi. Ah! ah! ah! c'est assez coquet ce que je dis là, n'est-ce pas mes petits anges? » Et tout en riant, avec la rapidité de l'éclair il lança un baiser à droite et à gauche sur le cou de ses deux voisines dont l'une d'elles, comme j'ai eu l'honneur de le dire, était ma bien-aimée.

Ventre de biche! je sentis mes cheveux se hérisser et comme un fer rougi... Du reste, on éclata de rire, et à partir de ce moment, le souper eut une animation charmante.

« Mes petits enfants — c'était l'expression de ce damné juge d'instruction — qu'on attaque les viandes froides, les saucisses, la dinde, la salade! qu'on attaque les babas, le fromage, les huîtres et le raisin; qu'on attaque tout le tremblement. Esclaves! débouchez les flacons, — mangeons tout à la fois, n'est-ce pas mes colombes? sans ordre, pas de symétrie, c'est oriental, c'est fou, c'est adorable. — Dans le cœur de l'Afrique, on ne fait pas autrement. — Il faut de la poésie dans les plaisirs — passez-moi du fromage avec la dinde. Ah! ah! ah! je suis étrange, je suis impossible, n'est-ce pas, mes mignonnes? »

Et il lança encore deux baisers, mais cette fois un peu plus bas. Si je n'avais pas été gris déjà, sur l'honneur j'aurais fait un éclat.

J'étais étourdi. On riait, on criait, on chantait, la vaisselle tintait. Un bruit de bouteilles qu'on débouche et de verres qu'on casse bourdonnait dans mes oreilles, mais il me semblait qu'un nuage se fût élevé entre moi et le monde extérieur : il y avait un voile qui me séparait des convives, et, malgré l'évidence de la réalité, je croyais rêver. Je distinguais cependant, quoique d'une façon confuse, les regards animés des convives, leur teint coloré et surtout dans la toilette des femmes un sans gêne tout nouveau. *Ma maîtresse* elle-même me semblait changée... Tout à coup — ce fut un éclair — ma bien-aimée, mon ange, mon rêve, celle que le matin j'aurais épousée, presque, se pencha vers le juge d'instruction et... — j'en ai encore un frisson — dévora trois truffes qui étaient dans son assiette.

J'éprouvai une véritable douleur, il me sembla que mon cœur se brisait, puis...

Là s'arrêtent mes souvenirs. Que se passa-t-il ensuite? je n'en eus point conscience. Je me souviens cependant qu'on m'accompagna dans un fiacre. Je demandai : « Où est-elle? mais où est-elle? »

On me répondit qu'elle était partie depuis deux heures.

Le lendemain matin, j'éprouvai un véritable désespoir lorsque les truffes du juge d'instruction me revinrent en mémoire. J'eus un instant la vague résolution d'entrer dans les ordres... mais le temps — vous savez ce que c'est! — calma cette tempête. Comment diable s'appelait-elle, la petite chérie?... Ça finissait en *ine*... Au fait, non; je crois que ça finissait en *a*.

L'AME EN PEINE

A Monsieur CLAUDE DE L...,

Au Séminaire de P...-sur-C... (Haute-Saône).

C'est pour mon âme une jouissance singulière que de venir converser avec toi, mon cher Claude. Te le dirais-je? je ne peux songer sans une pieuse émotion à cette vie qu'hier encore nous menions ensemble au collége des Jésuites. Je pense à nos longues causeries sous les grands arbres, aux pieux pèlerinages que nous faisions chaque jour au Calvaire du Père supérieur, à nos chères lectures, à ces élans de nos deux âmes vers la source éternelle de toute grandeur et de toute bonté. Je vois encore la petite chapelle que tu organisas un jour dans ton pupitre, les jolis cierges que nous avions fabriqués pour elle, et que nous allumâmes un jour au milieu de la classe de cosmographie. Délicieux souvenirs, que vous m'êtes chers! charmants détails d'une vie pure et calme, que je vous retrouve avec bonheur! Le temps, en m'éloignant de vous, semble n'avoir fait que vous rendre plus présents à mon souvenir. J'ai vécu, hélas! durant ces six longs mois; mais, en acquérant la science du monde, j'ai appris à aimer davantage la sainte ignorance de ma vie passée. Plus sage que moi, tu es resté dans la voie du Seigneur; ami, tu as compris la divine mission qui t'était réservée; tu n'as point voulu franchir le seuil profane et entrer dans ce monde, dans cette caverne, devrais-je dire, où je suis maintenant assailli, ballotté comme un frêle esquif durant la tempête. Et encore, la colère des flots de la mer n'est-elle pas un jeu d'enfant, si on la compare à celle des passions? Heureux ami, qui ignores encore ce que je sais déjà! Heureux ami, dont les yeux n'ont point encore mesuré l'abîme où mon regard s'est déjà perdu.

Mais que pouvais-je faire? N'étais-je pas obligé, en dépit de ma vocation et de mon amitié tendre qui m'appelaient à tes côtés, n'étais-je pas obligé d'obéir aux exigences du nom que je porte, et aussi à la volonté de mon père, qui me destinait au métier des armes pour la défense d'une noble cause que tu défendras aussi. Bref, j'obéis et je quittai le collége des Pères pour n'y plus revenir.

J'entrai dans le monde le cœur plein des craintes salutaires que notre pieuse éducation y avait fait naître. Je m'avançai craintif, mais au bout d'un instant, je me reculai d'horreur. J'ai dix-huit ans, je suis encore jeune, mais j'ai déjà réfléchi beaucoup, et l'expérience de mes pieux directeurs a jeté dans mon âme une maturité précoce qui me permet de juger bien des choses; d'ailleurs, ma foi est tellement inébranlable et a pénétré si profondément en mon être, que je puis regarder sans danger autour de moi. — Je ne crains pas pour mon salut, mais je suis navré en songeant à l'avenir de notre société moderne, et je prie le Seigneur dans toute la ferveur d'un cœur préservé du mal de ne point détourner son regard de notre malheureux pays. Ici même, chez la marquise K. de C., ma cousine, où je suis en ce moment, je ne découvre que frivolité chez les hommes et dangereuse coquetterie chez les femmes. Le souffle pernicieux de l'époque semble pénétrer même dans ces hautes régions de l'aristocratie française. On y discute parfois sur des sujets de science, de morale qui portent une sorte d'atteinte indirecte à la religion elle-même, et sur lesquelles notre saint-père le pape devrait seul être appelé à prononcer. Ainsi : Dieu permet qu'en ce moment, certains petits savants, les pieds plats de la science, tu m'entends, expliquent d'une façon nouvelle l'origine des êtres, et malgré l'excommunication qui va sûrement les atteindre, lancent un défi farouche et impie aux plus respectables traditions.

Je n'ai pas voulu m'éclairer sur de pareilles turpitudes, mais j'ai entendu avec une véritable douleur des esprits de poids, des noms illustres, y attacher quelque importance.

Quant aux mœurs et aux habitudes, sans être immorales, ce qui ne saurait être dans notre monde, elles sont cependant d'une frivolité, d'une facilité d'allures horriblement choquantes. Je ne veux t'en citer qu'un exemple; aussi bien, c'est celui qui m'a le plus frappé.

Il y a, à dix minutes du château, une délicieuse petite rivière ombragée par de grands saules; le courant est peu rapide, l'eau transparente comme le cristal, et le lit recouvert d'un sable si fin qu'on y enfonce comme dans un tapis. Or, croirais-tu, cher ami, que, par ces grandes chaleurs, tous les habitants du château y viennent à la même heure, ensemble et sans aucune distinction de sexe, y prendre des bains? Un simple vêtement peu épais et fort étroit voile assez imparfaitement la pudeur singulièrement osée de ces dames. — Pardon, mon pieux ami, d'entrer dans tous ces détails et de troubler le calme de ton âme par la peinture de ces scènes mondaines; mais je t'ai promis de te faire part de mes impressions, de mes pensées les plus intimes. C'est un engagement sacré auquel j'obéis.

Je t'avouerai donc que ces scènes de bains me révoltèrent au dernier point la première fois que j'en entendis parler. J'en ressentais une sorte de dégoût facile à comprendre, et je refusai absolument d'y jouer un rôle. On me plaisanta bien un peu, mais ces railleries mondaines ne surent m'atteindre et ne changèrent rien à ma détermination.

Cependant hier, vers cinq heures du soir, la marquise me fit appeler, et s'arrangea si spirituellement qu'il me fut impossible de ne pas lui servir de cavalier.

Nous partîmes. — La femme de chambre portait nos costumes de bain, celui de la marquise et celui de ma sœur, qui devait nous rejoindre.

« Je sais, me dit ma cousine, en s'appuyant sur mon bras, un peu trop pour la bienséance, je sais que vous nagez fort bien ; le bruit de vos talents est venu du collége jusqu'ici, et vous allez m'apprendre à faire la planche, n'est-ce pas, Robert ?

— Je fais peu de cas, lui répondis-je, chère cousine, de ces petits avantages physiques. — Je nage passablement, rien de plus. »

Et je détournai la tête pour éviter une odeur extrêmement pénétrante dont ses cheveux étaient empreints. — Tu sais bien que je suis sujet aux névralgies.

« Mais, mon *cher enfant*, les avantages physiques ne sont pas non plus tant à dédaigner. »

Ce *cher enfant* me déplut fort. Ma cousine a vingt-six ans, c'est vrai, mais je ne suis plus, à proprement parler, un *cher enfant*, et, d'ailleurs, il dénotait une familiarité que je n'avais point souhaitée. C'était de la part de la marquise une conséquence de cette frivolité d'esprit, de ce laisser-aller dans les paroles, que j'avais remarqués, et rien de plus ; mais j'en fus choqué. Elle poursuivit :

« Une modestie exagérée n'est point de mise dans notre monde — et elle se tourna vers moi en souriant. — Vous ferez un très-joli cavalier, mon petit Robert, et ce qui vous manque est facile à acquérir. Par exemple... faites-vous donc coiffer par le valet de chambre du marquis... Il vous accommodera à ravir, vous en serez satisfait. »

Tu dois comprendre, mon cher Claude, que je répondis à ces avances avec une froideur qui ne laissait aucun doute sur mes intentions.

« Je vous le répète, ma cousine, lui dis-je, j'attache à tout cela peu d'importance, » et j'appuyai mes paroles par un regard ferme... glacial. Alors seulement, car je n'avais point avant jeté les yeux sur elle, j'aperçus les élégances profanes de sa toilette; élégances auxquelles, malheureusement, la beauté périssable de sa personne sert de prétexte et d'encouragement.

Elle avait les bras nus et ses poignets étaient perdus parmi les bracelets, le haut de son corsage était voilé d'une façon insuffisante par la trame trop légère d'une gaze transparente; en un mot, le désir de plaire se traduisait en elle par tous les détails de son ajustement. Je fus ému à l'aspect de tant de frivolité, et je me sentis rougir de pitié... presque de honte.

Enfin, nous arrivâmes au bord de la rivière. Elle quitta mon bras, et sans façon, elle s'affaissa — je ne saurais dire qu'elle s'assit — sur l'herbe en rejetant en arrière les longues boucles de cheveux qui pendaient de son chignon. — Le mot chignon, dans le langage mondain, exprime cette proéminence du crâne que l'on remarque au sommet postérieur de la tête des femmes. Elle est produite par la réunion de leurs longs cheveux tordus ou nattés. J'ai cru deviner, à certaines allusions, que plusieurs de ces chignons n'étaient point naturels. Il est des femmes, trop dignes filles d'Ève, qui achètent à prix d'or les chevelures que leur livre — *horresco referens* — ou la misère ou la mort. Cela soulève le cœur.

« Il fait une chaleur excessive, mon petit cousin, dit-elle en s'éventant. Je tremble à tous moments, par cette température, que le nez de M. de Beaurenard n'éclate et ne prenne feu! Ah! ah! ah! Ma parole d'honneur. »

Elle partit d'un grand éclat de rire à propos de cette plaisanterie assez inconvenante et sans grand sel. M. de Beaurenard est un ami du marquis, qui a, en effet, le visage coloré.

J'exécutai un sourire de politesse qu'elle prit sans doute pour une approbation, car elle se lança alors dans une conversation, un bavardage sans nom; alliant aux sentiments les plus profanes les idées religieuses les plus étranges, le calme des champs au tourbillon du monde, et cela avec une liberté de geste, un charme d'expressions mondaines, une finesse de regard et une sorte de poésie terrestre par lesquels tout autre esprit que le mien eût été séduit.

« C'est un adorable endroit, avouez-le, que ce petit coin?

— A coup sûr, ma cousine.

— Et ces vieux saules avec leurs grosses têtes penchées vers le courant, voyez comme les fleurettes des champs entourent gaiement leur tronc meurtri..... Est-ce étrange, ce feuillage jeune, élégant, argenté, ces branches souples et fines! Tant d'élégance, de fraîcheur et de jeunesse s'élançant de ce vieux corps qui semble maudit.

— Dieu ne saurait maudire un végétal, ma cousine.

— C'est possible; mais je ne puis m'empêcher de trouver dans les saules quelque chose qui sent l'humanité. La vieillesse éternelle a l'air d'un châtiment. Il expie et il souffre, ce vieux réprouvé des rivages, ce vieux Quasimodo des champs! Que voulez-vous que j'y fasse, mon petit cousin, voilà l'impression que j'éprouve... Qui me dit que le saule n'est pas la dernière incarnation du pêcheur à la ligne mort dans l'impénitence? » Et elle éclata de rire.

« Ce sont là des idées païennes et tellement contraires aux dogmes, que je suis forcé, pour les expliquer dans votre bouche, de supposer que vous vous moquez de moi.

— Mais pas le moins du monde, je ne me moque pas de vous, mon petit Robert. Vous n'êtes pas de la première jeunesse, savez-vous? Tenez, allez vous habiller pour le bain. Je vais entrer dans la tente et en faire autant. A bientôt, mon petit cousin. » Elle me salua de la main en soulevant l'un des côtés de la tente avec une coquetterie visible.

Quel étrange mystère que le cœur des femmes! Je cherchai un endroit touffu tout en songeant à ces choses, et en un instant j'eus revêtu mon costume montant... Je pensais à toi, mon pieux ami, en boutonnant le corsage et les manches. — Combien de fois ne m'as-tu pas aidé à exécuter ce petit travail, auquel j'étais si maladroit! Bref, j'entrai dans l'eau et j'allais me mettre à la nage, lorsque le timbre de la voix de la marquise arriva jusqu'à moi. Elle causait avec sa femme de chambre dans l'intérieur de la tente. — Je m'arrêtai et j'écoutai; non par curiosité coupable, je t'avouerai cette faiblesse, mais par désir sincère de connaître mieux cette âme, bonne à coup sûr, mais égarée.

« Mais non, Julie, — disait la marquise, — mais non, je ne veux plus entendre parler de votre affreux bonnet imperméable. L'eau entre dedans et n'en sort plus. Tordez mes cheveux dans le petit filet, et voilà tout.

— Les cheveux de madame la marquise seront mouillés.

— Vous les poudrerez ensuite. Rien ne sèche comme la poudre... Justement je mets ce soir ma robe bleu clair... Vous mettrez de la poudre blonde... Mon enfant, vous devenez folle! Je vous ai dit de raccourcir mon vêtement de bain, mais en le pinçant aux genoux. Voyez de quoi cela a l'air.

— J'avais craint que madame la marquise ne fût gênée pour nager?

— Gênée! Eh bien, alors, pourquoi l'avez-vous rétréci de trois bons doigts à cet endroit-ci? Tenez, voyez comme cela bride; ça n'a pas le sens commun; le voyez-vous, ma fille, le voyez-vous? »

La paroi de la tente s'agita, et je compris que ma cousine revêtait avec quelque impatience le costume en question pour en faire mieux comprendre les défauts à sa fille de chambre.

« Je ne veux pas avoir l'air d'être entortillée dans un drapeau; mais d'un autre côté, je veux pouvoir me remuer. — Vous ne voulez pas vous mettre dans la tête, Julie, que cette étoffe ne prête pas... Vous voyez maintenant que si je me baisse un peu... Ah! vous en convenez, c'est heureux. »

Pauvres esprits! n'est-il pas vrai, mon pieux ami, que ceux où peuvent entrer de semblables préoccupations? Je les trouvais tellement vaines, ces préoccupations, que je souffrais d'en être le confident involontaire, et j'agitai l'eau avec bruit pour annoncer ma présence et faire cesser un langage qui me révoltait.

« Je suis à vous, Robert, mettez-vous toujours à l'eau; est-ce que votre sœur n'arrive pas? » me dit ma cousine en élevant la voix; puis, d'une voix contenue et s'adressant à sa femme de chambre :

« Oui, sans doute, serrez pas mal, il faut être maintenue. »

La tente se souleva et ma parente apparut.

Je ne sais pourquoi je frissonnai comme à l'approche d'un danger. Elle fit deux ou trois pas sur le sable fin tout en enlevant de ses doigts les bagues d'or qu'elle a coutume d'y accumuler; puis elle s'arrêta, remit à Julie les bijoux, et, avec un mouvement que je vois encore, mais qu'il me serait impossible de te décrire, elle lança dans l'herbe les sandales à bouffettes rouges qui protégeaient ses pieds.

Elle n'avait fait que trois pas, mais c'en était assez pour me faire remarquer l'étrangeté de sa démarche. Elle marchait à petits pas craintifs, ses bras nus rapprochés du corps et les parties saillantes de son corsage, comme abandonnées au gré de ce costume immodeste, tremblaient de honte au moindre mouvement.

Je détournai les yeux, c'en était trop! Je me sentis rougir jusqu'aux oreilles en songeant qu'une marquise de K... de C..., qu'une propre cousine à moi, pût oublier assez les lois de la pudeur pour se montrer au jour dans un pareil état. Elle n'avait plus de la femme que les nattes de ses cheveux enroulées dans une résille; quant au reste, c'était un jeune homme étrange, à la fois svelte et affligé d'un embonpoint précoce, un de ces êtres comme il en apparaît dans les rêves et dans les insomnies de la fièvre, un de ces êtres vers lesquels une puissance inconnue vous attire, et qui ressemblent trop à des anges pour n' point être des démons.

« Eh bien, Robert, à quoi pensez-vous donc? Donnez-moi la main pour entrer dans l'eau. »

Et elle trempa dans l'onde transparente les doigts de son pied cambré.

« Cela surprend toujours un peu, mais l'eau doit être excellente, fit-elle; qu'est-ce que vous avez donc, votre main tremble?... Petit cousin vous êtes frileux! »

Le fait est que je ne tremblais ni de crainte ni de froid; mais, en m'approchant de la marquise, le parfum pénétrant qu'exhalaient ses cheveux m'était monté à la tête, et, avec la susceptibilité de mes nerfs, tu comprendras aisément que je fusse prêt à m'évanouir. Je domptai ce malaise. Elle saisit ma main, franchement, solidement, comme on saisit la pomme d'une canne ou la rampe d'un escalier et nous remontâmes le courant. Sous la pression de l'eau, je voyais l'étoffe de ses vêtements se tendre, et dessiner brutalement, sans scrupules, des réalités dont le soupçon seul eût excité mon indignation. J'étais confus du rôle que je jouais là. Ah! mon cher Claude, de combien de douleurs et de craintes ta belle âme n'eut-elle point été assiégée, si tu m'avais aperçu dans l'état où j'étais! Si fort que je sois, grâce aux bases inébranlables de mon éducation, je craignais que ces attouchements charnels et réitérés ne fissent naître en moi quelqu'un de ces désirs des sens dont on nous a si sagement effrayés; et, dans le fond de mon cœur encore pur, je priais Dieu de me préserver du mal et de ne point permettre que le monstre se réveillât, comme dit le Père supérieur. Mais permets-moi d'achever ce récit, si répugnants que puissent te paraître les détails.

Tout en marchant, la rivière devenait plus profonde; la marquise, à mesure que l'eau montait davantage et envahissait son corsage, poussait des petits cris d'effroi qui ressemblaient au sifflement d'un serpent, puis elle lançait des éclats de rire vibrants et se rapprochait de moi de plus en plus. Enfin elle s'arrêta, et, se retournant, plongea son regard dans mes yeux. — Je sentais que ce moment était solennel. Je devinais un précipice caché sous mes pas, mon cœur battait à tout rompre, et ma tête était en feu.

« Eh bien, maintenant, enseignez-moi à faire la planche, Robert; les jambes droites et allongées, les bras rapprochés du corps, n'est-ce pas?

— Oui, ma cousine, et on agite un peu les mains.

— Allons, c'est très-bien, je me lance : une, deux, trois... Suis-je enfant! j'ai peur. Soutenez-moi seulement un peu, petit cousin. »

C'est à ce moment que j'aurais dû lui dire :

« Non, ma cousine, non Madame, je ne suis point homme à soutenir les coquettes, je ne veux pas... » mais je n'osai pas dire tout cela, ma langue resta muette et j'enlaçai de mon bras la taille de la marquise pour la soutenir plus aisément.

Hélas ! j'avais fait une faute, peut-être irréparable !

Lorsque je sentis ce corsage pétri de beautés mondaines et qui pliait sous ma pression, lorsque j'aperçus là, sous mes yeux, à deux pieds de mon visage, cette femme étendue sur l'eau, que je vis son cou se renverser, attirant les trop abondantes richesses d'une poitrine adorable — pardon, oh ! pardon, mon pieux ami, pour cet adjectif, pardon ! mais en ce moment suprême, il n'est que trop vrai, j'adorais ces chairs séductrices... J'abrége : — Lorsque je vis tout cela, il me sembla que tout le sang de mon être refluait à mon cœur, un frisson mortel courut dans tous mes membres — l'indignation et la honte, sans doute ! — mes yeux s'obscurcirent, il me sembla que mon âme s'envolait et je tombai sur elle évanoui, l'entraînant au fond de l'eau dans une étreinte mortelle.

J'entendis un grand cri, je sentis ses bras enlacer mon cou, ses mains crispées s'enfoncer dans ma chair, puis rien, — j'avais perdu connaissance.

Je me retrouvai sur l'herbe, Julie me frappait dans les mains et la marquise, dans son costume de bain, ruisselant l'eau de toutes parts, approchait un flacon de mon visage. Elle me regarda d'un œil sévère, quoique dans son regard il y eût une nuance de satisfaction contenue dont le sens m'échappa.

« Enfant! » disait-elle, « grand enfant! »

Tu connais les faits, mon pieux ami, fais-moi la charité d'un conseil, et bénis le ciel de vivre loin de ces tempêtes.

De cœur et d'âme,

Ton bien sincère ami,

Robert de K. de C.

TOUT LE RESTE

DE MADAME DE K.

Il est possible que vous connaissiez madame de K.; je vous en féliciterais, car c'est une bien remarquable personne. Son visage est joli, mais on ne dit point d'elle : « Mon Dieu, la jolie femme ! » on dit : « Madame de K. ?... Ah ! sac à papier, la belle femme ! »

Sentez-vous la nuance? et elle est facile à saisir. Ce qui charme en elle, c'est bien moins ce qu'on voit que ce que l'on devine. — *Ah ! sac à papier, la belle femme !* Cela se dit après le repas, lorsque l'on a dîné chez elle et que son mari, qui est malheureusement d'une santé chancelante et ne fume pas, est allé chercher des cigares dans son petit meuble. On dit cela assez bas, comme en confidence; mais, dans la discrétion même que l'on affecte, il est facile de lire chez chacun des convives une conviction profonde. — Ces dames qui sont au salon ne se doutent vraiment pas assez de la liberté charmante qui caractérise les causeries de ces messieurs lorsqu'ils s'en vont dans le fumoir déguster leur cigare en prenant le café.

« Oui, oui, c'est une bien belle personne !

— Ah fichtre ! opulente beauté, opulente !...

— Mais c'est ce pauvre de K. qui me tourmente ; il ne se remet pas, savez-vous ? — Cela ne vous inquiète pas, docteur ? »

Tout le monde sourit imperceptiblement à l'idée que ce pauvre de K., qui est allé chercher des cigares, dépérit visiblement, tandis que sa femme va si bien.

« Il n'est pas raisonnable, il travaille trop ; moi, je le lui ai dit. Sa direction au ministère !... Merci, je ne prends jamais de sucre.

— C'est sérieux, savez-vous ? car enfin il n'est pas solide, » hasarde gravement un convive qui se pince les lèvres pour ne pas rire.

« Je trouve même que depuis l'an dernier sa beauté est plus complète, dit un petit monsieur tout en remuant son café.

— La beauté de de K. ? je ne trouve pas.

— Je ne dis pas cela.

— Permettez... mais si, n'est-ce pas, docteur ?

— Parbleu ! — Comment donc, — distinguons.

— Ah ! ah ! ah ! » et on éclate de ce bon rire qu'affectionnent les gens qui digèrent. La glace est rompue, l'on se rapproche les uns des autres, et l'on poursuit à voix basse :

« C'est le cou qui est remarquable. Tout à l'heure elle s'est détournée, ce cou était sculptural.
— Le cou, le cou !... et les mains, et les bras, et les épaules! L'avez-vous vue au bal de Léon, il y a quinze jours? — Une reine, mon cher, une impératrice romaine! Voyez-vous... le cou, les épaules, les bras...
— Et tout le reste! hasarde quelqu'un en regardant dans sa tasse. » On rit beaucoup, et cet excellent de K. arrive avec une boîte de cigares de forme exceptionnelle.

« Ceux-ci, mes amis, dit-il en toussant un peu, je vous prie de les fumer avec recueillement. »

Nouvel éclat de rire causé par *tout ce reste* qui est resté dans l'esprit de chacun.

J'ai souvent dîné chez mon ami de K., et j'ai toujours ou presque toujours entendu, après le dîner, une conversation analogue à la précédente.

Mais j'avoue que le soir où j'entendis le mot impertinent de ce monsieur, je fus particulièrement choqué : premièrement, parce que de K. est mon ami, et en second lieu, parce que je ne peux pas souffrir les gens qui parlent de ce qu'ils ne connaissent pas. Moi seul à Paris, j'ose le dire, connais à fond la question, et je... Oui, moi seul; et le compte est facile à faire : Paul et son frère sont en Angleterre, Ernest est consul en Amérique; quant à Léon, il est à Hyères dans sa petite sous-préfecture; vous voyez donc que je suis en toute vérité le seul à Paris qui puisse...

« Mais quoi, monsieur Z.? — Mais vous plaisantez? — Expliquez-vous, où voulez-vous en venir? — Prétendez-vous que madame de K.? — Ah mon Dieu! mais c'est une inconvenance!

— Rien, rien; je suis absurde, mettez que je n'ai rien dit, mesdames; nous allons causer d'autre chose. Comment ai-je eu l'idée de parler de *tout ce reste!* Parlons d'autre chose. »

C'était par une belle matinée de printemps, la pluie tombait par torrents et le vent du nord soufflait avec fureur, lorsque la jeune personne, plus morte que vive....

Au fait, je sens que je n'en sortirai pas. Mieux vaut tout dire. Seulement, jurez-moi d'être discrets. — Parole d'honneur? — Eh bien, voici la chose.

Je suis, je le répète, le seul homme à Paris qui puisse parler en connaissance de cause de *tout le reste* de madame de K.

Il y a un certain nombre d'années — ne précipitons rien, — j'avais un ami intime chez lequel nous nous réunissions le soir. En été, la fenêtre restait ouverte et, à la lueur de nos cigares, nous restions là, étalés dans nos fauteuils et causant à l'aventure. Or, un soir que nous causions pisciculture — tous ces détails me sont encore présents — nous entendîmes les accords d'un clavecin puissant, et bientôt après les notes hardies d'une voix plus énergique qu'harmonieuse, je dois le dire.

« Tiens, elle a changé ses heures, fit Paul en regardant une des fenêtres de la maison qui était en face.

— Qui est-ce qui a changé ses heures, cher ami?

— Ma voisine, parbleu ! Forte voix ! qu'est-ce que vous en dites ? Ordinairement, elle vocalise le matin, j'aimais mieux cela, c'était à l'heure de ma promenade. »

Instinctivement, je tournai les yeux vers la fenêtre éclairée, et, à travers les rideaux qui étaient baissés, j'aperçus distinctement une femme vêtue de blanc, les cheveux dénoués et s'agitant devant son instrument comme une personne qui se sait seule et se livre à son inspiration.

Mon Fernand, pars, va chercher la gloire, oi oi oi... re, chantait-elle à pleine poitrine. Le chant me parut médiocre, mais la chanteuse, en déshabillé de nuit, m'intéressa beaucoup.

« Messieurs, dis-je, il me paraît y avoir derrière ce fragile tissu — je faisais allusion au rideau — une bien belle personne. Veuillez éteindre vos cigares, la lueur pourrait trahir notre présence et troubler la chanteuse. »

Immédiatement, on abandonna les cigares, on ferma même la fenêtre presque complétement, pour plus de sûreté, et nous nous mîmes en observation.

Cela n'était pas, je le sais, d'une discrétion absolue; mais que diable voulez-vous, nous étions jeunes, tous les cinq célibataires, et puis... en fin de compte, cher lecteur, n'en auriez-vous pas fait autant que nous ?

Lorsque la romance fût terminée, la chanteuse se leva. Il faisait extrêmement chaud, et son vêtement devait être bien léger, car la lumière qui se trouvait au fond de la chambre en traversait le tissu. C'était l'un de ces longs vêtements qui tombent jusqu'aux pieds et que l'usage réserve pour la nuit. Souvent une dentelle ou un feston précieux en garnissent le contour supérieur; les manches en sont larges, les plis en sont longs, flottants, et d'ordinaire exhalent un parfum d'ambre ou de violette... Mais peut-être connaissez-vous ce vêtement-là comme moi. La belle s'approcha de la glace, et il nous sembla qu'elle contemplait son visage; puis elle leva les bras en l'air, et, dans le gracieux mouvement qu'elle fît, sa manche, qui n'était point boutonnée et fort large, glissa de son beau bras rond, dont nous aperçûmes distinctement le contour.

« Bigre! » s'écria Paul d'une voix étouffée; mais il n'en put dire davantage.

La chanteuse alors réunit dans ses deux mains sa chevelure qui tombait très-bas, et la tordit en l'air comme font les laveuses. Sa tête, que nous voyions de profil, était un peu penchée en avant, et ses épaules, que le mouvement de ses bras rejettait en arrière, rendaient plus saillants et plus nets les contours d'une poitrine ample et sans faiblesse.

« Du marbre! du paros! murmurait Paul; ô Cypris, Cythérée, Paphia!

— Mais tais-toi donc, animal! »

Il semblait vraiment que la flamme de la bougie comprît le plaisir que nous éprouvions, et prît à cœur de préciser notre admiration. Placée derrière la belle chanteuse, elle éclairait si habilement les choses, que le grand vêtement aux longs plis ressemblait à ces vapeurs légères qui voilent l'horizon, sans le cacher, et qu'en un mot, l'imagination la plus curieuse eût été désarmée par tant de complaisance, et se fût écriée :

« C'est bien ! »

Bientôt la belle s'achemina vers son lit, s'assit dans un petit fauteuil fort bas, où elle s'étendit à son aise, et elle resta là quelques instants, les bras réunis au-dessus de sa tête et les jambes allongées; puis minuit sonna lentement; nous la vîmes prendre sa jambe droite, la soulever sur sa jambe gauche, et nous nous aperçûmes qu'elle n'était point déchaussée.

Mais que sert de m'en demander davantage? Ces souvenirs me troublent, er, quoiqu'ils me soient restés bien présents à l'esprit, bien présents je puis le dire, j'éprouve comme un embarras mêlé de pudeur à vous les raconter tout au long. D'ailleurs, au moment où, écartant les plis de sa couche, elle se préparait sans doute à y entrer, la bougie s'éteignit...

Le lendemain, vers les dix heures du soir, nous nous retrouvâmes tous les cinq chez Paul, quatre d'entre nous avaient leur lorgnette dans la poche. Comme la veille, la belle chanteuse se mit à son piano, puis procéda lentement à sa toilette de nuit. Même grâce, même charme; mais, lorsque nous arrivâmes au moment fatal où la veille la bougie s'était éteinte, un léger frisson passa au milieu de nous. En vérité, pour ma part, je tremblais. Fort heureusement, le ciel était pour nous; la bougie resta allumée. La jeune femme alors, d'une main charmante dont nous distinguions facilement les détails grassouillets, caressa l'oreiller, le tapota, le disposa avec mille précautions câlines dans lesquelles on devinait cette pensée :

« Avec quel bonheur je vais enfoncer ma tête là dedans ! »

Puis elle fit disparaître les petits plis de la couche, dont le contact aurait pu la blesser, et se soulevant sur son bras droit, ainsi que fait un écuyer qui veut se mettre en selle, nous vîmes son genou gauche, brillant et poli comme le marbre, s'enfoncer lentement. Il nous sembla entendre comme un craquement ; mais ce craquement semblait joyeux. L'apparition fut rapide, trop rapide, hélas ! et ce fut dans une sorte de confusion délicieuse que nous aperçûmes une jambe rondelette, éclatante de blancheur, se débattant dans la soie du couvre-pied. Le vêtement de nuit, s'oubliant lui-même, voltigea un instant, puis se tendit avec effort sous les saillies puissantes d'un modelé inflexible, ainsi qu'au souffle de la brise la grande voile qui flottait d'abord se gonfle, se tend, résiste, et semble une sphère énorme prête à se déchirer. Enfin tout rentra dans le calme ; et c'est à peine si nous pûmes distinguer un petit pied rose et poli qui, n'ayant pas sommeil, flânait encore en dehors et agaçait la soie...

Délicieux souvenir de ma riante jeunesse ! Ma plume grince, mon papier semble rougir comme celui des marchandes d'oranges... Je crois que j'en ai trop dit.

J'appris, à quelque temps de là, que mon ami de K... se mariait, et, chose singulière, épousait précisément cette belle personne que je connaissais si bien.

« L'adorable femme ! m'écriai-je un jour.
— Vous la connaissez donc ? me dit-on.
— Moi, non, pas le moins du monde.
— Mais alors...
— Oui... non... permettez... je l'ai aperçue une fois, à la grand'messe.
— Elle n'est point fort jolie, me fit-on remarquer.
— De visage!.. répondis-je ; et à part moi je disais : oui, de visage ; mais tout le reste ! »

Il n'en est pas moins vrai que, depuis bien longtemps, ce secret m'étouffe, et si je me décide aujourd'hui à vous en faire l'aveu, c'est que ma conscience en sera, ce me semble, plus calme.

Mais, pour l'amour de Dieu, n'ébruitez pas la chose.

SOUVENIRS DE CARÊME

LE SERMON.

Sur les marches du temple les fidèles se pressent ; les toilettes, déjà printanières, miroitent au soleil, les jupes balayent la poussière de leurs grands plis flottants, les plumes et les rubans s'agitent, la cloche tinte pieusement et les équipages arrivent au trot, déposent sur la dalle ce que le faubourg possède de plus pieux et de plus noble, puis viennent se ranger en file, au fond de la place, et alignent leurs écussons.

Dépêchez-vous, fendez la foule, si vous voulez être placée, car l'abbé Gélon prêche aujourd'hui sur l'abstinence, et quand l'abbé Gélon prêche, c'est comme si la Patti chantait.

Entrez, Madame, poussez la triple porte qui se referme lourdement ; d'une main rapide, frôlez le goupillon que vous présente le pieux vieillard et faites, avec soin, un petit signe de croix gracieux, mignon, qui ne tache pas vos rubans.

Entendez-vous ces chuchotements discrets, aristocratiques ?

« Bonjour, ma belle !

— Bonjour, mignonne. C'est toujours sur l'abstinence qu'il va prêcher ? Avez-vous une place ?

— Oui, oui, venez avec moi. — C'est le fameux chapeau ?

— Oui ; l'aimez-vous ? — Un peu perroquet, pas vrai ? Que de monde, bon Dieu ! Où donc est votre mari ?

— Comment, perroquet ! il est ravissant... Mon mari est dans le banc d'œuvre ; il est parti avant moi ; ça devient du fanatisme chez lui ; il parle de déjeuner avec des radis et des lentilles !

— Cela doit être une bien douce consolation pour vous !

— Ne m'en parlez pas !... Suivez moi... Tiens ! voilà Ernestine et Louise. — Toujours son nez ! cette pauvre Louise ! qu'est-ce qui croirait qu'elle ne boit que de l'eau... »

Et ces dames s'avancent au milieu des chaises qu'elles renversent en passant avec une certaine noblesse.

Une fois placées, elles s'affaissent sur leur prie-Dieu, jettent un regard d'adoration, regard voilé, profond, humide, sur le maître-autel, et cachent ensuite leur visage dans leur petite main gantée.

Durant deux minutes elles s'abîment gracieusement dans le Seigneur, s'assoient ensuite, façonnent coquettement l'énorme nœud de leur chapeau, puis à travers un petit lorgnon d'or qu'elles soutiennent en relevant le petit doigt, elles promènent sur l'assistance un regard clignotant, et, tout en agaçant les plis satinés d'une jupe difficile à contenir, elles distribuent à droite et à gauche d'adorables petits bonjours, de délicieux petits sourires.

« Êtes-vous pas mal, mignonne ?

— Parfaitement, merci. Voyez-vous, là-bas, entre les deux cierges, Louise et Mme de C...? — Est-il permis de venir à l'église ainsi fagotée.

— Oh! je n'ai jamais eu grande confiance dans la piété de Mme de C... Vous savez son histoire? l'histoire du paravent?... Je vous raconterai cela plus tard.

— Ah! voilà le bedeau. »

En effet, le bedeau à chaînette montre sa tête luisante dans la chaire de vérité. Il prépare le siége, dispose le petit banc, puis s'efface et laisse passer l'abbé Gélon, un peu pâli par le jeûne du carême, mais admirable, comme toujours, de dignité, d'élégance et d'onction. L'auditoire s'agite un instant et s'installe confortablement. Le bruit cesse et tous les regards pieusement avides se tournent vers le visage de l'orateur. Celui-ci, les yeux au ciel, est droit et immobile; on devine un coin du ciel dans son regard inspiré; ses belles mains blanches, qu'une fine dentelle entoure, sont négligemment posées sur le velours rouge de la chaire. Quelques instants encore il attend, puis il tousse deux fois, déplie son mouchoir, dépose dans un coin son chapeau carré, et, avançant le corps en avant, il laisse tomber de ses lèvres, avec cette voix douce, lente, persuasive, adorable que vous lui connaissez, le premier mot de son sermon : « Mesdames. »

Il n'a dit que cela, et déjà tous les cœurs lui sont gagnés. Lentement il promène sur son auditoire un regard velouté qui pénètre et attire, puis, après quelques mots latins qu'il a le tact de traduire bien vite en français, il ajoute :

« Qu'est-ce que l'abstinence, pourquoi faire abstinence, comment faire abstinence? Ce seront là, mesdames, les trois points que nous allons développer. »

Il se mouche, crache, tousse, un saint frémissement agite toutes les âmes — que va-t-il dire? magnifique sujet! écoutons.

N'est-il pas vrai, madame, que votre cœur est pieusement ému, et qu'en ce moment vous ressentez une véritable soif d'abstinence et de mortification?

Le lieu saint est noyé dans une douce obscurité assez semblable à celle de votre boudoir et qui porte à la rêverie.

Je ne sais quoi d'ineffable et de vaguement enivrant vous pénètre. La voix de ce beau vieillard vénéré, au milieu de ce grand silence, a quelque chose de délicieusement céleste. Des échos mystérieux répètent dans les profondeurs du temple chacune de ses paroles, et dans l'ombre du sanctuaire, les chandeliers d'or étincellent comme des pierreries. Les vieux vitraux aux dessins symboliques s'illuminent tout à coup, des flots de lumière et de soleil traversent l'église comme une lame de feu. Est-ce le ciel qui s'entr'ouvre? est-ce l'esprit d'en haut qui descend parmi nous?

Et perdue dans une pieuse rêverie qui vous berce et vous charme, vous regardez avec extase les capricieuses sculptures qui se perdent dans les voûtes et les tuyaux étranges du grand orgue aux cent voix. Les croyances enfantines saintement cultivées dans votre cœur se réveillent tout à coup, un vague parfum d'encens se promène encore dans l'air. Les colonnes de pierre s'élancent à des hauteurs infinies, et de ces voûtes célestes descend la lampe d'or qui se balance et promène dans l'air son éternelle lumière. Dieu est grand !

Peu à peu les suavités de la voix du prêtre vous ravissent davantage, le sens de ses paroles s'efface ; et, au divin murmure de la voix sainte, comme un enfant qui s'endort dans le sein de Dieu, vos paupières se ferment.

Vous ne dormez point, mais votre tête se penche, le bleu vous environne, et votre âme, amoureuse du vague, s'élance dans des espaces célestes, et se perd dans l'infini.

Sensation douce et saintement enivrante, extase délicieuse ! Et quelques-uns pourtant sourient de cette religieuse mise en scène, de ces pompes et de ces splendeurs, de cette musique céleste qui amollit les nerfs et fait vibrer le cerveau. Pitié pour ces rieurs qui ne comprennent pas l'ineffable jouissance de s'ouvrir les portes du Paradis, à volonté, et de se rapprocher des archanges dans ses moments perdus !

Mais que sert de parler des impies et de leur impuissant sourire ? comme l'a dit l'abbé Gélon d'une si adorable façon : *Notre cœur est une forteresse assiégée sans cesse par l'esprit des ténèbres.*

L'idée d'une lutte constante contre ce personnage puissant a quelque chose qui centuple les forces et flatte assez la vanité. Quoi! seule dans votre forteresse, Madame, seule contre le noir ennemi!

Mais chut! l'abbé Gélon termine d'une voix vibrante et fatiguée. Sa main droite trace dans l'air le signe de paix. Puis il essuie son front couvert de sueur, ses yeux brillent d'un éclat divin, il descend l'étroit escalier, on entend les coups réguliers de la canne du bedeau qui le reconduit à la sacristie.

« A-t-il été assez beau, mignonne?

— Adorable! quand il a dit : *Que mes yeux se ferment à jamais si...* vous vous souvenez?

— Superbe! et plus loin encore : *Oui, Mesdames, vous êtes coquettes!* il nous a dit des duretés!... il parle admirablement.

— Admirablement. Il est divin. »

LES PÉNITENTES.

Il est quatre heures; l'église est plongée dans l'ombre et le silence. C'est à peine si le roulement des voitures arrive confusément dans ce séjour de la prière, et le craquement de la botte qui se répète au loin est le seul bruit humain qui trouble ce grand calme.

Cependant, à mesure qu'on avance, on aperçoit dans les chapelles, des groupes de fidèles agenouillés, immobiles, silencieux. — A voir le désespoir que semble exprimer leur personne, on est accablé de tristesse et d'inquiétude. Est-ce un appel de condamnés ?

Une de ces chapelles offre un aspect particulier. Cent ou cent cinquante dames, perdues dans le velours et la soie, sont entassées saintement autour du confessionnal. — Une douce odeur de violette et de verveine embaume les environs, et l'on s'arrête malgré soi devant cet amas d'élégances.

Des deux cellules de la pénitence, les flots d'une jupe insoumise s'élancent au dehors, car la pénitente, retenue à la taille, n'a pu faire entrer que la moitié de son corps dans le petit endroit; cependant l'on aperçoit dans l'ombre sa tête qui s'agite, et l'on devine, aux mouvements contrits de sa plume blanche, que son front s'incline sous la remontrance et le repentir.

A peine a-t-elle terminé son petit récit, que dix voisines se précipitent pour la remplacer. Cet empressement se comprend et s'explique, car cette chapelle est celle où l'abbé Gélon confesse, et vous savez que lorsque l'abbé Gélon confesse, c'est absolument comme s'il prêchait; il y a foule.

Il dirige toutes ces dames, ce bon abbé, et, avec un dévouement angélique, reste enfermé pendant des heures dans cette cabine étroite sans lumière et sans air, à travers les grilles de laquelle deux éternelles pénitentes lui soufflent constamment leurs péchés.

Ce bon abbé! ce qu'il a d'adorable, c'est qu'il n'est pas long. Il sait éviter les détails inutiles, — il voit l'état de l'âme avec une finesse de tact et une sûreté de coup d'œil qui vous évite mille embarras; de sorte qu'étant, par-dessus le marché, homme d'esprit et du monde, il vous rend presque agréable le récit de ces petites faiblesses dont il vous a soufflé la moitié.

On arrive auprès de lui un peu embarrassée de son léger paquet, et tandis qu'on hésite à lui tout raconter, d'une main discrète et savante, il dénoue l'objet, en examine rapidement le contenu, sourit ou vous console, et l'aveu est fait sans qu'on ait dit un mot; en sorte qu'on s'écrie, en se prosternant devant Dieu : « Mais, Seigneur, j'étais blanche, blanche comme le lis, et moi qui m'inquiétais! »

Alors même que sous l'habit sacerdotal il cesse d'être homme et parle au nom de Dieu, le timbre de sa voix, la finesse de son regard trahissent la distinction native et révèlent cette fleur de courtoisie qui ne saurait nuire au ministre de Dieu, et dont on ne peut se passer de ce côté-ci de la rue du Bac.

Si Dieu veut qu'il y ait dans le monde un faubourg Saint-Germain (et l'on ne saurait nier qu'il le souhaite) n'est-il pas juste qu'il nous donne un ministre parlant notre langue et comprenant nos délicatesses? Cela tombe sous le sens, et je ne comprends pas, en vérité, certaines de ces dames qui viennent me parler de l'abbé Brice; non pas que je veuille dire du mal de ce brave abbé; ce n'est ni le moment ni l'endroit. C'est un saint homme, mais d'une sainteté un peu commune et qui demanderait un coup de brosse.

Il faut lui mettre les points sur les *i*, il comprend mal ou ne comprend pas du tout.

Avouez-lui une peccadille et son sourcil se fronce ; il lui faut l'heure, l'instant, les circonstances, les antécédents ; il examine, il palpe, il pèse et finit, avec ses mille questions, par être indiscret et friser l'inconvenance. N'y a-t-il pas même dans la sainte mission du prêtre une façon d'être sévère avec politesse et de rester gentilhomme avec les gens bien nés ?

L'abbé Brice sent la charrue, pourquoi ne le dirais-je pas ? et cela lui nuira. — Il est bien un peu républicain ! mal chaussé, des ongles déplorables, et quand il a ses gants — deux fois par an — ses doigts restent écartés et roides...

Je ne nie pas ses admirables vertus, remarquez bien ; mais vous aurez beau faire, vous n'amènerez jamais une femme du monde à raconter ses petites affaires au fils de son fermier, en lui disant : *Mon père*.

Il ne faut pas non plus pousser les choses jusqu'à l'absurde.

Et puis, je ne sais, mais cet excellent abbé Brice répand une détestable odeur de tabac à priser.

Il confesse toutes sortes de gens, et vous conviendrez qu'il est désagréable d'avoir sa femme de chambre ou sa cuisinière pour vis-à-vis de cellule.

Il n'y a pas de femme comprenant mieux que vous, chère Madame, l'humilité chrétienne ; mais enfin, vous n'avez pas l'habitude d'aller en omnibus, et vous ne tenez pas à la prendre.

On vous dira qu'au ciel vous serez trop heureu e d'appeler votre cocher : *Mon frère*, et de dire à Rosalie : *Ma sœur;* mais ces braves gens auront avant passé par le purgatoire, et le feu purifie tout. D'ailleurs, qui m'assure que Rosalie ira au ciel, puisque vous-même, chère Madame, vous n'êtes pas sûre d'y entrer?

On comprend donc parfaitement que la chapelle de l'abbé Gélon soit pleine. Si l'on chuchote un peu, c'est qu'il y a trois grandes heures que l'on attend et que tout le monde se connaît.

Toutes ces dames sont là, en vérité.

« Faites-moi donc une petite place, ma belle, » dit tout bas une nouvelle arrivante en se faufilant au milieu des jupes, des prie-Dieu et des chaises.

« Ah! c'est vous, chère amie, venez donc! Clémentine et Mme de B. sont là dans le coin, à la bouche du canon. Vous en avez pour deux bonnes heures.

— Si Mme de B. est là, ça ne m'étonne pas, elle est intarissable, et il n'y a pas de femme qui... raconte plus lentement. Est-ce que tout ce monde-là n'a pas encore passé? Ah! voilà Ernestine. (*Elle lui adresse de la main un petit salut discret.*) C'est un ange, cette enfant-là. Elle m'a avoué l'autre jour qu'elle avait la conscience fort troublée, parce qu'à la lecture de la *Passion* elle ne pouvait pas se décider à embrasser le paillasson.

— Ah! charmant! mais, dites-moi, est-ce que vous l'embrassez, ce paillasson?

— Moi ! jamais de la vie ; c'est fort malpropre, ma chère !

— Vous en accusez-vous au moins ?

— Oh ! je m'accuse de tous ces petits brimborions en masse, je dis : Mon père, j'ai eu du respect humain. Je donne le total.

— C'est absolument comme moi, et ce bon abbé Gélon acquitte la note.

— Sérieusement, le temps lui manquerait s'il voulait faire autrement. Mais il me semble que nous causons un peu trop, mignonne ; permettez que je songe à mes affaires. »

Madame s'étale sur son prie-Dieu. Élégamment elle ôte, sans quitter des yeux l'autel, le gant de sa main droite, et de son pouce elle fait tourner, en remuant les lèvres, sa bague de sainte Geneviève qui lui sert de chapelet. Puis, les yeux baissés et la bouche pincée, elle soulève le fermoir fleurdelisé de son livre d'heures et y cherche les prières qui ont rapport à sa position.

(Lisant avec ferveur) « *Mon Dieu, c'est accablée sous le poids de mes fautes que je me prosterne à vos pieds...* — Ce qui est désolant, c'est le froid aux pieds. Avec mon mal de gorge, c'est une bonne grippe que ça me coûtera... — *Que je me prosterne à vos pieds...* — Dites-moi, ma belle, savez-vous si la femme des cierges a une chaufferette ? Rien n'est plus mauvais que le froid aux pieds, et cette Mme de P... qui reste là des heures ! je suis sûre qu'elle raconte les péchés de ses amies en même temps que les siens. — Ça n'a pas le sens commun ! je ne sens plus mon pied droit, je lui payerais sa chaufferette, à cette femme ! (Lisant) *J'incline mon front dans la poussière sous le poids du repentir et de la...*

« Ah ! Mme de P... a fini ; elle est rouge comme un coq. » Quatre dames se précipitent avec un pieux élan pour la remplacer.

« Ah ! Madame, ne me poussez pas, je vous prie.

— Mais, Madame, j'étais ici avant vous.

— Je vous demande mille pardons, Madame.

— Vous entendez singulièrement le respect du saint lieu !

— Chut ! chut ! — Profitez de l'occasion, Madame, faufilez-vous et prenez la place vide. (*A l'oreille*) N'oubliez pas le gros d'hier, et les deux petits de ce matin. »

MADAME ET SON AMIE CAUSENT AU COIN DU FEU.

MADAME, *agitant en l'air ses doigts mignons.* — C'est ruché, ruché, ruché, des amours de ruches et garnies de blondes tout autour.

L'AMIE. — Ça a du genre, ma belle.

MADAME. — Oui, je crois que cela aura du genre ; et par-dessus cette mousse, cette neige, retombent les grandes basques en soie bleue comme le corsage ; mais d'un bleu... charmant, dans les... un peu moins cru que le bleu de ciel ; vous savez, dans les... Mon mari appelle ce bleu-là un bleu discret.

L'Amie. — Ah! charmant! il a des mots à lui.

Madame. — N'est-ce pas? On comprend tout de suite; bleu discret! Cela fait image.

L'Amie. — A propos de mots à lui, vous savez qu'Ernestine ne lui a pas pardonné sa plaisanterie de l'autre soir?

Madame. — Comment, à mon mari? quelle plaisanterie? L'autre soir où il y avait l'abbé Gélon et l'abbé Brice?

L'Amie. — Et son fils, qui était là justement.

Madame. — Comment, le fils de l'abbé Brice? (*Elles éclatent de rire toutes deux.*)

L'Amie. — Mais — ah! ah! ah! — qu'est-ce que vous dites donc là? — ah! ah! — petite folle!

Madame. — Je vous dis l'abbé Brice, et vous ajoutez : Et son fils. C'est de votre faute, mignonne. Il doit être enfant de chœur, ce chérubin? (*Redoublement de petits rires sonores.*)

L'Amie, *lui posant la main sur la bouche.* — Mais taisez-vous donc, taisez-vous donc; c'est très-mal, en plein carême!

Madame. — De quel fils parlez-vous alors?

L'Amie. — Du fils d'Ernestine, parbleu! d'Albert, une fleur d'innocence. Il a entendu la plaisanterie de votre mari, et sa mère était vexée!

Madame. — Je ne sais pas ce que vous voulez dire, chère amie, contez-moi donc cela.

L'Amie. — Eh bien! en entrant dans le salon et en apercevant les candélabres allumés et les deux abbés, qui se trouvaient au milieu dans ce moment-là, votre mari a fait semblant de chercher quelque chose, et comme Ernestine lui demandait ce qu'il cherchait.

« Je cherche le bénitier, » a-t-il dit assez haut, « pardon, chère voisine, d'arriver encore au milieu de l'office. »

Madame. — Est-ce possible? (*Riant*) Le fait est qu'il n'a pas de chance; voilà deux fois de suite qu'il rencontre ces messieurs chez Ernestine. — C'est une sacristie, ce salon-là.

L'Amie, *assez sèchement*. — Une sacristie! Comme vous vous émancipez, ma belle, depuis votre mariage!

Madame. — Je n'ai pas eu à m'émanciper, je n'ai jamais aimé à rencontrer les prêtres ailleurs qu'à l'église.

L'Amie. — Voyons, vous êtes une enfant, et si au fond je ne vous savais bien pensante... Comment, vous n'aimez pas à rencontrer l'abbé Gélon?

Madame. — Ah! l'abbé Gélon, c'est autre chose, il est si charmant!

L'Amie, *vivement*. — N'est-ce pas, qu'il est distingué?

Madame. — Et respectable? ses cheveux blancs encadrent admirablement son visage pâle et plein d'onction.

L'Amie. — Oh! il a une onction! et ce regard, ce beau regard attendri! L'autre jour, lorsqu'il a parlé sur la méditation, il était divin. A un certain moment, il a essuyé une larme; il n'était plus maître de son émotion; il s'est calmé, cependant, presque immédiatement; il a une puissance sur lui-même merveilleuse; il a repris avec calme; mais l'attendrissement nous avait gagnées à notre tour. C'était électrique. — La comtesse de S..., qui était tout près de moi, pleurait comme une fontaine, sous son chapeau jaune.

Madame. — Ah! oui, je le connais, le chapeau jaune; quel paquet que cette Mme de S...!

L'Amie. — Le fait est qu'elle est toujours fagotée!... On lui a proposé un évêché, je le sais de bonne source, c'est mon mari qui l'a appris par ces messieurs de l'Œuvre, eh bien...

Madame, *interrompant*. — On a proposé un évêché à Mme de S...? On a eu tort.

L'Amie. — Vous plaisantez sur tout, ma belle; il y a cependant des sujets qui sont dignes de respect. Je vous dis qu'on a proposé la mitre et l'anneau à l'abbé Gélon; eh bien, il a refusé. Dieu sait cependant que l'anneau pastoral ferait bien sur sa main.

Madame. — Oh! quant à cela il a une main charmante.

L'Amie. — Une main d'une blancheur, d'une finesse, d'un aristocratique. Nous avons peut-être tort de nous arrêter sur ces détails mondains; mais c'est que vraiment sa main est d'une beauté! — vous savez; (*avec élan*) je trouve que l'abbé Gélon fait aimer la religion. Suivez-vous ses conférences?

Madame. — J'ai été à la première. J'aurais voulu y retourner jeudi, mais Mme Savain est venue m'essayer mon corsage; il a fallu discuter pendant une éternité à cause des biais des basques.

L'Amie. — Ah! les basques sont en biais?

Madame. — Oui, oui, avec une foule de petits croisillons; c'est une idée à moi. — Je n'ai vu cela nulle part; je crois que ce ne sera pas mal.

L'Amie. — Mme Savain m'a dit que vous aviez supprimé les épaulettes du corsage.

Madame. — Ah! la bavarde! Oui, je ne veux sur l'épaule qu'un ruban, un rien, de quoi accrocher un bijou. — Je craignais que le corsage ne fût un peu nu. Mme Savain m'avait plaqué des entre-deux ridicules. Séance tenante, j'ai voulu essayer autre chose, mon système de croisillons, toujours..., et j'ai manqué la conférence de ce bon abbé Gélon. Il a été admirable, à ce qu'il paraît?

L'Amie. — Oh! admirable. Il a parlé contre les mauvais livres; il y avait foule. Il a réduit à néant toutes les horreurs de ce M. Renan. — Quel monstre que cet homme!

Madame. — Vous avez lu son livre?

L'Amie. — Dieu m'en garde! Vous ne savez donc pas que c'est tout ce qu'on peut trouver de plus... Enfin il faut que ce soit bien fort, puisque l'abbé Gélon en parlant de cela à un de ces messieurs de l'Œuvre, un ami de mon mari, a prononcé le mot...

Madame. — Eh bien, quel mot?

L'Amie. — Je n'ose vous le dire : car, en vérité, si c'était vrai, ce serait à faire trembler. Il a dit que c'était (*bas à l'oreille*) l'*Antechrist!* On reste confondu, n'est-ce pas? On vend sa photographie; il a un air satanique. (*Regardant à la pendule*) Deux heures et demie! je me sauve, je n'ai point donné mes ordres pour le dîner. Ces trois jours de maigre dans la semaine me mettent au martyre. Il faut varier un peu,

— mon mari est très-difficile. Si nous n'avions pas le gibier d'eau, ce serait à perdre la tête. Comment faites-vous, ma belle?

Madame. — Oh! moi, c'est bien simple, pourvu que je ne fasse pas faire maigre à mon mari, il se contente de tout. — Vous savez, Auguste n'est pas très...

L'Amie. — Pas très...; je trouve qu'il est beaucoup trop peu..., car, enfin, si dans la vie on ne s'impose pas quelques privations... Non, en vérité, c'est trop commode! J'espère au moins que vous avez une dispense?

Madame. — Oui, je suis en règle.

L'Amie. — Moi, j'en ai une de droit pour le beurre et les œufs, comme sous-chancelière de l'Association. L'abbé Gélon me pressait pour me faire accepter une dispense complète à cause de mes migraines; mais j'ai refusé. Oh! j'ai refusé à la lettre. Si on transige avec ses principes! Après cela il y a des gens qui n'ont pas de principes.

Madame. — Si c'est pour mon mari que vous dites cela, vous avez tort. Auguste n'est point un païen, il a un fonds excellent.

L'Amie. — Un fonds! vous me faites bouillir. Tenez, je m'en vais. Eh bien, c'est entendu, je compte sur vous pour mardi; il prêchera sur l'autorité, un sujet superbe; on s'attend à des allusions. Ah! j'oubliais de vous dire, je quête et je tiens à votre obole, mignonne. Je quête pour *le denier*. On m'a donné l'idée de quêter avec ma fillette sur mon prie-Dieu. Mme de K... a quêté dimanche à Saint-Thomas, et son bébé tenait la bourse. Ce petit Jésus a eu un succès fou, mais fou.

Madame. — J'irai, assurément. — Quelle toilette mettez-vous?

L'Amie. — Oh! toute simple et en noir! Dans ce moment-ci, vous comprenez...

Madame. — D'ailleurs le noir vous va si bien.

L'Amie. — Oui, tout est pour le mieux, le noir ne me va pas trop mal. — A mardi. Dites donc, tâchez d'amener votre mari, lui qui aime tant la musique!

Madame. — Oh! quant à cela, je ne vous promets pas.

L'Amie. — Eh! mon Dieu, ils sont tous comme cela, ces messieurs; ils font les esprits forts et quand la grâce les touche, ils regardent leur passé avec horreur. Quand mon mari parle de sa jeunesse, il a les larmes aux yeux. — Il faut bien vous dire qu'il n'a pas toujours été comme il est maintenant; sa jeunesse à lui a été extrêmement agitée, ce pauvre ami! — Je ne déteste pas qu'un homme connaisse un peu la vie, et vous? Mais je bavarde et le temps passe, il faut encore que j'aille chez Mme W... — Je ne sais pas si elle a trouvé son jeune premier.

Madame. — Qu'est-ce qu'elle en veut faire, grand Dieu!

L'Amie. — Un jeune premier pour sa soirée. On joue la comédie chez elle. Oh! dans un but pieux; vous sentez que pendant le carême!... c'est uniquement pour motiver une quête en faveur de l'Association. — Je me sauve, adieu, ma belle.

Madame. — A mardi, mignonne, en grand uniforme?

L'Amie, *souriant*. — En grand uniforme. — Mes amitiés à votre damné. Je l'aime bien tout de même. Adieu. »

UN RÊVE.

Un sommeil agité a presque toujours pour cause une mauvaise digestion. — Mon ami le docteur Jacques est là pour vous le dire.

Or, ce soir-là, — c'était parbleu vendredi dernier, — j'avais commis la faute de manger de la barbue, poisson qui m'est positivement contraire.

Dieu veuille que le récit du rêve singulier qui en fut la conséquence vous inspire de prudentes réflexions!

Quoi qu'il en soit, voici mon songe dans toute son étrangeté :

J'avais dans ce rêve l'honneur d'appartenir, comme premier vicaire, à l'une des paroisses les plus fréquentées de Paris. — On n'a pas idée d'une pareille folie! — J'avais en outre quelque embonpoint, une tête respectable encadrée de nombreux fils d'argent, des mains délicates, le nez aquilin, une grande onction, l'amitié de nos dames, et, j'ose le dire, l'estime de M. le curé.

Tandis que, rentré dans la sacristie, je disais mon

action de grâces tout en dénouant les cordons de mon aube, M. le curé s'approche de moi — je le vois encore, — il se mouchait.

« Mon cher ami, me dit-il, vous confessez ce soir, n'est-ce pas?

— Mais sans doute. Vous allez bien ce matin?... J'avais beaucoup de monde à ma messe... »

Et tout en disant cela, j'achevai mon action de grâces; je remis mon aube dans l'armoire, et, offrant une prise à M. le curé :

« Cela ne rompt pas le jeûne! lui dis-je avec gaieté.

— Eh... eh... eh! non, non; d'ailleurs, il est midi moins cinq, et la pendule retarde. »

Nous prîmes une prise, et nous nous en allâmes bras dessus bras dessous par la petite porte des sacrements de nuit en causant amicalement.

Tout à coup je me trouvai transporté dans mon confessionnal. La chapelle était pleine de dames, qui toutes s'inclinèrent à mon approche. J'entrai dans mon étroit tribunal dont j'avais la clef. Je disposai sur le banc mon coussin à air qui m'est indispensable aux veilles de grandes fêtes — les séances durant alors fort longtemps; — j'endossai par-dessus ma soutane le surplis tout blanc qui était accroché à un portemanteau, et, après m'être recueilli un instant, j'ouvris le petit volet qui me met en communication avec les pénitentes.

Je n'entreprendrai pas de vous décrire une à une les différentes personnes qui vinrent s'agenouiller près de moi. Je ne vous dirai pas que l'une d'elles, par exemple, une dame toute vêtue de noir, au nez étroit, aux lèvres minces, au visage jaunâtre, après avoir récité sans hésitation son *Confiteor* en latin, me toucha infiniment, quoique étant du sexe, par la confiance absolue qu'elle me témoigna. En dix minutes, elle trouva moyen de me parler de sa belle-sœur, de son frère, d'un oncle qui allait mourir et dont elle héritait, de ses neveux, de ses domestiques, et je compris, malgré la touchante bienveillance qui perçait dans ses paroles, qu'elle était la victime de toutes ces personnes. Elle finit par me confier qu'elle avait un fils à marier et que son estomac l'empêchait de jeûner.

Je vis encore une foule d'autres pénitentes, mais il serait trop long de vous en entretenir, et nous nous contenterons, si vous le voulez bien, des deux dernières qui me sont d'ailleurs restées particulièrement dans la mémoire.

Une petite dame empanachée se précipita dans le confessionnal; elle était vive, rose, éveillée; malgré son expression de profond recueillement, elle parlait très-vite, d'une voix flûtée, et bredouilla son *Confiteor* en dépit du bon sens.

« Mon père, dit-elle, j'ai une inquiétude.

— Parlez, mon enfant, vous savez qu'un confesseur est un père.

— Eh bien! mon père... mais je n'ose en vérité... »

Il y a beaucoup de ces petits cœurs craintifs qui demandent à être encouragés. Je lui dis :

« Osez, mon enfant, osez.

— Mon mari, murmura-t-elle d'une voix confuse, ne veut pas faire maigre pendant le carême. Dois-je l'y forcer, mon père?

— Oui, l'y forcer par la persuasion.

— C'est qu'il prétend qu'il ira dîner au restaurant si je ne lui fais pas servir de viande. Oh! je souffre beaucoup de cela! N'assumerai-je pas la responsabilité de toute cette viande, mon père? »

Cette jeune épouse m'intéressait vraiment; elle avait au milieu de la joue, vers le coin de la bouche, un petit creux, une sorte de petite fossette toute mondaine, mais charmante, dans le sens profane du mot, et qui donnait à son visage une expression particulière. Ses petites dents blanches brillaient comme des perles lorsqu'elle ouvrait la bouche pour raconter ses pieuses inquiétudes; elle répandait en outre un parfum presque aussi doux que celui de nos autels, quoique d'une nature différente, et je respirais ce parfum avec un malaise plein de scrupules qui ne laissait pas que de me disposer à l'indulgence. J'étais si près d'elle qu'aucun des détails de son visage ne m'échappait; je distinguais, presque malgré moi, jusqu'à un petit frisson de son sourcil de gauche qu'agaçait à chaque instant une folle mèche de ses blonds cheveux.

« Votre position, lui dis-je, est délicate : d'une part, votre bonheur domestique, et, d'autre part, vos devoirs de chrétienne. » — Son cœur poussa un gros soupir. — « Eh bien! chère enfant, mon âge me permet de vous parler ainsi, n'est-ce pas?

— Oh! oui, mon père.

— Eh bien, ma chère enfant... » — Je crus m'apercevoir en ce moment qu'elle avait au coin extérieur de ses yeux une espèce de tache bistrée, affectant la forme d'un fer de flèche. — « Efforcez-vous, ma chère enfant, de convaincre votre époux qui, au fond... » — De plus, ses cils fort longs et en quelque sorte bouclés étaient soulignés, dirai-je presque, par une ligne noirâtre, se gonflant et se dégradant délicatement vers le milieu de l'œil. Cette particularité physique ne me parut point être un fait naturel et de naissance, mais bien, être la conséquence d'une coquetterie préméditée.

Chose étrange, la constatation de cette faiblesse dans ce cœur si candide ne fit qu'augmenter ma compassion. Je continuai d'une voix douce :

« Efforcez-vous de ramener à Dieu monsieur votre mari. Le maigre n'est pas seulement une observance religieuse, c'est aussi un usage salutaire pour la santé. *Non solum lex Dei, sed etiam...* Avez-vous fait tout pour ramener votre époux ?

— Oui, mon père, tout absolument.

— Précisez, mon enfant, je dois tout savoir.

— Eh bien ! mon père, je l'ai pris par la douceur, par la tendresse... »

Je pensais à part moi que ce mari était un grand misérable.

« Je l'ai conjuré sur la tête de notre enfant, » continua le petit ange, de ne point compromettre son salut et le mien. Deux ou trois fois même je lui ai dit que les épinards étaient accommodés au jus, alors qu'ils l'étaient au maigre... Ai-je mal fait, mon père ?

— Il est de saints mensonges qu'excuse l'Église, car elle ne considère alors que l'intention et la plus grande gloire de Dieu ; je ne saurais donc vous dire que vous avez mal fait. Vous n'avez point eu, n'est-ce pas, vis-à-vis de votre époux, quelques-unes de ces violences excusables et qui peuvent échapper à une âme chrétienne lorsqu'elle lutte contre l'erreur? C'est qu'il n'est point naturel, en vérité, qu'un honnête homme se refuse aux prescriptions de l'Église. Faites-lui d'abord quelques concessions.

— *(Avec contrition)* Je lui en ai fait, mon père, et de trop nombreuses peut-être!...

— Qu'entendez-vous par ces mots?

— Espérant le ramener à Dieu, je lui ai accordé des... tendresses que j'aurais dû lui refuser... peut-être me trompai-je, mais il me semble que j'aurais dû les lui refuser.

— Ne vous alarmez pas, ma chère enfant, tout est dans les nuances, et il est urgent en ces matières de distinguer avec délicatesse. Il est entre deux époux certaines tendresses sur lesquelles l'Église ferme les yeux. Elle ne les approuve pas. (Comment les approuverait-elle, puisqu'elles lui sont officiellement étrangères et qu'elles constatent un lien regrettable entre l'âme et son enveloppe terrestre?) Mais enfin l'Église les tolère paternellement, ces tendresses, ne voulant pas, dans sa sagesse, que l'espèce humaine s'éteigne encore. Mais cette dernière considération est la seule qui fasse excuser certaines concessions faites à nos sens; à nos sens... qui sont, comme vous le savez, nos plus mortels ennemis.

— Oui, mon père; oh! je vous comprends, et, je puis vous l'assurer, mes intentions ont toujours été conformes à vos conseils; mais les siennes, mon père, celles de mon mari... en suis-je responsable? Voilà ce qui me trouble et m'inquiète.

— Je comprends ces respectables scrupules, mon enfant, mais ne vous alarmez pas sans raison. Monsieur votre mari vous fait-il part de ses intentions?

— Non, mon père.

— Eh bien! alors, ma chère enfant, il n'est point juste que vous en supportiez les conséquences. Si vous acceptez avec résignation et comme à regret votre rôle de victime... est-ce ainsi que vous l'acceptez?

— *(Baissant les yeux)* Oui mon père, je l'accepte avec une résignation... douce... la plupart du temps.

— Et le reste du temps? » Je me sentais ému par tant de candeur.

« Le reste du temps, je me soumets aussi, mais par reconnaissance pour sa bonté, car mon mari est bien bon, mon père, et c'est cela même qui me fait autant souffrir de le voir en dehors du droit chemin. Quelquefois, je me dis que je ne devrais pas l'aimer autant, car enfin Dieu avant tout!

— Oui, mon enfant; l'Église, en effet, doit passer avant tout.

— C'est ce que je me dis, mon père, mais mon mari joint à sa bonté une gaieté si communicative, il a une façon si gracieuse et si naturelle d'excuser son impiété, que je ris malgré moi, alors que je devrais pleurer. Il me semble qu'il s'élève un voile entre moi et mes devoirs, et mes scrupules s'effacent sous le charme de sa présence et de son esprit... Mon mari a beaucoup d'esprit, » ajouta-t-elle avec un petit sourire imperceptible où perçait une nuance d'orgueil.

« Hum... hum... » (La noirceur de cet homme me révoltait.) Je repris sévèrement : « Il n'est point de forme séduisante que le tentateur ne revête, mon enfant. L'esprit en lui-même n'est point chose condamnable, quoique l'Église l'évite pour elle-même, le considérant comme parure mondaine; mais il peut devenir dangereux, il peut être estimé comme une véritable peste, alors qu'il tend à ébranler la foi. La foi ! qui est aux âmes — je n'ai pas besoin de vous le dire — ce que le velouté est à la pêche et..., si je puis m'exprimer ainsi... ce que la... rosée est... à la fleur, hum... hum. Poursuivez, mon enfant...

— Mais, mon père, lorsque mon mari m'a distraite un instant, je m'en repens bientôt. A peine est-il parti que je prie pour lui.

— Bien... très-bien.

— (*Enhardie, quoique timidement*)... Je lui ai cousu une petite médaille miraculeuse dans son pardessus.

— Et avez-vous remarqué un résultat ?

— (*Avec embarras*) Pour certaines choses, il y a du mieux, oui, mon père, mais pour le maigre il est toujours intraitable.

— Ne vous découragez pas. Nous sommes dans le saint temps du carême; eh bien, employez de pieux subterfuges ; faites-lui préparer quelques aliments maigres, mais pourtant agréables au goût.

— Oui, mon père, j'y ai pensé. Ainsi, avant-hier, je lui ai fait servir un de ces pâtés de saumon qui imitent le jambon...

— (*Avec un léger sourire*)... Oui!... oui... je connais cela. Eh bien ?

— Eh bien! il a mangé le saumon, mais il s'est fait cuire ensuite une côtelette.

— Déplorable! — dis-je presque malgré moi, tant l'endurcissement de cet homme me paraissait excessif. — De la patience, mon enfant, offrez au Ciel les souffrances que vous cause l'impiété de votre mari et rappelez-vous que vos efforts vous seront comptés. Vous n'avez plus rien à me dire?

— Non, mon père.

— Recueillez-vous donc. Je vais vous donner l'absolution. » Et la chère âme soupira en joignant ses deux petites mains.

A peine ma pénitente se fut-elle soulevée pour se retirer que je fermai brusquement mon petit volet et je pris une longue prise de tabac. — Les priseurs savent combien une prise repose les esprits; — puis, après avoir remercié Dieu rapidement, je tirai de la poche de ma soutane ma bonne grosse montre et je constatai qu'il était moins tard que je ne pensais. Le jour obscur de la chapelle m'avait trompé, et mon estomac avait partagé mon erreur. J'avais faim. Je chassai de mon esprit ces préoccupations charnelles, et, après avoir agité mon rabat sur lequel quelques grains de tabac étaient tombés, je donnai de l'aisance à l'une de mes bretelles qui me gênait un peu à l'épaule et j'ouvris mon guichet.

« Eh bien! Madame, on fait attention, disait ma pénitente de gauche, en s'adressant à une dame dont je n'aperçus qu'un ruban de chapeau, on fait attention, cela n'a pas de nom. »

La voix de ma pénitente, qui était fort irritée, quoique contenue par le respect du lieu, s'adoucit comme par enchantement au grincement de mon petit guichet. Elle s'agenouilla, croisa pieusement ses deux belles mains dégantées, parfumées, roses, grassouillettes, chargées de bagues... mais passons. Il me sembla reconnaître les mains de la comtesse de B..., une âme d'élite que j'ai l'honneur de visiter fréquemment, le samedi surtout, qui est le jour où mon couvert est mis à sa table.

Elle leva son petit masque en dentelle, et je vis que je ne m'étais point trompé. C'était la comtesse. Elle me sourit comme à une personne qu'on connaît, mais avec une convenance parfaite; elle semblait me dire :

« Bonjour, mon cher abbé, je ne vous demande pas des nouvelles de vos rhumatismes, parce qu'en ce moment vous êtes revêtu d'un caractère sacré, mais enfin je m'y intéresse. »

Ce petit sourire était irréprochable. J'y répondis par un sourire semblable, et je murmurai très-bas, lui faisant comprendre par l'expression de mon visage que je faisais en sa faveur une concession unique, je murmurai : « Vous allez bien, ma chère Madame?

— Merci, mon père, je vais bien. » — Sa voix avait repris un timbre angélique. — « Mais je viens de me mettre en colère. »

— Et pourquoi? peut-être avez-vous pris pour de

la colère ce qui n'était qu'un moment d'humeur... »
Il ne faut pas effrayer les pénitentes.

« Ah! du tout, c'était bien de la colère, mon père... On vient de me déchirer ma robe du haut en bas; et, franchement, il est étrange que l'on soit exposée à de pareils inconvénients en s'approchant du tribunal de la...

— Recueillez-vous, chère dame, recueillez-vous; » et prenant un air grave, je lui adressai ma bénédiction.

La comtesse se recueillit, mais je vis très-bien que son esprit distrait cherchait vainement à rentrer en lui-même. Par un singulier phénomène de lucidité, je voyais clair dans son cerveau, et ses pensées m'apparaissaient une à une. Elle se disait : « Recueillons-nous; mon Dieu, accordez-moi la grâce de me recueillir; » mais plus elle faisait d'efforts pour contenir son imagination, et plus celle-ci devenait insaisissable et glissait entre ses doigts. « J'ai pourtant fait un examen de conscience sérieux, ajoutait-elle. Il n'y a pas dix minutes qu'en descendant de voiture, je comptais trois péchés, il y en avait un surtout auquel je tenais... Comme ces petites choses-là vous échappent! je les aurai laissés dans la voiture! » Et elle ne put s'empêcher de sourire en elle-même à l'idée de ces trois petits péchés perdus dans les coussins. « Et ce pauvre abbé qui m'attend dans sa petite chambrette... Comme il doit avoir chaud là-dedans! il est tout rouge... Mon Dieu, mon Dieu, par où commencer? je ne peux pourtant pas inventer des crimes... C'est cette robe déchirée qui m'a distraite.

« Et Louise qui m'attend à cinq heures chez la couturière. Impossible de me recueillir !... Mon Dieu, ne détournez pas vos regards de moi, et vous, qui lisez dans mon âme, Seigneur !... Louise attendra bien jusqu'à cinq heures un quart, d'ailleurs le corsage va bien, il n'y a que la jupe à essayer... Et dire que j'en avais trois, il y a dix minutes ! »

Toutes ces pensées différentes, les unes pieuses et les autres profanes se débattaient toutes à la fois dans le cerveau de la comtesse, de sorte que je crus le moment venu d'intervenir et de l'aider un peu.

« Voyons, » lui dis-je d'une voix paternelle en m'accoudant avec bienveillance et en faisant tourner dans mes doigts ma tabatière :

« Voyons, chère dame, parlez sans crainte, n'avez-vous rien à vous reprocher ? n'avez-vous pas eu quelques mouvements de... coquetterie mondaine, quelque désir de briller aux dépens du prochain ? » J'avais une vague idée que je ne serais pas démenti.

« Oui, mon père, » fit-elle en aplatissant les brides de son chapeau, « quelquefois ; mais j'ai toujours fait un effort pour chasser ces pensées.

— Cette bonne intention vous excuse en quelque sorte ; mais réfléchissez, et voyez combien ces petits triomphes de la vanité sont vides, combien ils sont indignes d'une âme vraiment pure et l'éloignent du salut. — Je sais qu'il est certaines exigences sociales... le monde... Oui... oui... mais enfin... on peut, dans ces plaisirs même que l'Église tolère — je dis tolère — on peut apporter ce parfum de bienveillance pour le prochain dont parle l'Écriture, et qui est l'apanage... en quelque sorte... l'apanage... glorieux... oui... oui... continuez.

— Mon père, je n'ai pu résister à certaines tentations de gourmandise.

— Encore... encore!... Rentrez en vous-même, — vous êtes ici au tribunal de la pénitence, eh bien! promettez à Dieu de lutter énergiquement contre ces petites tentations charnelles, qui ne sont pas en elles-mêmes de grands crimes... Eh, mon Dieu! non, je le sais; mais enfin, ces sollicitations prouvent une attache persistante, et qui déplaît à Dieu, pour les douceurs passagères et trompeuses de ce monde... Hum... hum... et cette gourmandise s'est-elle manifestée par des actes plus condamnables qu'à l'ordinaire, ou bien est-ce simplement comme le mois dernier?

— Comme le mois dernier, mon père.

— Oui... oui... toujours les petits gâteaux entre les repas. » — Je soupirai avec gravité.

« Oui, mon père, et presque toujours un verre de Capri ou de Syracuse après.

— Ou de Syracuse après... Enfin, passons, passons. »

Je crus m'apercevoir que ces petits gâteaux et ces vins de choix me donnaient des distractions dont je demandai mentalement le pardon au Seigneur.

« Que vous rappelez-vous encore? dis-je en passant ma main sur mon visage.

— Plus rien, mon père, je ne me rappelle plus rien.

— Eh bien! faites naître en votre cœur un repentir

sincère pour les péchés que vous venez d'avouer et pour ceux que vous auriez pu oublier; rentrez en vous-même, humiliez-vous devant le grand acte que vous venez d'accomplir. Je vais vous donner l'absolution... Allez en paix. »

La comtesse se releva, elle me sourit avec une courtoisie discrète, et, reprenant sa voix ordinaire, elle me dit tout bas :

« A samedi soir, n'est-ce pas ? »

J'inclinai la tête en signe de consentement, mais j'étais un peu embarrassé à cause de mon caractère sacré.

Je vous ai déjà dit, cher lecteur, que dans ce rêve tout à fait étrange, j'avais le don de lire dans la pensée de mes voisines, de sorte que je vis très-bien ce que fit et pensa la comtesse lorsqu'elle eut quitté le confessionnal.

Elle alla retrouver son prie-Dieu, et, sincèrement affaissée devant le Seigneur, elle lui adressa une action de grâces fervente et rapide. Elle se sentait soulagée d'un grand poids, vivifiée pour ainsi dire, et, sans sa petite montre bleue qui lui dit que la bonne Louise l'attendait chez la couturière, à cause de cette malheureuse jupe, elle fût restée bien longtemps en contemplation devant la pureté de son âme qui lui inspirait une juste fierté.

L'heure avançait : elle glissa dans sa poche divers menus objets, et en particulier un petit livre coquet à fermoir d'or au dos duquel on lisait : *Petit bosquet de la pénitence,* ou : *Rentrez en vous-mêmes;* puis, remettant son gant sans quitter des yeux pour cela l'image de notre salut, après avoir baissé son voile et étagé le nœud de son chapeau, elle poussa vers Dieu son âme et lui dit : « Pardon, mon Dieu, de me retirer si vite; oh! je ne vous abandonne pas! mais une affaire pressée, un rendez-vous... vous savez, mon Dieu, combien les rendez-vous sont choses irrémissibles... » Elle fit un signe de croix très-coquet, pas plus long que cela, et s'envola, légère, pure, joyeuse. Ses petits talons pointus faisaient paf! paf! sur les grandes dalles, et elle prenait plaisir à écouter le bruit de ses pas que répétait le pieux écho. Elle se disait :

« Écoutez-moi marcher, échos sacrés du temple, car aujourd'hui je suis pure comme vous; quel bonheur on a à se sentir un ange et en réalité, comme cela coûte peu! »

A la porte de l'église sa voiture l'attendait; sur un geste d'elle infiniment doux, ses chevaux s'avancèrent en piaffant et le valet de pied ouvrit la portière. Elle monta, et dit d'une voix tout à fait onctueuse à son frère en Jésus qui attendait le chapeau à la main :

« Où j'ai dit : rue de la Paix.

— Madame s'arrêtera-t-elle chez le pâtissier? hasarda le valet de pied.

— Hum! » fit-elle en regardant son gant... Puis tout à coup, d'une voix résolue où perçait une nuance d'orgueil : « Non, non, allez directement. » Et elle ajouta, en posant la main sur le petit livre qu'elle avait dans la poche :

« Merci, mon Dieu, je suis un ange! ne souillons pas mes ailes. »

En ce moment il se fit un grand bruit, et, ayant ouvert les yeux, j'aperçus Jean qui allumait mon feu. Pendant un moment je luttai entre le rêve et la réalité, et ce ne fut pas sans peine que je m'arrachai complétement de ce cauchemar étrange.

« Jean, quelle heure est-il ? » fis-je en étendant les bras.

« Dix heures et demie. Que mangera monsieur à son déjeuner ?

— Rien... une tasse de thé. »

Je me sentais encore une pesanteur sur l'estomac.

UN BAL D'AMBASSADE

OU IL N'EST QUESTION NI DE BAL NI D'AMBASSADE.

I

« Je ne te dis pas que ce ne soit pas joli, ajouta ma tante, en effleurant le chenet du bout de sa petite botte. Cela donne au regard un charme particulier, je l'avoue. Un nuage de poudre sied à ravir, un doigt de rouge fait admirablement, et jusqu'à cette demi-teinte bleuâtre qu'elles s'étalent je ne sais comment, sous l'œil... Dieu, qu'il y a des femmes coquettes ! — As-tu vu, jeudi, chez Mme de Sieurac, les yeux d'Anna ? Est-il permis, franchement... comprends-tu qu'on ose ?

— Eh ! eh ! ma tante, je ne détestais pas ces yeux-là, et, entre nous, ils avaient un velouté !

— Je ne te conteste pas cela, ils avaient du velouté!

— Et en même temps un éclat si étrange sous cette pénombre, une expression de si délicieuse langueur!

— Oui, assurément; mais enfin c'est s'afficher. — Sans cela ! — C'est quelquefois très-joli. — J'ai rencontré au bois des créatures adorables, sous leur rouge, leur noir et leur bleu ; car elles se mettent aussi du bleu, Dieu me pardonne !

— Oui, ma tante, du bleu polonais, ça s'estompe, — c'est pour les veines.

—(*Avec intérêt*) Elles imitent les veines? — C'est une infamie, ma parole d'honneur ! — Mais tu m'as l'air d'être bien au courant ?

— Oh! j'ai joué si souvent la comédie dans le monde ! j'ai même chez moi toute une collection de petits pots, de pattes de lièvre, d'estompes, de pointes, etc., etc.

— Ah! tu as tout cela? mauvais sujet ! — Dis-moi, vas-tu au bal de l'Ambassade, demain?

— Oui, chère petite tante; et vous, vous costumerez-vous ?

— Il faut bien, pour faire comme tout le monde. On dit, au reste, que ce sera splendide. (*Après un silence*) Je me poudre, crois-tu que cela m'ira bien ?

— Mieux qu'à qui que ce soit, chère tante; vous serez adorable, j'en suis certain.

— Nous verrons cela, petit courtisan. » — Elle se leva, me tendit sa main à baiser avec un air d'aisance exquise et fit mine de s'éloigner; puis se ravisant :

« Au fait, Ernest, puisque tu vas à l'Ambassade, demain, viens me prendre, je t'offre une place dans ma voiture.—Tu me diras ton goût sur mon costume; et puis... » — Elle éclata de rire, et se penchant à mon oreille en me prenant la main : « Apporte donc tes petits pots; — viens de bonne heure alors. C'est entre nous ? » Elle posa un doigt sur ses lèvres en signe de discrétion. « A demain. »

Ma tante, comme vous pouvez le voir, n'a point encore dit adieu à la jeunesse, et elle a bien fait. Elle a plus de vingt-cinq ans si j'en crois une addition que je viens de faire, à part moi; mais je calcule si mal, qu'avec la meilleure volonté du monde, je n'oserais vous dire rien de certain sur son âge. Et d'ailleurs à quoi bon ? Un murmure d'admiration ne l'accueille-t-il pas toujours, lorsqu'elle entre au bal avec son grand air de reine couronnée ? Les passants affairés ne se détournent-ils pas tous, lorsque dans son petit coupé noir elle lance par la portière une adresse au cocher ? N'a-t-elle pas, dans la voix, les sons argentins de la jeunesse, et dans les gestes la grâce délicate d'une femme de vingt ans ? N'est-elle pas, enfin, cette bonne et chère tante, dans tout l'éclat de la beauté épanouie, sûre d'elle-même et triomphante ?

II

Le lendemain soir, la chambre de ma tante offrait le spectacle du désordre le plus échevelé. De tous les tiroirs entr'ouverts, béants, s'échappaient des dentelles chiffonnées, des mousselines, des broderies. Sur les meubles, des écrins entr'ouverts, au milieu de peignes et d'épingles à cheveux. Des bouts de rubans et des bouts de fil, des morceaux de satin et des débris de fleurs jonchaient le tapis auquel une légère couche de poudre à la maréchale donnait un aspect blanchâtre et poussiéreux. Plusieurs bougies et trois lampes sans abat-jour répandaient une lumière éclatante sur ce désordre, au milieu duquel, ma tante parée, coiffée, poudrée et debout devant son armoire à glace examinait, d'un œil exercé, sa splendide toilette de marquise Louis XVI.

La femme de chambre et la couturière, toutes deux à genoux et les yeux battus (elles avaient passé la nuit), farfouillaient dans les nœuds de satin et plantaient fiévreusement des épingles.

« Marie, un peu plus à gauche, le ruban que vous tenez. — Madame Savain, votre corsage est d'un bon doigt trop large. Je suis dans un sac, madame Savain.

— Peut-être le corset de Madame est-il un peu plus serré qu'à l'ordinaire ?

— Bien certainement qu'il est plus serré. Ne savez-vous pas que, sous Louis XVI, les femmes portaient la taille extrêmement fine ? Il faut respecter l'archéologie ou ne pas s'en mêler, madame Savain. — Le devant n'est pas mal. Il est bien dans le caractère. » Ma tante se regarda dans la glace de profil.

« Je craignais que cette coupe en biais, que Madame m'a fait copier sur une robe du temps, que surtout ces lacets intérieurs disposés pour effacer les épaules, n'avantageassent un peu trop Madame.

— Mais, madame Savain, vous devriez savoir que,

sous Louis XVI, les femmes de qualité portaient la poitrine fort en avant. Non, non, il n'y a rien d'exagéré, il faut être dans le caractère. » Et effleurant de ses doigts roses et potelés les saillies extrêmes d'une gaze savamment indiscrète, elle sourit et ajouta : « Non, madame Savain, rien d'exagéré. — Marie, donnez-moi la boîte à mouches. » La femme de chambre lui présenta l'objet. — Ma tante mouilla son doigt de son aristocratique salive, le plongea dans la boîte, d'un air nonchalant, puis, le doigt en l'air et armé d'un point noir, elle regarda dans la glace d'un œil pénétrant, hésita un instant, et, tout à coup, d'un mouvement résolu et avec une merveilleuse adresse, paf, elle posa sa mouche juste au milieu de l'exagération. Ça la sauve, murmurait-elle. Ça détourne l'attention. — Et elle sourit de bon cœur.

Le fait est que cette mouche qui ressemblait à une bête à bon Dieu prise entre deux roses, était posée avec un tact, un art, un sentiment extrême. Ni trop haut, ni trop bas; c'était bien là sa place, et dans la demi-teinte du sillon bleuâtre elle semblait, la pauvre petite, se cacher pour ne pas rougir. — C'était touchant. En sorte que les critiques les plus enclins à la médisance auraient dit comme ma tante, en regardant l'ensemble de son corsage épanoui : Non certes, il n'y a pas d'exagération.

Et cependant, il y en avait un peu au fond. Peut-être cela tenait-il à ce que ma tante arrivait, sans qu'on s'en doutât, à cet âge adorable où la beauté voulant être à l'aise s'épanouit dans toute l'ampleur d'une riche maturité.

Peut-être cela tenait-il encore à ce que, sous l'empire d'une préoccupation archéologique, et pour obéir à la mode de nos arrière-grand'mères qui rapprochaient leurs seins l'un de l'autre, comme deux jumeaux qui s'aiment, ma tante n'avait pas songé qu'un changement de forme ferait croire à une augmentation de volume.

Peut-être enfin la finesse inaccoutumée et excessive de sa taille serrée dans un corset de satin blanc, dont les craquements chatouillaient l'oreille à chaque mouvement qu'elle faisait, produisait-elle seule cette illusion charmante?

Dans tous les cas, la mouche sauvait tout.

« Comme tu arrives tard, me dit-elle! — Il est onze heures, sais-tu, et nous avons, ajouta-t-elle en montrant ses dents blanches, nous avons encore bien des choses à faire. Les chevaux sont attelés depuis une heure. — Je parierais qu'ils vont s'enrhumer dans cette cour glaciale. » Et en disant cela elle allongeait son pied chaussé d'une mule à talon rouge, toute miroitante de broderies d'or. Son pied grassouillet débordait un peu au sortir de sa chaussure, et à travers les jours de son bas de soie brillant, la peau rose de sa cheville apparaissait par intervalles.

« Comment me trouves-tu, monsieur l'artiste?

— Mais, comtesse... mais, chère tante, veux-je dire, je... j'étais ébloui par ce soleil de juillet, le plus chaud de l'année, comme vous savez. Je vous trouve adorable... adora... et coiffée!

— N'est-ce pas, je suis bien coiffée? C'est encore Silvani qui a dressé tout cela;— il n'a pas son pareil, ce garçon-là. — Les diamants dans la poudre font admirablement, et puis cette coiffure élevée donne au cou du majestueux. Je ne sais pas si tu sais que j'ai toujours été assez coquette de mon cou; c'est mon seul petit luxe. — As-tu tes petits pots?

— Oui; ma tante, j'ai tout mon attirail, et si vous voulez vous asseoir...

— Je suis pâle à faire peur — un tout petit peu, n'est-ce pas, Ernest, tu sais ce que je t'ai dit? » Et elle tourna la tête en me présentant l'œil droit. Je le vois encore cet œil! Seulement, comme elle se penchait en arrière pour être plus directement sous l'éclat de la lumière, et que je m'approchais de son visage, le travail étant délicat, je voyais la gaze légère s'entr'ouvrir, et la maudite mouche, ainsi qu'une barque lointaine portée par la vague, se soulever et s'abaisser ensuite au gré de la respiration.

Je ne sais quel parfum, étranger aux tantes d'ordinaire, montait de...

« Tu comprends, cher ami, qu'il faut une occasion comme celle-ci et les nécésités d'un costume historique pour que je consente à me farder ainsi?

— Ma bonne petite tante, si vous bougez, ma main va trembler. » Et, dans le fait, effleurant ses longs cils, ma main tremblait.

« Ah oui, dans le coin, un peu... tu as raison, ça donne du velouté, de l'incertain, du... C'est très-drôle ce petit pot de bleu. Mon Dieu, que ça doit-être laid! Ce que c'est que l'enchaînement des choses. Une fois poudrée, il faut bien se passer un peu de blanc de perle sur le visage pour ne pas être jaune comme un citron; et une fois les joues enfarinées, on ne peut pas rester, — tu me chatouilles avec ton petit plumeau, — on ne peut pas rester comme un pierrot; il faut un doigt de rouge, c'est fatal. Et maintenant, vois un peu comme le diable est méchant; si après tout cela on ne s'élargit pas un peu les yeux, n'est-il pas vrai qu'on a l'air de les avoir percés avec une vrille? C'est comme cela qu'on arrive petit à petit à monter sur l'échafaud. »

Ma tante se mit à rire de bon cœur, la petite barque disparut, comme abîmée entre deux vagues et reparut bientôt.

« Tiens, c'est très-bien ce que tu viens de faire, — bien sous l'œil, c'est cela. — Comme ça anime le regard! Sont-elles rouées, ces créatures; comme elles savent ce qui va bien! C'est honteux! chez elles, c'est de la ruse, rien de plus. — Oh! tu peux en mettre un peu plus de ton petit bleu, je vois ce que c'est maintenant. Ça fait vraiment pas mal.

« Comme tu arques les sourcils! Tu ne crains pas que cela soit un peu noir? C'est que, tu sais, je ne voudrais pas avoir l'air... Ma foi, tu as raison. Où donc as-tu appris tout cela? Tu gagnerais de l'argent, sais-tu, si tu voulais exercer.

— Eh bien, ma tante, êtes-vous satisfaite? »

Ma tante éloigna son petit miroir à main, le rapprocha, l'éloigna encore, cligna des yeux, sourit, et se penchant de nouveau dans son fauteuil: « Il faut bien le dire, mon cher, c'est adorable ton... Comment dis-tu qu'elles appellent cela, tes... amies?

— Le *maquillage*, ma bonne tante.

— Il est fâcheux que cela ne s'appelle pas autrement, lorsque les femmes du monde s'en servent, car, en vérité, j'y aurais recours... pour le soir... une fois de temps en temps. Il est certain que cela donne du piquant. Dis-moi, tu n'as pas aussi un petit pot pour les lèvres?

— J'ai votre affaire.

— Ah! c'est dans une fiole, c'est liquide?

— C'est une espèce de vinaigre, comme vous voyez... Ma tante, ne bougez pas. Avancez les lèvres, comme si vous vouliez m'embrasser. Vous n'auriez pas par hasard l'envie de m'embrasser?

— Si fait, et tu l'as bien mérité. Tu m'apprendras ton petit talent, pas vrai?

— Très-volontiers, ma tante.

— Ah! mais c'est miraculeux, ton vinaigre, quel éclat il donne aux lèvres, et comme les dents paraissent blanches! Il est vrai que j'ai toujours eu les dents assez...

— Encore un de vos petits luxes?

— Voilà qui est fait, je te remercie. » Elle me sourit en minaudant un peu, à cause du vinaigre qui la piquait.

De son doigt mouillé, elle prit une mouche qu'elle se plaça sous l'œil avec une coquetterie charmante; puis une autre qu'elle mit vers le coin de la bouche, et, radieuse, adorable : « Cache vite tes petits pots, » me dit-elle, « j'entends ton oncle qui vient me chercher. Tiens, ferme-moi mes bracelets. — Minuit! et mes pauvres chevaux: avec la grippe qui court! »

III

A ce moment, mon oncle entra, en culotte et en domino.

« Je ne suis pas indiscret, dit-il gaiement en m'apercevant?

— Vous plaisantez, je suppose, fit-elle en se retournant. J'ai offert une place à Ernest qui va ce soir à l'ambassade, comme nous. »

A l'aspect de ma tante, mon oncle ébloui et lui tendant sa main gantée : « Vous êtes ravissante, ce soir, ma chère ! » Puis avec un fin sourire : « Votre teint a une animation et vos yeux un éclat !

— Oh ! c'est le feu qu'on a laissé flamber; on étouffe ici. Mais vous-même, mon ami, vous êtes superbe : jamais je ne vous ai vu la barbe si noire.

— C'est parce que je suis pâle, — je suis transi. — Jean a oublié mon feu qui s'est éteint; venez-vous? »

Et ma tante sourit à son tour en prenant son éventail.

MA TANTE EN VÉNUS

Depuis ce jour où j'embrassai Mme de B... au beau milieu du cou, alors qu'elle me tendait le front, il s'est glissé dans nos relations je ne sais quelle froideur coquette qui ne laisse pas que d'être assez agréable. La question du baiser n'a jamais été complétement élucidée. C'était à ma sortie de Saint-Cyr que cela se passait. J'étais plein d'ardeur, et les fringales de mon cœur m'aveuglaient parfois. Je dis qu'elles m'aveuglaient et j'ai raison, car, en vérité, il fallait avoir le diable au corps pour embrasser sa tante au cou, comme je le fis ce jour-là... Mais passons.

Ce n'est pas qu'elle n'en valût pas la peine : peste ! ma petite tantante, comme je l'appelais alors, était bien la plus jolie femme du monde ; et coquette, et élégante !... et un pied ! et par-dessus tout ce délicieux petit je ne sais quoi qui est si fort à la mode maintenant, et qui vous donne toujours envie d'aller trop loin.

Non, quand je dis qu'il fallait avoir le diable au corps, c'est parce que je songe aux conséquences que ce baiser pouvait entraîner. Le général de B..., son mari, se trouvant mon supérieur direct, ça pouvait m'attirer des histoires extrêmement désagréables... et puis, enfin, il y a le respect de la famille. Oh! je n'ai jamais transigé sur cet article-là !

Mais je ne sais pas pourquoi je rappelle tous ces vieux souvenirs, qui n'ont rien de commun avec ce que je veux vous raconter. Mon intention était simplement de vous dire que depuis mon retour du Mexique, je vais assez souvent chez Mme de B..., et peut-être bien faites-vous comme moi : car elle mène un assez grand train de maison; elle reçoit tous les lundis soir, et il y a généralement foule chez elle; on s'y amuse. Il n'y a pas de distractions qu'elle n'invente pour conserver sa réputation de femme à la mode. J'avoue cependant que je n'avais rien vu de pareil chez elle à ce que je vis lundi dernier.

J'étais dans l'antichambre et le valet de chambre m'enlevait mon paletot, lorsque Jean, s'approchant de moi avec une nuance de mystère, me dit : « Monsieur, Madame attend Monsieur tout de suite dans sa chambre à coucher. Si Monsieur veut passer par le corridor et frapper à la porte qui est au bout. »

On a beau revenir du bout du monde, ces phrases-là vous font quelque chose. La vieille histoire du baiser me revint malgré moi à l'esprit. Que pouvait me vouloir ma tante?

Je frappai discrètement à la porte, et immédiatement j'entendis un bouquet d'éclats de rire contenus.

« Pas encore... — dans un instant, criait une voix rieuse. — Mais je ne veux pas qu'on me voie dans cet état, chuchotait une autre. — Mais si. — Mais non. — Vous êtes unique, ma belle : puisqu'il s'agit d'art... Ah ! ah ! ah ! » Et l'on riait, et l'on se ruait derrière cette maudite porte.

Enfin, une voix dit : « Entrez. » Je tournai le bouton.

A première vue je ne distinguai qu'un chaos confus, impossible à décrire, au milieu duquel se démenait ma tante, vêtue d'un maillot rose. Vêtue !... superficiellement.

Fort heureusement, une gracieuse guirlande de plantes marines, en papier, sauvegardait çà et là la pudeur. Elle me parut singulièrement engraissée, ma petite tantante, mais passons encore. Ses cheveux, dénoués et ondés, flottaient sur ses épaules, et Marie, sa femme de chambre — encore un bijou dont je vous dirai deux mots un de ces jours — agenouillée devant sa maîtresse, laçait sa bottine rose, effilée, en satin miroitant, et munie de talons extrêmement hauts et pointus.

Les meubles, les tapis, la cheminée, étaient encombrés et comme enfouis sous un amas sans nom. Des jupes de mousseline jetées à l'aventure, des dentelles, un casque en carton recouvert de papier doré, des écrins entr'ouverts, des nœuds de ruban, un maillot, — trop étroit sans doute et déchiré en deux. — Des fers à friser perdus dans les cendres, de tous côtés des petits pots, des brosses à étaler le blanc, des débris de toutes sortes. Derrière deux paravents qui divisaient la chambre, j'entendais des chuchotements et le frou-frou particulier aux femmes qui s'habillent.— Dans un coin, Silvani, l'illustre Silvani, encore revêtu de ce grand tablier blanc dont il s'affuble pour poudrer ses clientes, renfermait ses houpettes et abaissait ses manches d'un air satisfait... Je restai pétrifié. Que se passait-il chez ma tante ?

Elle remarqua mon étonnement, car sans se détourner elle me dit d'une voix un peu émue :

« Ah ! c'est toi, Ernest ! » Puis, en prenant son parti sans doute, elle éclata de rire à toute volée, comme les femmes qui ont de belles dents, et ajouta d'un petit air conquérant :

« Tu vois, nous jouons la comédie. »

En disant cela, elle se détourna vers moi avec sa coiffure follement provocante et poudrée de rouge avec excès, son visage fardé comme celui d'une prêtresse antique, son regard noyé dans les langueurs artificielles, mais séductrices, du pensil japonais, son corsage souriant sous les trois brins d'herbe qui l'ombrageaient avec tact. Ces jambes, cette gaze, ce milieu tout odorant de parfums féminins, et derrière ces paravents... derrière ces paravents !

Parbleu ! je ne suis pas un enfant ; vous comprenez bien que j'ai dû voir des choses, étant capitaine de lanciers et naturellement assez curieux. Mais, je peux vous le dire, je n'ai jamais été aussi sérieusement... intéressé que ce soir-là. Ce n'est pas en somme une chose si commune que de se trouver face à face avec les jambes de sa tante !

Il faut, me disais-je, tout en examinant un peu, —

on est homme, — il faut que les femmes du monde aient vraiment le diable au corps pour s'amuser de cette façon-là.

« Et quelle pièce allez-vous donc jouer, ma bonne tante, dans un costume aussi... séduisant ?

— Bonsoir, capitaine, me cria une voix rieuse derrière le paravent de droite.

— Nous vous attendons, me dit une autre voix derrière le paravent de gauche.

— Bonsoir, Mesdames, à quoi puis-je vous être bon ?

— Mais ce n'est point une pièce que nous jouons, fit ma tante en rapprochant d'une main pudique ses herbes marines. Comme tu es en retard, mon bon ami ! est-ce qu'on joue la comédie maintenant ? Ce n'est point une pièce, c'est un tableau vivant : *le Jugement de Pâris*... Tu sais, le jugement de Pâris ? — Je remplis le rôle de Vénus... Je ne voulais pas, mais ils m'ont tous persécutée... Donne-moi donc une épingle... sur la cheminée... à côté du sac de bonbons... là, à gauche, à côté de l'écrin... près de la bouteille de colle forte, sur mon paroissien... Comment, tu ne vois pas ? Ah ! c'est bien heureux ! Enfin on m'a mis le pistolet sur la gorge pour m'obliger à jouer Vénus. « Comment, baronne, avec vos « épaules, et vos bras, et... vos mains... » me disaient-ils ; et patati, et patata... Donne-moi donc encore une épingle... Ces herbes, ça ne tient à rien !

— Il est pourtant indispensable qu'elles tiennent un peu, ma petite tante.

— Parbleu ! je vois bien ! tu me trouves un peu trop

décolletée, n'est-ce pas ? J'étais sûre que tu me trouverais un peu décolletée... je le leur ai dit; mais, que veux-tu ? c'est le rôle; et puis enfin, c'est reçu, maintenant, ces choses-là. (*Se retournant vers le paravent de droite:*) Mignonne, passez-moi donc le rouge pour les lèvres; le mien est d'une pâleur désolante. (*Au coiffeur, qui se dirige vers la porte:*) Dites-moi, Silvani, allez trouver ces messieurs qui s'habillent dans le billard et dans le cabinet du baron; ils ont peut-être besoin de vous. — Mme de S... et ses filles sont dans le boudoir, vous savez... Ah! sachez donc si M. de V... a retrouvé sa pomme. C'est lui qui fait Pâris, ajouta ma tante en se retournant vers moi. Cette pomme ne peut pas être perdue!... Eh bien! ma belle, et ce rouge que je vous demande? Passez-le au capitaine par-dessus le paravent.

— Voilà le rouge, mais dépêchez-vous, capitaine, ma cuirasse craque quand je lève le bras. »

J'aperçus, en effet, au-dessus du paravent, deux doigts effilés dont l'un, couvert de bagues étincelantes, tenait en l'air un petit pot sans couvercle.

« Comment, votre cuirasse craque, marquise ?

— Oh! ça ira; prenez vite, capitaine.

— Ça va vous paraître drôle, mais je tremble comme la feuille, s'écria ma tante, j'ai peur de me trouver mal... Entendez-vous ces messieurs qui s'habillent à côté dans le cabinet ? Quel bruit! Ah! ah! ah! c'est adorable; une vraie bande de cabotins. C'est enivrant, savez-vous, cette existence de coulisses, cette vie fiévreuse... Mais, pour l'amour du bon Dieu, fermez donc la porte, Marie; j'ai dans les jambes un courant d'air affreux... Cette lutte de chaque instant avec le public, ces sifflets, ces bravos... me rendraient folle, avec ma nature impressionnable, je me connais !... »

Le vieux baiser me revint en mémoire, et je me dis : Capitaine, tu as méconnu la nature de ta parente. « Mais il ne s'agit pas de tout cela, continua ma tante, voilà que dix heures sonnent. Mon petit Ernest, est-ce que tu sais étaler le blanc liquide? Comme tu es un peu... mauvais sujet...

— Un peu ! ah ! ah ! fit-on derrière le paravent.

— Enfin, poursuivit la baronne, ce serait bien extraordinaire si, dans tes campagnes, tu n'avais pas vu étaler du blanc liquide.

— Oui, en effet, chère tante, j'ai des données sur le blanc liquide, j'ai des données; et en recueillant mes souvenirs..

— Est-ce vrai, capitaine, que cela donne des rhumatismes?

— Mais non, je vous jure; faites mettre deux bûches au feu, et donnez-moi ce qu'il faut. »

Ce disant, je retroussai mes manches et versai dans un petit vase en onyx qui se trouvait là *le lait de la beauté*, puis j'y trempai une petite éponge et je m'approchai de ma tante Vénus en souriant.

« Tu m'assures que cette drogue n'a point d'action sur la peau... je n'ose pas en vérité! » Et en disant cela elle minaudait comme une rosière qui va être couronnée : « C'est la première fois, sais-tu, que je mets ce blanc liquide... ah ! ah ! ah ! mon Dieu! que je suis enfant! je suis toute tremblante.

— Mais, ma belle, vous êtes folle, s'écria la dame du paravent en éclatant de rire; quand on joue la comédie, il faut se soumettre aux exigences de la rampe.

—Vous entendez, ma bonne petite tante?... voyons, livrez-moi votre bras. »

Elle me tendit son gros bras rond sur la surface duquel s'étalait ce duvet léger, adorable, symbole de la maturité. — Je posai l'éponge humide...

« Ah! là là! s'écria la baronne, mais c'est une glace, bourreau! une vraie douche! et tu vas me promener cela sur le corps?

— Pas absolument partout, ma bonne tante.

— Je trouve votre *partout* singulièrement insolent, mon cher. Vous savez qu'on a besoin de vous, et vous en abusez... Dis donc, mon petit Ernest, est-ce que c'est du blanc pour la lumière que tu étales sur mon pauvre satin? tu ne te trompes pas au moins? Ah! Seigneur! dans le dos c'est horrible! ah! sapristi! ah! sapristi!... les hommes sont-ils heureux de pouvoir jurer à leur aise!... Marie, du feu, mon enfant, du feu... et ça va être le diable à sécher! C'est très-long à sécher, ta médecine, n'est-ce pas, mon petit capitaine?

— Un petit quart d'heure, pas plus; et puis ensuite nous brosserons avec une brosse bien douce... »

Quand on est franc, on n'est pas franc à demi, je vais donc vous confier une chose. Vous croyez sans doute que, voyant la baronne se démenant et poussant les hauts cris, je me hâtais d'étaler ce blanc glacé? Eh bien, pas du tout. Je travaillais avec une lenteur pleine de ruse et de dissimulation. Je promenais mon éponge sur les vallons et les collines avec une délicatesse et un soin de gourmet, et, comme un homme qui a dans la bouche un morceau d'aile de faisan truffé, je dégustais la chose et je me disais : « Capitaine, profite de l'occasion et fais une bonne fois connaissance avec la plus belle fraction de ta famille. » A chaque frisson causé par le froid, les herbes marines s'écartaient d'un mouvement brusque, le maillot s'entrebâillait avec langueur et les lois de la perspective surprises à l'improviste, me révélaient... me révélaient des merveilles. Ce fut ce soir-là, je m'en souviens, que cette question du modelé dans le clair-obscur m'apparut dans toute sa netteté. Mais pour la troisième fois... passons.

A ce moment on frappa à la porte du cabinet, et, instinctivement, je détournai la tête.

« Qu'est-ce qu'il y a?... Jésus! mais c'est un fleuve! s'écria la baronne. On n'entre pas..., qu'est-ce qu'il y a?

— Qu'avez-vous, ma chère tante?

— N'entrez pas, s'écria-t-on derrière le paravent, ma cuirasse a craqué!... Marie, Rosine, des épingles, des aiguilles, la colle forte.

— Parbleu, c'est un fleuve dans mon dos... ton affreux blanc coule, poursuivit la baronne hors d'elle-même.

— Je m'en vais essuyer cela... Je suis désolé... vraiment désolé.

— Tu crois que tu vas pouvoir entrer ta main dans mon dos? — Il est unique, mon neveu.

— Et pourquoi pas, ma tante?

— Pourquoi pas, pourquoi pas! Parce que là où il

y a place pour une goutte d'eau il n'y a pas place pour la main d'un lancier.

— Vous êtes donc trop serrée ?

—Non, je ne suis pas trop serrée. Vous êtes inconvenant, Ernest, avec votre main dans le dos.

— Enfin, vous êtes extrêmement serrée, c'est ce que je voulais dire.

— Extrêmement ne veut pas dire trop. Mais achevez de me farder, je vous prie. »

On frappa de nouveau à la porte du cabinet, et je reconnus la voix flûtée de M. de V... qui disait :

« Je suis désolé, baronne, de vous déranger, mais c'est que...

— On n'entre pas! cria-t-on de toutes parts.

— Je ne veux point entrer, malgré le désir que je pourrais en avoir, mais c'est que Raoul a un urgent besoin de bleu myosotis..., le bleu myosotis, baronne.

—On vous le donnera... Ernest, ça va encore couler... On vous le fera porter; c'est très-bien!... (*à voix basse*) il est assommant cet être-là.

— Ce n'est pas tout, chère baronne...

— Quoi encore? dépêchez-vous, mon blanc sèche, je ne peux pas bouger.

— C'est ma pomme. — Je ne sais pas où elle est, ne l'auriez-vous pas?

— Sa pomme, sa pomme! est-ce que je l'ai, sa pomme?

— Ah! et puis M. de Saint-P... a cassé son trident et a déchiré son maillot : est-ce que vous ne pourriez pas envoyer une femme de chambre?...

— Vous vous imaginez que mes femmes de chambre sont filles à aller recoudre ces messieurs ? Je vous trouve encore singulier...

— Rassurez-vous, baronne, la déchirure est au bras; c'est le trident en se brisant qui...

— C'est bien! je vais envoyer Rosine, c'est une fille sûre!... Dis donc, Ernest, tu vas me brosser, mon ami, n'est-ce pas? je suis littéralement gelée.. Il est étonnant avec son trident, il ne paraît qu'au troisième tableau, dans *Vénus sortant de l'onde.* »

On frappa encore à la porte, mais à la porte du corridor.

— Qu'est-ce qu'il y a encore?

— Les torches de Madame viennent d'arriver, dit un valet de chambre, Madame la baronne veut-elle qu'on les allume?

— Ah! les torches de Mlles de N..., qui s'habillent dans le boudoir? — Non, certes, ne les allumez pas; on n'en a besoin qu'au second tableau.

— Ne bougez pas, ma bonne tante, je vous en conjure... Ces demoiselles de N... figurent donc aussi?

— Mais oui, avec leur mère; elles représentent les *Lumières de la Foi poursuivant l'Incrédulité*, et alors elles ont tout naturellement des torches. Tu sais, ce sont des tuyaux en fer-blanc avec de l'esprit-de-vin qui flambe. Ce sera peut-être le plus joli tableau de la soirée. C'est une gracieuseté indirecte que nous adressons au neveu de Monseigneur, tu sais, ce jeune homme frisé, frisé, brun, des yeux angéliques; tu l'as vu lundi dernier. C'est un monsignor fort bien en cour, *il conte di Geloni;* il a bien voulu venir ici ce soir, et alors M. de P... a eu l'idée d'organiser cette allégorie. Il a une imagination intarissable, ce M. de P..., et un goût... s'il ne cassait pas ses accessoires!

— N'est-il pas par-dessus le marché chevalier de Saint-Grégoire?

— Oui, un peu, et, entre nous, je crois qu'il ne serait pas fâché de passer officier.

— Ah! je comprends les *Lumières de la Foi poursuivant...*, etc. Mais, dites-moi donc, petite tante, je ne vous brosse pas trop fort?... Levez un peu le bras, je vous prie... Dites-moi donc qui est-ce qui se chargera du rôle de l'*Incrédulité?*

— Ne m'en parlez pas, ç'a été toute une histoire. Justement, la distribution des rôles se trouvait être précisément le soir où on a publié l'Encyclique de Sa Sainteté, en sorte que ces messieurs étaient animés. M. de Saint-P. l'a pris de très-haut, mais de très-haut; j'ai vu le moment où le général allait sortir de ses gonds... Enfin, bref, personne n'a voulu de l'Incrédulité, et j'ai été obligée d'avoir recours au cocher du général, à John, tu le connais bien? il est fort beau garçon, et d'ailleurs il est protestant, je crois, de sorte que ce rôle-là ne le sort pas de ses habitudes.

— Ça ne fait rien, c'est désagréable pour ces dames de N... de figurer à côté d'un valet.

— Oh! voyons, il ne faut pas pousser trop loin les scrupules : ce garçon est barbouillé de noir, couché à plat ventre, et ces trois dames ont le pied sur sa tête; tu vois que les convenances sont sauvegardées. Voyons, as-tu fini, mon ami? Ma coiffure est assez réussie, n'est-ce pas? Il n'y a que Silvani pour poudrer. Il voulait me teindre en rouge; mais, ma foi, j'attends que ce rouge pénètre un peu dans notre monde... Je suis tout de même un peu déshabillée; mais enfin les herbes sauvent tout.

— Certainement, ma bonne tante, certainement. Voilà qui est fini. Allez-vous tarder à entrer en scène?

— Mais non..., mon Dieu, il est près de onze heures!... je suis troublée comme une enfant. L'idée que je vais paraître devant tout ce monde... les fleurs qui tombent de ma coiffure n'engoncent-elles pas mon cou, mon petit Ernest? veux-tu les relever un peu? » Puis, s'approchant de la porte du cabinet, elle frappa deux petits coups et dit :

« Vous êtes prêt, Monsieur de V...?

— Oui, baronne, j'ai retrouvé ma pomme, mais je suis extrêmement ému. Minerve et Junon sont-elles habillées?... oh! mais une émotion dont vous n'avez pas idée.

— Oui, oui, tout le monde est prêt; qu'on prévienne au salon... Mon pauvre cœur bat à tout rompre, mon capitaine.

— Prenez-y garde, ma petite tante... on le voit. »

EN MÉNAGE

CONFÉRENCE D'INTRODUCTION

PAR LE PÈRE Z.

Mesdames, Mes Sœurs,

Le mariage, tel que vous le comprenez, n'est pas précisément favorable à l'amour. — Je ne crois pas dire là une monstruosité. L'amour y est trop à l'aise, il s'y étale avec trop de nonchalance dans des fauteuils trop douillets. Il y prend des habitudes de robe de chambre et de laisser-aller; les sucreries dont il se bourre d'abord avec gloutonnerie rendent bientôt son estomac capricieux, ses digestions se font mal, l'appétit diminue, et, le soir venu, dans la tiédeur trop douce d'un nid fait pour lui, il bâille en lisant le journal, s'endort, ronfle, s'éteint. Vous aurez beau dire, mes-sœurs :

« Mais non... mais comment donc, père Z... mais vous n'y entendez rien, mon révérend ! »

Moi je vous déclare que les choses sont ainsi que je les ai dites, et qu'au fond vous êtes absolument de mon avis. Oui, votre pauvre cœur a souffert bien souvent, il est des nuits où vous avez pleuré, pauvres anges! en attendant en vain le rêve de la veille.

« Hélas! pensiez-vous, tout est donc fini? un jour d'été — trente ans d'automne! moi qui aime tant le soleil. » Voilà ce que vous pensiez.

Mais vous ne disiez rien, ne sachant rien des choses qu'il fallait dire. Doutant de vous, vous ignorant vous-même, vous vous êtes fait une vertu de garder le silence et de ne point réveiller monsieur, lorsqu'il dormait; vous avez pris l'habitude de marcher sur la pointe de vos petits petons pour ne point troubler le calme du logis, et votre époux au milieu de ce demi-sommeil réparateur s'est mis à bâiller délicieusement; puis il est retourné à son cercle où il a été reçu comme l'enfant prodigue; et vous, pauvre poëte sans plume ni encre, vous vous consolez en regardant vos sœurs qui prennent le même chemin que vous.

Vous avez toutes, Mesdames, des manuscrits plein vos poches : des poëmes adorables, des romans délicieux; c'est un lecteur qui vous manque, et votre mari prend sa canne et son chapeau au seul aspect de vos petites pattes de mouche; il croit sincèrement qu'il n'y a de romans que ceux qui sont imprimés. Pour en avoir trop lus, il estime qu'on n'en doit plus faire.

C'est cet état de choses que je trouve absolument détestable.

Je vous considère, mes chères sœurs, comme de

pauvres victimes, et, si vous voulez bien le permettre, je vais vous dire à ce sujet ma façon de penser.

L'estime et l'amitié sont en ménage choses fort respectables et douces, comme le pain quotidien ; mais un rien de confitures sur la tartine ne gâterait rien, avouez-le ? Si donc une de vos bonnes amies allait se plaindre de la liberté d'allures qui règne dans mon petit livre, laissez-la dire et soyez sûre d'avance que très-probablement cette bonne amie mange son pain sec. Nous avons mis en scène le mariage tel que nous le comprenons, dépeint des époux souriants, heureux d'être ensemble.

Est-ce donc parce que l'amour est rare en ménage, qu'il serait inconvenant de raconter ses joies ?

Est-ce le regret ou l'envie qui vous rendrait chatouilleuses, mes sœurs ?

Conservez vos rougeurs pour les peintures de ce monde de filles où l'amour est un marché, où les baisers se payent d'avance. Trouvez impurs et révoltants les récits de ces joies grossières, indignez-vous, grondez vos frères ; d'avance, je vous donne raison ; mais, pour l'amour du bon Dieu, ne vous effarouchez pas quand nous prenons votre défense, lorsque nous tâchons de rendre aimable et séduisante la vie de ménage, lorsque nous conseillons aux maris d'aimer leurs femmes, aux femmes d'aimer leurs maris.

Ne comprenez-vous pas qu'il y a là un côté vraiment moral ? Prouver que vous êtes adorables, et qu'en dehors du monde de ces demoiselles il y a des plaisirs, des joies et des tendresses, tel était notre but, puisqu'il faut vous le dire, et j'ose espérer qu'après avoir réfléchi deux minutes, vous trouverez nos intentions louables et vous nous permettrez d'y persévérer.

Je ne sais trop pourquoi on s'est plu à entourer le mariage de piéges à loup et de choses effrayantes; à planter tout autour des écriteaux sur lesquels on lit : *Prenez garde aux liens sacrés de l'hymen ! Ne plaisantons pas avec les devoirs sacrés de l'époux ! Méditez sur le sacerdoce du père de famille ! Souvenez-vous que la vie grave commence ! Point de faiblesse, vous allez vous trouver face à face avec la dure réalité !* etc., etc.

Je ne vous dis pas qu'il ne soit pas prudent de débiter ces grandes choses-là, mais encore faudrait-il le faire avec moins d'affectation. Prévenez les gens qu'il y a des épines, c'est parfait; mais, sac à papier! il y a autre chose encore dans le ménage, une autre chose qui rend délicieux ces devoirs, ce sacerdoce, ces liens qui, si on vous en croyait, ne seraient plus bientôt que d'insupportables corvées. On dirait vraiment qu'accepter une jolie petite femme, toute fraîche de cœur et d'esprit, ou se condamner pour le reste de ses jours à scier du bois, c'est la même chose !

Eh bien ! mes sœurs, savez-vous quels sont ceux qui ont assombri le tableau et transformé en châtiment ce qui devrait être une récompense ? — Ce sont les maris qui ont des antécédents et des rhumatismes. Étant las, et... — comment dirai-je ? — éprouvés, — ils veulent faire du mariage une maison de retraite, dont vous serez les anges. C'est gentil d'être ange, mais, croyez-moi, c'est trop ou pas assez. Ne souhaitez pas monter si vite en grade et demandez un petit surnumérariat. Il sera toujours temps de vous poser l'auréole quand vous n'aurez plus assez de cheveux pour vous coiffer autrement.

Mais, ô maris qui avez des antécédents, croyez-vous qu'on prenne votre calme angélique et la prudente austérité de vos principes pour autre chose que ce qu'ils sont : de la fatigue ?

Vous aimez à vous reposer, je le veux bien ; mais je vous trouve étranges de vouloir que tout le monde se repose autour de vous ; de vouloir qu'en mai les arbres soient desséchés et le gazon jauni ; de vouloir qu'on baisse les lampes, qu'on double les abat-jour, qu'on mette de l'eau dans le bouillon et qu'on se refuse un doigt de bordeaux ; de vouloir que les épouses vertueuses soient des êtres infiniment respectables et un peu ennuyeux, portant bien un cachemire, n'ayant eu ni poésie, ni jeunesse, ni folle gaieté, ni désirs incertains, ignorant tout, ne voulant rien connaître, vivant toujours à l'ombre ; impotentes, grâce aux vertus trop lourdes dont vous les avez bourrées ; de vouloir, de plus, que ces pauvres êtres bénissent votre sagesse, caressent votre front chauve et rougissent de honte à l'écho d'un baiser.

Voilà, le diable m'emporte, le mariage dans de jolis draps !

L'aimable institution ! et comme vos fils, qui ont aujourd'hui vingt-cinq ans, ont bien raison d'en avoir peur ! Comme ils ont raison de vous dire, en frisant leurs moustaches :

« Mais, mon cher père, attendons, je ne suis pas encore mûr.

— Cependant c'est un parti superbe, et la jeune fille est charmante.

— Eh! sans doute; mais je sens que je ne la rendrais pas heureuse; je ne suis pas mûr, en vérité, je ne le suis pas! »

Mais aussi, quand il sera mûr, le jeune homme, comme elle sera heureuse, la chère petite! un mari mûr, tout prêt à tomber de l'arbre, bon à mettre au fruitier; quelle joie! un bon mari, qui le lendemain de ses noces déposera pieusement sa femme dans une niche, allumera un cierge devant, puis prendra son chapeau et ira dépenser au dehors une miette de jeunesse restée par hasard au fond de son gousset.

Ah! mes bonnes petites sœurs, qui vous effarouchez si fort et criez au scandale, voyez un peu le fond de notre pensée. Qu'on vous traite en saintes, mais qu'on n'oublie pas que vous êtes femmes aussi, et, croyez-moi, ne l'oubliez pas vous-mêmes.

Un mari majestueux et un peu chauve, c'est bien; un mari jeune, qui vous aime et boit sans façon dans votre verre..... c'est mieux. Laissez-le, s'il chiffonne un peu votre robe et vous loge en passant un petit baiser dans le cou. Laissez-le lorsque, en rentrant du bal, il arrache les épingles, embrouille les lacets, et rit comme un fou si vous êtes chatouilleuse. Ne criez pas au feu si sa moustache vous pique, et songez qu'au fond c'est qu'il vous aime bien. Il adore vos vertus; est-il donc étonnant s'il en chérit l'enveloppe? Vous avez une belle âme, c'est vrai, mais votre petit corps n'est pas mal non plus, et quand on aime bien on aime tout à la fois. Ne vous effrayez pas si le soir, tandis que le feu pétille, tout en causant, il déchausse votre pied, le met sur ses genoux, et dans un moment d'oubli pousse l'irrévérence jusqu'à l'embrasser, s'il aime à promener lui-même votre grand peigne d'écaille dans vos cheveux, s'il choisit vos parfums, arrange vos bandeaux, vous dit tout à coup, en se frappant le front :

« Ma belle chérie, mettez-vous là, j'ai une idée de coiffure. »

Qu'il relève ses manches et par hasard embrouille un peu vos boucles, où sera le mal, en vérité? Bénissez-les, ces saints enfantillages, et songez que derrière ces folies se cache le bonheur. Remerciez le ciel si, dans le mariage, qu'on vous a présenté comme une carrière, vous trouvez un côté riant, joyeux ; si dans votre mari vous trouvez le lecteur aimé du beau roman que vous aviez en poche; si, tout en portant des cachemires et vous accrochant aux oreilles des brimborions coûteux — ce qui est agréable — vous trouvez les joies d'une intimité vraie — ce qui est délicieux. En un mot, estimez-vous heureuses si, dans votre mari, vous trouvez un..... Mais voilà encore un mot qui vous ferait crier au scandale ; je vous souhaite la chose, mais je ne vous dirai pas le mot.

Avant d'accepter mes théories, Mesdames, quoique dans votre âme et conscience vous les trouviez parfaites, vous aurez sans doute quelques petits préjugés à vaincre, vous aurez à lutter surtout contre votre éducation qui est déplorable, je l'ai déjà dit et je le répète; mais ce n'est point là une grande affaire. Songez que, sous prétexte d'éducation, on vous empaille, mes chères sœurs. Vous êtes vernies trop tôt, comme ces tableaux préparés pour la vente, qui craquent et se fendillent six mois après l'achat. On ne dirige pas votre nature, on ne vous cultive pas; on vous étouffe, on vous taille, on vous façonne comme ces ifs de Versailles qui représentent des gobelets et des oiseaux. Vous êtes femmes au fond, mais vous n'en avez plus l'air.

On vous donne à nous emmaillotées, déformées, bourrées de préjugés et de principes sociaux lourds comme des pavés, et d'autant plus difficiles à déplacer que vous les considérez comme sacrés; on vous embarque dans le mariage avec un si grand nombre de bagages, réputés indispensables, qu'à la première station votre mari, qui n'est pas un ange, s'irrite au milieu de tous ces embarras, envoie tout promener sous un prétexte quelconque, vous laisse poursuivre seule et monte dans un autre vagon. Je ne demande pas, remarquez bien, qu'on vous laisse vivre à l'aventure, qu'on laisse croître en vous des instincts bons ou mauvais, mais je voudrais qu'on ne traitât pas votre pauvre esprit comme on traite le pied des Chinoises de qualité; qu'on ne l'enfermât pas dans un soulier de porcelaine. Jamais je ne croirai que la vertu des femmes tienne à ces déformations.

Une fille à marier est un produit de l'industrie maternelle, qui veut dix ans pour être parachevé, et demande cinq à six autres années d'études maritales pour être nettoyé, dépouillé, rendu à sa vraie forme.

Il faut dix ans pour faire une épouse et six ans au moins pour refaire de cette épouse une femme.

Avouez que c'est là du temps perdu pour le bonheur, et tâchez de rattraper ce temps, si votre mari le veut bien.

L'unique garantie de fidélité entre deux époux, c'est l'amour. On ne reste à côté d'un compagnon de route que lorsqu'on éprouve près de lui plaisir et bonheur. Les lois, les décrets, les serments peuvent empêcher l'infidélité ou du moins peuvent la punir en fait, mais ils n'en peuvent empêcher ni punir l'intention; or, en amour, l'intention, c'est le fait.

N'est-il pas vrai, mes bonnes petites sœurs, que vous êtes de mon avis? N'est-ce pas que vous comprenez bien que l'amour, qu'on exclut du mariage, doit en être, au contraire, le véritable pivot? Se faire aimer, c'est là la grande affaire! Croyez-en donc mes cheveux blancs, et laissez-moi vous donner quelques conseils encore:

Oui, je pousse au mariage, je ne m'en cache pas, au mariage joyeux, où l'on met en commun ses idées, ses chagrins, mais aussi sa bonne humeur et sa tendresse. Supprimez dans cette vie à deux la gravité, l'affectation, mais ajoutez-y un brin de galanterie et de camaraderie. Ayez dans l'intimité même cette coquetterie dont vous vous parez si volontiers dans le monde. Cherchez à lui plaire. Faites-vous aimable. Considérez que votre mari est un public qu'il faut vous rendre sympathique. Curieuses de vous-mêmes, observez dans vos façons d'aimer ces nuances, ces délicatesses féminines qui doublent le prix des choses.

Ne soyez point avares, mais songez que la façon de donner ajoute du prix à l'objet qu'on donne, ou plutôt : ne donnez pas; faites-vous demander, et souffrez qu'on accepte. Songez à ces bijoux précieux qu'on dispose avec tant d'art dans leur écrin de satin; n'oubliez jamais l'écrin. Que votre nid soit douillet, qu'on vous sente dans tous ces mille riens. Mettez un peu de vous-mêmes dans l'arrangement de toute chose. Soyez artistes, délicates et fines; — vous le serez sans effort, — et que dans tout ce qui entoure votre mari, depuis la dentelle des rideaux jusqu'au parfum de vos manchettes, il devine le désir de lui plaire. Ne lui dites pas : « Je t'aime; » ce mot-là lui rappellerait peut-être un souvenir ou deux. Mais amenez-le à vous dire : « Tu m'aimes donc? » et répondez-lui *non* avec un petit baiser qui veuille dire *oui*. Qu'il trouve à vos côtés le présent si aimable que son passé s'efface de sa mémoire; et pour cela, que rien en vous ne rappelle ce passé-là; à son insu, il ne vous le pardonnerait pas. N'imitez des femmes qu'il a pu connaître, ni les coiffures, ni les toilettes; ce serait lui faire croire qu'il n'a pas changé de vie. Vous avez en vous-mêmes une autre grâce, un autre esprit, une autre coquetterie, et par-dessus tout, le printemps du cœur et de l'esprit qu'elles n'ont jamais eu, ces femmes. Vous avez une curiosité de la vie, un besoin d'épanouissement, une fraîcheur d'impressions qui sont, — vous ne vous en doutez pas peut-être, — des charmes irrésistibles. Soyez vous-mêmes, et vous serez pour ce mari aimé un nouveau mille fois plus charmant que tous les passés possibles. Ne lui cachez ni votre candeur ni votre inexpérience, ni vos joies d'enfant, ni vos craintes de bébé; soyez coquettes de tout cela comme vous l'êtes des traits de votre visage, de vos beaux yeux noirs et de vos grands cheveux blonds.

Rien qu'un peu d'adresse : ne vous jetez pas à sa tête, et ayez confiance en vous.

Un homme se marie le jour où il se croit ruiné, — il tâte son gousset, — plus un louis, — le voilà mûr; il passe à la mairie.

Eh bien! moi, je vous dis, mes sœurs, qu'il est riche encore. Il a une autre poche qu'il ignorait, le fou! et qui est pleine d'or. C'est à vous de faire en sorte qu'il s'en aperçoive et vous sache gré du bonheur qu'il a eu à retrouver une fortune.

Je me résume, aussi bien l'heure avance, et j'aurais scrupule à vous faire retarder l'heure de votre dîner. De grâce, mes chères dames, arrachez aux drôlesses, dont vous avez le grand tort d'imiter les toilettes, le cœur de vos maris. N'êtes-vous pas plus fines, plus délicates qu'elles? Faites pour celui que vous aimez ce qu'elles font pour tout le monde : ne vous contentez pas d'être vertueuses, soyez séduisantes; parfumez vos cheveux; entretenez l'illusion comme une plante rare dans un vase d'or.

Un brin de folie, si c'est possible; cachez votre contrat de mariage et ne le regardez que tous les dix ans; aimez-vous, jeunes époux, comme si vous ne l'aviez pas juré; oubliez qu'il y a chaîne, contrat, engagement; chassez de votre esprit le souvenir de M. le maire orné de son écharpe. Que, de temps en temps, lorsque vous êtes ensemble, vous croyiez être en bonne fortune; n'est-ce pas, ma petite sœur, que c'est cela que vous souhaitez au fond?

Ah! Seigneur Dieu, vivent la franchise et la jeunesse! Aimons-nous et rions à toute volée tandis que le printemps fleurit. Aimons nos bébés : aimons-les, les amours, et embrassons nos femmes. Oui, cela est moral et sain; le monde n'est pas un couvent humide, le mariage n'est point un tombeau. Honte à ceux qui n'y trouvent que tristesse, ennui et sommeil. Et ne voyez-vous pas que c'est la famille dont nous défendons la cause, que nous prêchons le bonheur de vivre, la joie d'être ensemble, cette bonne joie qui rend meilleur. — Ah! ne me parlez pas de ces jeunes racornis qui ont mûri en se desséchant. Ce sont eux qui font parade de leur prétendu respect pour les femmes honnêtes après avoir adoré celles qui ne le sont pas. Ce respect-là ressemble à celui qu'on a pour certains gros livres de la bibliothèque, qu'on salue en passant lorsqu'il y a du monde, mais qu'on ne lit jamais.

Mes sœurs... mes sœurs!... tâchez qu'on vous lise, c'est la grâce que je vous souhaite.

A LA MAIRIE. — A L'ÉGLISE

IMPRESSIONS DE MADAME

Il est bien certain que le mariage à la mairie a une importance assez grande, mais est-il possible vraiment, pour une personne délicate, de prendre cette importance au sérieux? J'ai passé par là, j'ai subi, comme tout le monde, cette formalité pénible, et je n'y peux penser sans une sorte d'humiliation. A peine descendue de voiture, j'aperçus à droite un escalier boueux; les murs étaient tapissés d'affiches de toutes couleurs, et devant l'une d'elles, un homme en paletot marron, sans chapeau, une plume derrière l'oreille, des papiers sous le bras, roulait une cigarette entre ses doigts tachés d'encre. A gauche, une porte s'ouvrit et j'aperçus une salle basse et sombre dans laquelle une douzaine de tambours de la garde nationale fumaient dans des pipes noires. Ma première pensée, en entrant dans cette caserne, fut que j'avais bien fait de ne point mettre ma robe à fond gris. Nous montâmes l'escalier, et je vis alors un long corridor peu éclairé, malpropre, garni d'un grand nombre de portes vitrées, sur lesquelles je lus : *Pompes funèbres. Tournez le bouton — Expropriations — Décès. Frappez fort — Réclamations — Naissances — Salubrité*, etc., et enfin : *Mariages. Tournez, s'il vous plaît*. — Ce fut là que nous entrâmes en compagnie d'un jeune enfant qui portait une bouteille d'encre; il y avait là un air épais, lourd, trop chaud, qui soulevait le cœur. — Fort heureusement, un garçon à livrée bleue, qui ressemblait comme aspect aux tambours que j'avais entrevus en bas, vint s'excuser de ne pas nous avoir introduits de suite dans le salon de M. le maire (c'est la salle d'attente de la première classe). Je m'y précipitai comme on se précipite dans un coupé de louage, lorsque la pluie commence à tomber. Ce salon de M. le maire avait je ne sais quoi de provincial et de bourgeoisement officiel qui me mit en gaieté; la pendule était de celles qu'on gagne aux loteries de la Société de Saint-Vincent-de-Paul; un baromètre à cadran, une bibliothèque qui me parut avoir été mise là pour cacher une porte, et au-dessus de la bibliothèque, l'image du souverain en plâtre. — Au milieu de cette pièce, une grande table de cabinet de lecture recouverte d'un drap vert taché d'encre en plusieurs endroits. Imaginez-vous le salon d'un dentiste qui a été notaire. Presque immédiatement deux individus, dont l'un ressemblait comme deux gouttes d'eau au caissier du Petit-Saint-Thomas, apportèrent deux registres, et, après les avoir ouverts, y écrivirent pendant quelque temps; ils s'interrompaient pour demander le nom, l'âge, les prénoms de chacun de nous, puis continuaient à écrire, en se disant à voix basse : « point et virgule... Entre les conjoints... A la ligne, etc., etc. » Quand il eut fini d'écrire, le caissier du Petit-Saint-Thomas lut à haute voix, quoiqu'il parlât du nez, ce qu'il venait de composer, et je n'y compris absolument rien, si ce n'est qu'on répétait mon nom souvent, ainsi que celui de mon *conjoint*. On nous présenta une plume, et nous signâmes. Voilà. — Deux heures sonnaient à la pendule de M. le maire, et j'avais donné rendez-vous à ma couturière pour retoucher le corsage.

« C'est fini? fis-je à Georges, qu'à mon grand étonnement je trouvai fort pâle.

— Pas encore, me dit-il, chère amie; nous allons aller maintenant dans la salle des mariages. »

Le corsage à retoucher me poursuivait. Nous entrâmes dans une grande salle vide, aux grands murs nus; un buste de l'Empereur au fond, au-dessus d'une estrade en chêne; des banquettes derrière quelques fauteuils, et de la poussière sur le tout. J'étais mal disposée, à ce qu'il paraît, car il me sembla que j'entrais dans un embarcadère, et je ne pus m'empêcher de regarder maman et mes tantes, qui étaient d'une gaieté folle, en passant en revue ces banquettes vides. Ces messieurs, au contraire, qui affectaient sans doute de ne point penser comme nous, étaient tous graves, et je vis très-bien que Georges tremblait pour tout de bon. Enfin le maire entra par une petite porte, et nous apparut, gauche, petit, dans son habit noir trop large que son écharpe faisait remonter. C'est pourtant un homme fort respectable, qui a amassé une fortune honorable dans la vente des lits en fer, mais comment m'imaginer que ce petit monsieur embarrassé, mal habillé, timide, pût, d'un mot prononcé avec hésitation, m'unir par des liens éternels!... Et puis, ce maire avait une ressemblance fatale avec mon accordeur de piano. Ces choses-là n'arrivent qu'à moi... Tout à l'heure c'était le caissier du Petit-Saint-Thomas!... Je mordis mes lèvres pour ne point éclater. M. le maire, après nous avoir salués comme salue un homme qui a une cravate blanche et pas de chapeau, c'est-à-dire assez niaisement, se moucha, au grand contentement de ses deux bras qui ne savaient où se fourrer, et entama lestement la petite cérémonie; il récita avec précipitation plusieurs passages du Code, en indiquant les numéros des paragraphes, et je compris confusément que l'on me menaçait des gendarmes si je n'obéissais pas aveuglément aux ordres et aux fantaisies de mon époux, si je ne le suivais partout où il voudrait bien me conduire, serait-ce rue Saint-Victor, au sixième étage; vingt fois je fus sur le point d'interrompre le maire, et de lui dire :

« Permettez, Monsieur, voilà des paroles qui ne sont guère polies pour moi, et vous devez savoir par vous-même qu'elles n'ont pas le sens commun... »

Mais je me retins, dans la crainte d'intimider le magistrat qui me parut avoir hâte de finir. Il ajouta cependant quelques mots sur les devoirs des époux...

la société... la paternité, etc., etc.; mais toutes ces belles choses, qui m'auraient peut-être fait pleurer ailleurs, me semblaient grotesques, et je ne pouvais oublier cette douzaine de tambours jouant au piquet autour du poêle, et cette enfilade de portes où j'avais lu *Salubrité — Pompes funèbres — Décès — Expropriations,* etc. J'aurais souffert vraiment que ce marchand de lits en fer touchât à mes rêves chéris, si le côté comique de ma situation n'eût attiré mon attention tout entière, et si le fou rire ne m'eût gagnée.

« Monsieur Georges***, vous jurez de prendre pour épouse Mlle***, etc., » dit le maire en se penchant.

Mon mari s'inclina et répondit *oui* fort bas. Il m'a avoué depuis qu'il n'avait jamais éprouvé de plus vive émotion qu'en prononçant ce *oui.*

« Mademoiselle Berthe***, ajouta le magistrat en se tournant vers moi, vous jurez de prendre pour époux..., etc. »

Je m'inclinai en souriant, et je disais à part moi :

« Mais oui, parbleu ! c'est évident, puisque je suis venue pour cela, tout exprès ! »

Ce fut tout. J'étais mariée, à ce qu'il paraît.

Mon père et mon mari se serrèrent les mains comme des gens qui ne se sont pas vus depuis vingt ans, leurs yeux étaient humides. Quant à moi, impossible de partager leur émotion. J'avais très-faim, et nous fîmes arrêter la voiture, nous deux maman, devant le pâtissier, avant de monter chez la couturière.

Ce fut ma dernière tarte de *jeune fille.*

Le lendemain matin, c'était le grand jour, et quand je m'éveillai on y voyait à peine. J'ouvris la porte qui donnait dans le salon, ma robe était étalée sur le canapé, le voile plié était à côté; mes bottines, ma coiffure dans une boîte blanche moirée,... rien ne manquait. J'avalai un grand verre d'eau. J'étais émue, inquiète, heureuse, tremblante. — Le matin d'une bataille où l'on est sûr d'être décoré! — Je ne pensais ni à mon passé ni à mon avenir; j'étais envahie tout entière par l'idée de cette cérémonie, de ce sacrement, le plus solennel de tous, de ce serment que j'allais faire devant Dieu, et aussi par l'idée de cette foule en toilette venue là tout exprès pour me voir passer.

Nous déjeunâmes de fort bonne heure. Mon père avait ses bottes, son pantalon, sa cravate blanche et sa robe de chambre. Ma mère était aussi à moitié habillée. Il me sembla que les domestiques mettaient un plus grand soin à me servir et m'entouraient de plus de respect; je me souviens même que Marie me dit : « Madame sait que le coiffeur est là. » Madame! l'excellente fille! Je ne l'ai point oubliée.

Il me fut impossible de manger : j'avais le gosier sec et me sentais dans tout le corps des frissons d'impatience assez semblables à cette sensation que l'on éprouve lorsque l'on a très-soif et que l'on attend que le sucre soit fondu. Le son de l'orgue me poursuivait, et le mariage d'Emma et de Louis me traversait l'esprit. Je m'habillai : le coiffeur, lui aussi, m'appelait *Madame*, et m'exécuta une coiffure si heureuse que je me dis, je m'en souviens : « Voilà qui commence bien; cette coiffure est d'un bon augure. » J'empêchai Marie, qui voulait serrer mon corset plus qu'à l'ordinaire... Je sais bien que le blanc grossit et que Marie n'avait pas tort, mais je craignais que cela ne me fît monter le sang à la tête : j'ai toujours eu en horreur les mariées qui ont l'air de sortir de table. Les émotions religieuses doivent être trop profondes pour se traduire autrement que par la pâleur. Il est niais de rougir en certaines circonstances.

Quand je fus habillée, je passai dans le salon pour avoir plus d'espace et promener un peu ma jupe. Mon père et Georges y étaient déjà, parlant avec animation :

« Les voitures sont arrivées ? — Oui, sans doute... — Et pour le *Salutaris ?* — Allons, très-bien...; vous vous chargez de tout. — Et la pièce de mariage ? — Sans doute, j'ai l'anneau. — Ah ! mon Dieu ! où est mon billet de confession ?... Ah ! très-bien, je l'ai laissé dans la voiture, etc. »

Ils disaient cela rapidement, en gesticulant comme les gens les plus affairés du monde. Quand Georges m'aperçut, il m'embrassa la main, et tandis que les femmes de chambre, accroupies autour de moi, travaillaient la jupe, que le coiffeur rognait le tulle du voile, il me dit d'une voix enrouée :

« Vous êtes charmante, chère amie. » Il ne pensait pas du tout à ce qu'il disait, et je répondis machinalement :

« Vous trouvez ?... Pas trop court, le voile, monsieur Silvani... Vous n'oublierez pas le nœud du corsage, Marie. »

Quand il faut avoir l'œil à tout, on n'a pas trop de

toute sa présence d'esprit. Cependant la voix enrouée de Georges me revint en mémoire et je me dis : Je suis sûre qu'il est enrhumé; il est visible qu'il s'est fait couper les cheveux trop courts. J'en eus bientôt la conviction.

« Mais vous êtes enrhumé, mon bon ami, lui dit mon père.

— Ne m'en parlez pas, » répondit-il tout bas. Et plus bas encore, avec un sourire un peu embarrassé : « Soyez donc assez bon pour me faire donner un second mouchoir de poche; j'en ai déjà un, mais...

— Comment donc, cher ami.

— Merci mille fois. »

C'était une niaiserie, à coup sûr, eh bien ! j'en fus contrariée, et je me rappelle qu'en descendant l'escalier, tandis qu'on portait la queue de ma jupe derrière moi, je me disais : Pourvu qu'il n'aille pas éternuer sous le poêle !

Je n'y pensai bientôt plus. Nous montâmes en voiture; je sentais que tout le monde me regardait et j'apercevais dans la rue, au delà de la porte cochère, des groupes de curieux. Ce que j'éprouvais est impossible à dire, mais c'était délicieux.

Le coup de canne des suisses retentira éternellement dans mon cœur. Nous nous arrêtâmes un instant sur le tapis rouge. Le grand orgue lançait à toute volée une marche triomphale, des milliers de visages souriants se tournaient vers moi, et tout au fond, dans un milieu idéal de soleil, d'encens, d'or et de velours, deux fauteuils dorés pour nous asseoir devant le bon Dieu. Je ne sais pourquoi une vieille gravure, qui est dans le cabinet de mon père, traversa mon esprit. Cette gravure représente l'entrée d'Alexandre à Babylone; il est sur un éléphant ruisselant de pierreries. Vous devez connaître cela? Seulement, Alexandre était un païen qui avait bien des crimes à se reprocher, tandis que moi, j'étais pure. Oh! je le sentais bien! je n'aurais pas joui aussi délicieusement sans cela, et d'ailleurs, j'avais fait mes dévotions la veille, j'étais pure! Le bon Dieu me souriait, et de sa main paternelle m'invitait à m'asseoir en sa maison, sur son tapis rouge, dans son fauteuil doré. Le ciel tout entier, ému d'allégresse, me jouait des airs, et là-haut, à travers les vitraux étincelants, les archanges, pleins de bienveillance, chuchotaient en me regardant. A mesure que je passais, les têtes s'inclinaient, ainsi qu'un champ de blé que fait plier le vent. Mes amis, mes parents, mes ennemis, mes connaissances, nous saluaient de la tête, et je voyais, — car on voit tout malgré soi dans ces jours solennels, — que l'on ne me trouvait pas mal. Arrivée au fauteuil doré, je m'inclinai avec une précipitation contenue sur le prie-Dieu; — mon chignon était haut, dégageant le cou, que j'ai passable, et je remerciai le Seigneur. L'orgue cessa ses chants de triomphe, et j'entendis à mes côtés ma pauvre mère qui fondait en larmes. Oh! que je comprends ce que doit éprouver le cœur d'une mère dans une semblable cérémonie! Tout en regardant avec recueillement le clergé qui s'avançait en pompes, j'aperçus Georges: il semblait irrité; il était droit, roide, les narines grandes ouvertes et les lèvres pincées. Je lui en ai toujours un peu voulu de n'avoir pas été plus sensible à ce qui m'arrivait ce jour-là; mais les hommes ne comprennent pas cette poésie.

Le discours de Monseigneur, qui nous maria, fut un chef-d'œuvre, et, de plus, il fut prononcé avec cette onction, cette dignité, ce charme persuasif que vous lui connaissez. Il parla de nos deux familles, *où les pieuses croyances sont héréditaires comme l'honneur*. On eût entendu une mouche voler, tant on écoutait avec recueillement la voix du prélat. Puis, à un moment, il se retourna vers moi et sut me faire comprendre, avec mille délicatesses, que j'épousais un des plus nobles officiers de l'armée. « Le ciel sourit, dit-il, au guerrier qui met au service de la patrie une épée bénie par Dieu, et qui, alors qu'il s'élance à travers la mêlée, peut mettre la main sur son cœur et jeter à l'ennemi ce noble cri de guerre : Je crois. » Comme tout cela est dit, pensé ! Que de grandeur dans cette éloquence sacrée ! Un léger frisson parcourut l'assemblée. Mais ce ne fut pas tout : Monseigneur s'adressa ensuite à Georges, et d'une voix aussi douce et onctueuse qu'elle était tout à l'heure vibrante et enthousiaste :

« Monsieur, vous allez prendre pour compagne une jeune fille... » J'ose à peine me rappeler toutes les choses gracieuses et délicates que Monseigneur dit à mon sujet. « Élevée saintement par une mère chrétienne qui a su partager avec elle, si je puis le dire, toutes les vertus de son cœur, tous les charmes de son esprit... » — Maman sanglotait. — « Elle saura aimer son époux comme elle a aimé son père, ce père plein de tendresse qui, dès le berceau, fit germer en elle les sentiments de noblesse et de désintéressement qui... » — Papa souriait malgré lui. — « Ce père dont les pauvres savent le nom, et qui, dans la maison de Dieu, a sa place marquée au banc des élus. » — Papa est marguillier depuis sa retraite. — « Et vous, Monsieur, vous respecterez, oh! j'en ai l'assurance, tant de pureté, d'ineffable candeur... » — Je sentais mes yeux s'humecter. — « Et sans oublier les charmes périssables et physiques de l'ange que Dieu vous donne, vous remercierez le ciel des qualités cent fois plus précieuses et plus durables que renferment son cœur et son esprit. » Je fondis en larmes; jamais notre sainte religion ne m'était apparue plus noble, plus grande, plus persuasive. Tandis que Monseigneur prononçait ces derniers mots, un rayon de soleil tomba sur son front vénérable; je le vis ainsi à travers mes larmes: ce n'était plus un homme, c'était un ange, et il me sembla que c'était Dieu lui-même qui parlait par sa bouche.

Que ceux-là sont fous, qui s'éloignent des autels et ne comprennent pas la délicieuse ivresse d'un cœur qui se contemple en Dieu.

On nous fit lever, et nous restâmes ainsi l'un devant l'autre comme sont les divins époux dans le tableau de Raphaël. Nous échangeâmes l'anneau d'or, et Monseigneur dit d'une voix lente et grave des paroles latines dont je ne compris pas le sens, mais qui m'émurent infiniment, car la main du prélat, blanche, fine, transparente, semblait me bénir. Cependant l'encensoir à la fumée bleuâtre, balancé par la main des enfants, répandait dans l'air un pieux parfum. Quel jour, grand Dieu! Tout ce qui se passa ensuite est confus dans ma mémoire. J'étais éblouie, j'étais transportée. Je me rappelle cependant le chapeau à roses blanches dont Louise était affublée... Est-ce singulier, comme il y a des gens qui manquent de goût!

En allant à la sacristie, je donnai le bras au général, et c'est alors que je vis en face les visages des assistants. Tous paraissaient émus.

Bientôt on arriva en foule me saluer. — La sacristie était pleine, on se poussait, on se pressait autour de moi, et je répondais à tous ces sourires, à tous ces compliments, par un petit salut où l'émotion religieuse perçait malgré moi. Oh! j'avais la conscience que quelque chose de solennel venait de s'accomplir devant Dieu et devant les hommes, j'avais conscience d'avoir serré des liens éternels... J'étais mariée.

Par un retour singulier de l'esprit, je songeai alors au piteux petit mariage de la veille; je comparai (j'en demande pardon à Dieu) l'ancien marchand de lits en fer embarrassé dans son habit noir avec Monseigneur, les paroles communes et banales de M. le maire avec les élans pleins d'éloquence du prélat vénéré... Quel enseignement! Ici le monde — là le ciel; ici la prose grossière de l'homme d'affaires — là la poésie céleste.

Georges, à qui j'en parlais dernièrement, me dit :

« Mais, chère amie, vous ne savez peut-être pas

que le mariage à la mairie se fait *gratis*, tandis que.... » Je lui mis la main sur la bouche pour l'empêcher d'achever, il me sembla qu'il allait dire quelque impiété.

Gratis... gratis ! Voilà précisément ce que je trouve inconvenant.

UNE NUIT DE NOCE

I

Grâce aux usages de la campagne et à la solennité des circonstances, on s'était retiré d'assez bonne heure. Presque tout le monde m'avait serré la main, les uns avec un sourire fin, les autres avec un sourire bête; ceux-ci avec une gravité officielle qui ressemblait à la condoléance, ceux-là avec une cordialité niaise qui frisait l'indiscrétion.

Le général de S... et le préfet, deux vieux amis de la famille, s'étaient attardés à une table d'écarté, et franchement, malgré l'affection que j'ai pour eux, j'aurais voulu les voir au diable, tant j'étais irritable ce soir-là.

Ceci se passait, j'oubliais de vous le dire, le jour même de mon mariage, et j'étais vraiment un peu fatigué. Depuis le matin j'avais dans le dos une moyenne de deux cents personnes, bien intentionnées du reste, mais lourdes comme un temps d'orage. Depuis le matin j'avais souri sans débrider; puis le bon curé du village qui nous avait mariés avait cru devoir, dans un discours très-gentil du reste, me comparer à saint Joseph, et ces choses-là agacent quand on est capitaine de lanciers. Le maire, de son côté, qui avait bien voulu apporter ses registres au château, n'avait pu résister, en apercevant le préfet, au plaisir de crier : « Vive l'Empereur ! » En sortant de l'église, on m'avait tiré des coups de fusil aux oreilles et offert un énorme bouquet. Enfin — je vous le dis entre nous — j'avais aux pieds depuis huit heures du matin des bottes un peu étroites, et au moment où commence cette histoire il pouvait être minuit et demi.

J'avais parlé à tout le monde, excepté à ma chère petite femme, dont on me séparait comme à plaisir. Une fois, en montant le perron, je lui avais serré la main à la dérobée. Encore ce coup de tête m'avait-il valu de ma belle-mère un regard moitié sel et moitié vinaigre, qui m'avait rappelé à la réalité. Si, par hasard, Monsieur, vous avez traversé cette journée d'effusion violente et d'épanouissement général, vous conviendrez avec moi qu'en aucun moment de la vie on n'est plus disposé à l'irritabilité.

Que voulez-vous répondre aux cousins qui vous embrassent, aux tantes qui s'accrochent à votre tête et pleurent dans votre gilet, à tous ces visages épanouis qui s'étagent devant vous, à tous ces yeux qui vous dévisagent douze heures durant, à tous ces élans de tendresse qu'on n'a pas demandés, mais qui réclament un mot du cœur ?

A la fin d'une journée semblable, le cœur a une courbature. On se dit : « Voyons, est-ce fini ? Y a-t-il encore une larme à essuyer, un compliment à recevoir, une main émue à serrer ? tout le monde est-il content ? a-t-on assez vu le marié ? Est-ce bien vu, bien entendu ? personne n'en veut plus ? — Puis-je enfin penser à mon bonheur, songer à ma chère petite femme qui... m'attend la tête cachée dans les festons de son oreiller ?... qui m'attend ! » Ceci vous passe dans la tête comme un sillon de feu. On n'y avait pas songé. — Durant toute la journée, ce côté lumineux de la question était resté voilé ; — mais l'heure approche ; en ce moment même, les lacets de soie de son corsage se déroulent en sifflant ; elle est rougissante, émue, et n'ose se regarder dans la glace de peur de constater son trouble. Sa tante et sa mère, sa cousine et la grande amie l'entourent et lui sourient ; c'est à qui dégrafera sa robe, enlèvera les orangers qui se perdent dans ses cheveux, à qui aura le dernier baiser.

Bon ! voici les larmes ; on s'essuie, on s'embrasse. La mère dit quelques mots à l'oreille de sa fille, lui parle de sacrifice, d'avenir, de nécessité, d'obéissance, d'holocauste, et trouve moyen de mêler à ces paroles simples mais préparées l'espoir d'un patronage céleste et l'intercession d'une colombe ou deux, cachées dans les rideaux.

La pauvre enfant ne comprend rien à tout cela, si ce n'est qu'il va se passer quelque chose d'inouï ; que ce jeune homme — elle n'ose l'appeler autrement dans sa pensée — va monter en vainqueur et lui adresser des paroles merveilleuses dont l'attente seule la fait frissonner d'impatience et de terreur. Des paroles ! ne sera-ce que des paroles ? La pauvre enfant ne dit mot ; elle tremble, elle pleure, elle frissonne comme une perdrix dans un sillon. Les derniers mots de sa mère, les derniers adieux de sa famille lui bourdonnent aux oreilles, mais c'est en vain qu'elle cherche à en saisir le sens ; son esprit, où est-il ce pauvre esprit ? — elle n'en sait rien vraiment, mais il n'est plus à elle. — Ainsi qu'un conscrit à sa première bataille, auquel on commanderait sur le terrain de ne pas casser le verre de sa montre, elle ne peut écouter ni comprendre les avis ; la fusillade prochaine envahit son esprit, peut-être songe-t-elle en ce moment suprême au calme du village, au coq du clocher ; peut-être aussi une vague odeur de poudre enfle-t-elle ses narines tremblantes, et, sous sa blanche chemise, son petit cœur frémit-il d'ardeur plutôt que de crainte — qui sait ! on a vu plus d'un héros dans la peau d'un conscrit.

« Ah ! mon capitaine, me disais-je à moi-même, que de joies cachées sous ces terreurs, car elle t'aime ! Te souviens-tu de ce baiser qu'elle te laissa prendre au sortir du sermon, ce soir où l'abbé *chose* prêcha si bien ? et ces serrements de main, et ces regards voilés, et... Heureux capitaine ! des flots d'amour vont t'inonder ; elle t'attend, séducteur, Don Juan, héros ! » Et je mâchonnais furieusement ma moustache, j'arrachais mes gants et les remettais ensuite, j'arpentais le petit salon, je déplaçais la pendule qui ornait la cheminée, je ne tenais plus en place. J'avais éprouvé déjà ces sensations le matin de l'assaut de Malakoff. Tout à coup mon général, qui continuait son éternelle partie d'écarté avec le préfet, se retourna :

« Quel train vous faites, mon cher Georges! me dit-il. — En donnez-vous, monsieur le préfet?

— Mais, mon général, c'est que j'éprouve, je ne vous le cacherai pas, une certaine émotion, et...

— Le roi — un — et quatre atouts. Mon cher ami, vous n'êtes pas en veine, » fit-il au préfet, et il empocha quelques louis qui étaient sur la table en relevant avec effort son gilet blanc qui lui couvrait le ventre; puis, se ravisant : « Au fait, mon pauvre Georges, vous vous croyez peut-être obligé de nous tenir compagnie. — Il est tard et nous avons trois bonnes lieues d'ici à B... C'est ma foi vrai, tout le monde est parti. » Puis, me prenant par le bras et s'approchant de mon oreille.

« Dites-moi donc, mon capitaine, voilà le moment de prouver que vous êtes de la troisième du second, sacrebleu ! et il éclata de rire.

— Eh, eh, eh!... mon général... Bonsoir mon général. »

On n'est pas bête à moitié en ces jours solennels !

Mon supérieur s'éloigna, et je vois encore son gros cou dénudé qui formait par derrière un bourrelet de chair au-dessus de son cordon de commandeur. Je l'entendis monter en voiture, il riait encore par saccades... je l'aurais battu.

« Enfin, me dis-je, enfin ! » Je me regardai machinalement dans la glace — j'étais pourpre, et mes bottes... j'ai honte de le dire, me gênaient horriblement. J'étais furieux que ce détail grotesque de bottes trop étroites vînt en un pareil moment attirer mon attention; mais qu'y voulez-vous faire? je me suis promis d'être sincère et je vous dis là toute la vérité.

A ce moment, une heure sonna à la pendule, ma belle-mère apparut. Elle avait les yeux rouges et sa main dégantée chiffonnait un mouchoir visiblement humide.

A son aspect, mon premier mouvement fut un mouvement d'impatience; je me dis à moi-même : « J'en ai au moins pour un quart d'heure. »

En effet, Mᵐᵉ de C. s'affaissa sur une causeuse, me prit la main et fondit en larmes. Au milieu de ses sanglots, elle me disait : « Georges... mon ami... Georges... mon fils! »

Je sentais que je n'étais pas à la hauteur des circonstances : « Voyons, capitaine, me dis-je, une larme, trouve une larme; tu n'en peux sortir dignement qu'avec une larme, ou sans cela : *Mon gendre, tout est rompu.* »

Quand cette bête de phrase, qui venait je ne sais d'où, du Palais-Royal, je crois, se fut logée dans mon cerveau, il me fut impossible de l'en faire sortir, et je sentais des accès de gaieté folle me monter aux lèvres.

« Calmez-vous, Madame, calmez-vous.
— Le puis-je, Georges! pardonnez-moi, mon ami...
— Pouvez-vous douter, Madame?... »

Je sentais que le *madame* était froid, mais je craignais de vieillir Mme de C. en l'appelant ma mère; je la savais un peu coquette.

« Oh! je ne doute pas de votre affection!... allez, cher ami, allez; oubliez mes larmes et... rendez-la heureuse, n'est-ce pas! oh! oui, n'est-ce pas? Ne craignez rien pour moi, je suis forte. »

Rien n'est insupportable comme une émotion, lorsqu'on ne la partage pas. Je murmurai :

« Ma mère! » en réfléchissant qu'après tout elle serait sensible à cet élan; puis, m'approchant de son visage, je l'embrassai et je fis malgré moi la grimace, tant les larmes avaient donné un goût salé et désagréable au visage de ma belle-mère.

II

Il avait été décidé que nous passerions la première semaine de notre mariage au château de Mme de C... On nous y avait donc organisé un petit appartement nuptial tout capitonné de perse bleue, c'était d'une fraîcheur extrême. Le mot fraîcheur pourrait passer ici pour une mauvaise plaisanterie, car en réalité il faisait un peu humide dans ce petit paradis, à cause des murs nouvellement réparés.

Une chambre m'y était spécialement réservée, et ce fut là, qu'après avoir embrassé ma belle-mère à fond, je montai quatre à quatre. Sur un fauteuil avancé près du feu, était étalée ma robe de chambre, en velours marron, et tout à côté mes mules... Je n'y résistai pas et j'enlevai mes bottes avec frénésie. Quoi qu'il en soit, j'avais le cœur plein d'amour, et mille pensées tourbillonnaient dans ma tête avec une effroyable confusion. Je pris sur moi et je réfléchis durant un instant à ma situation.

Mon capitaine, me dis-je, le moment qui va sonner est un solennel moment. De la façon dont tu franchiras le seuil du ménage dépend ton bonheur futur. Ce n'est point une petite affaire que de poser la première pierre d'un édifice. Le premier baiser d'un époux, — et je sentais un frisson parcourir mon dos, — le premier baiser d'un époux est comme l'axiome fondamental qui sert de base à tout un livre. Mon capitaine, sois prudent. Elle est là, derrière ce mur, ta blonde fiancée qui veille en t'attendant, l'oreille au guet, le cou tendu; elle entend chacun de tes mouvements. A chaque craquement du parquet elle frissonne, la chère âme! — Et tout en me disant cela, j'ôtai mon habit et je dénouai ma cravate. Ta conduite est tracée, ajoutai-je : sois passionné avec retenue, calme avec quelque chaleur, bon, doux et tendre, mais en même temps laisse entrevoir les vivacités d'une affection ardente et les séduisants aspects d'une nature de fer... Tout à coup je remis mon habit. J'avais honte d'entrer dans la chambre de ma femme en robe de chambre et en toilette de nuit. N'était-ce pas lui dire : « Ma belle, je suis chez moi, voyez comme je suis à mon aise. » C'était afficher des droits que je n'avais pas encore; je remis mon habit, et après mille soins d'une toilette minutieuse, je m'approchai de la porte et je frappai trois petits coups discrets. — Oh! je vous jure, j'étais tremblant, et mon cœur battait si fort que j'appliquai ma main sur ma poitrine pour en comprimer les battements. Tout ce qu'on peut mettre de tendresse soumise, de prière, de discrétion, je les avais mis dans ces trois coups. Saint Pierre lui-même, qui sait ce que c'est que de laisser les gens à la porte, en eût été ému et m'eût répondu, j'en ai la conviction : « Mais entrez donc, capitaine. » Elle, ne me répondit rien, et après un moment d'angoisse, je me décidai à refrapper encore. J'avais envie de dire d'une voix émue : « C'est moi, chère amie, puis-je entrer? » Mais je sentais qu'il fallait que cette phrase fût dite avec une extrême perfection, et j'avais peur de manquer mon effet; je restai donc le sourire sur les lèvres comme si elle eût pu me voir, et j'effilais ma moustache, que j'avais un peu parfumée, sans affectation.

J'entendis bientôt une petite toux sèche qui semblait me répondre et me donner accès. Or, voyez en tout ceci comme les femmes ont ce tact exquis, cette délicatesse extrême qui nous manquent absolument. Pouvait-on dire plus finement, d'une plus adorable façon : « Venez, je vous attends, mon ami... mon époux! » Saint Pierre n'eût point trouvé cela. — Cette toux, c'était le ciel qui s'ouvrait. Je tournai le bouton, la porte glissa sans bruit sur le tapis douillet. J'étais chez ma femme.

Une tiédeur délicieuse m'arriva en plein visage, et j'aspirai un vague parfum de violette ou d'iris, ou de n'importe quoi, dont la chambre était empreinte. Il y avait là un charmant désordre : la toilette de bal était jetée sur une chaise longue, deux bougies brûlaient discrètement sous un abat-jour rose; sur la cheminée, au milieu de mille riens, tout à côté d'un bouquet blanc un peu flétri, était posée bien en évidence une petite bouteille d'eau des carmes, — le remède souverain contre les défaillances. — Je reconnus la prévoyance maternelle dans ce détail, et sincèrement j'en fus touché. Je m'approchai du lit où Louise reposait, blottie tout au fond, le nez contre la muraille et la tête perdue dans l'oreiller Immobile, les yeux fermés, elle semblait dormir, mais l'animation de son teint trahissait son émotion. J'avoue que je fus en ce moment le plus embarrassé des hommes. Me dépouiller de mes vêtements et m'introduire sans façon sous ces édredons... c'était mon droit; mais je sentais la brutalité de ce procédé et je pris le parti de demander humblement l'hospitalité. C'était délicat, c'était irréprochable. O vous qui avez traversé ces épreuves, fouillez dans vos souvenirs et rappelez-vous ce moment absurde et délicieux, cet instant d'angoisse et de bonheur où il faut, sans répétition préalable, jouer le plus difficile des rôles, où il faut à force d'adresse, de tact et d'éloquence, faire accepter la plus rude des réalités sans que le rêve s'envole, mordre la pêche sans en flétrir la peau, terrasser une ennemie qu'on adore et la faire crier sans s'en faire haïr, où il faut refouler le sang qui vous monte au cerveau, où votre science vous gêne comme un paquet de poudre quand on est près du feu, où il faut être tout à la fois diplomate, avocat, homme d'action, et cela en évitant le ridicule qui vous fait la grimace dans le pli des rideaux.

Seigneur! quand j'y pense, la sueur m'en vient au front.

Je me penchai donc sur le lit en cherchant dans ma voix les notes les plus suaves, les plus douces intonations; je murmurai ces mots : « Eh bien, mon amie, eh bien!... »

On fait comme on peut dans ces moments-là; je n'avais pas trouvé mieux, et cependant j'avais cherché.

Pas de réponse, et cependant elle était éveillée. J'avoue que mon embarras en augmenta du double. J'avais compté — je peux bien vous le dire entre nous — sur plus de confiance et d'abandon, j'avais compté sur un premier moment d'effusion plein de pudeur et de crainte, il est vrai, mais enfin je comptais sur cette effusion, et je me trouvais singulièrement désappointé; ce silence me glaçait.

« Vous dormez donc bien fort, mon amie? J'ai pourtant bien des choses à dire, ne voulez-vous pas causer un peu? »

Ce disant, je touchai son épaule du bout du doigt et je la vis tout à coup frissonner.

« Voyons, dis-je, faut-il que je vous embrasse pour vous réveiller tout à fait? »

Elle ne put s'empêcher de sourire, et je vis qu'elle rougissait.

« Oh! ne craignez rien, mon amie, je n'embrasserai que le bout de vos doigts, tout doucement, comme cela; et, voyant qu'elle se laissait faire, je m'assis sur le lit. — Elle poussa un petit cri; je m'étais assis sur son pied, qui errait sous la couverture. « Laissez-moi dormir, » dit-elle d'un petit air suppliant, je suis si fatiguée.

« Et moi donc! chère enfant, je tombe de sommeil. Voyez, je suis en habit de bal, et pas un oreiller pour reposer ma tête; pas un... si ce n'est celui-ci. — Je tenais sa main entre les miennes, et je la serrais tout en l'embrassant. — Est-ce que vous seriez bien chagrinée de le prêter à votre mari, cet oreiller?... Voyons, dites, refuserez-vous une pauvre petite place? je ne suis pas gênant, allez! Je crus apercevoir un sourire sur ses lèvres, et tout impatient de sortir de ma position délicate, en un instant je fus debout, et sans bruit, tout en causant, j'enlevai mes vêtements à la hâte. Je brûlais mes vaisseaux. Lorsque mes vaisseaux furent brûlés, il ne me restait absolument qu'à me coucher; soulevant donc l'épaisse couverture, je recommandai mon âme à Dieu et j'avançai hardiment une jambe. L'approche d'un fer rouge n'aurait pas produit plus d'effet. Elle poussa un cri d'effroi, et je vis sous le drap son pauvre petit corps qui se tordait comme un serpent; puis elle se rejeta vers le mur et j'entendis comme un sanglot.

J'avais une jambe casée, l'autre était dehors; je restai pétrifié, le sourire aux lèvres et me soutenant tout entier sur un bras.

« Qu'avez-vous, mon amie, qu'avez-vous? pardonnez-moi si j'ai pu vous déplaire..... Je me fis l'effet d'un brutal animal. J'étais dans l'état d'un canonnier qui a tiré le premier coup de canon contre une ville assiégée; j'avais honte de commencer le massacre, et pourtant je rêvais un coup d'éclat qui me procurât de l'avancement. »

J'approchai ma tête de la sienne et, tout en respirant le parfum de ses cheveux, je lui dis dans l'oreille :

« Je t'aime, chère enfant; je t'aime, ma petite femme; ne vous en doutez-vous pas? »

Elle tourna vers moi ses yeux mouillés de larmes et me dit, d'une voix saccadée par l'émotion, si douce, si faible, si tendre, qu'elle me pénétra jusque dans la moelle des os :

« Moi aussi, je vous aime... Mais laissez-moi dormir... vous serez si bon de me laisser dormir! »

Un soufflet en plein visage ne m'eût point humilié davantage. Oui, j'étais un grossier traîneur de sabre, et je me sentis rougir jusqu'aux oreilles. J'avais mal jugé ce pauvre petit cœur, aussi pur que le pétale d'un lis; je l'avais jugé à mon point de vue d'homme qui ne croit plus; j'avais fait résonner à ses oreilles vierges des mots dont je m'étais servi déjà. J'avais, me croyant habile, fouillé dans mon passé pour y chercher des armes contre la chère petite qui me tendait ses mains suppliantes.

« Dormez, mon ange aimé, dormez sans crainte, mon amour, je m'en vais, je m'éloigne, dormez tandis que je veillerai sur vous. »

Sur l'honneur, je sentis une larme qui me montait à la gorge, et cependant l'idée que ma dernière phrase n'était pas mal tournée me traversa le cerveau. Je ramenai la couverture autour d'elle, je l'enveloppai comme un enfant. Je vois encore son visage rose noyé dans ce grand oreiller; les boucles de cheveux blonds s'échappaient sous la dentelle de son petit bonnet. De sa main gauche elle retenait la couverture sous son menton, et j'apercevais à l'un de ses doigts l'alliance neuve et brillante que je lui avais donnée le matin. Elle était ravissante; une fauvette blottie dans du coton, un bouton de rose tombé dans la neige. Lorsqu'elle fut installée, je me penchai vers elle et je l'embrassai au front.

« Je suis payé, lui dis-je en riant... êtes-vous bien, ma Louise? »

Elle ne me répondit pas, mais ses yeux rencontrèrent les miens, et j'y vis un sourire qui semblait me remercier, mais un sourire si fin, si fin, qu'en toute autre circonstance j'y aurais vu une nuance de raillerie.

« Maintenant, mon capitaine, va t'installer dans ce fauteuil, et bonne nuit. » Je me dis cela, et je fis un effort pour soulever ma malheureuse jambe, que j'avais oubliée, un effort héroïque; mais impossible d'en venir à bout; elle était tellement engourdie que je ne pus lui faire faire un mouvement. Tant bien que mal je me hissai sur l'autre jambe, et, clopin-clopant, je gagnai mon fauteuil sans avoir trop l'air de boiter. Cette chambre à traverser me parut deux fois plus large que le champ de Mars, car à peine avais-je fait un pas que le froid vif de la pièce, — le feu s'était éteint, nous étions en avril, et le château donnait sur la Loire, — que le froid, dis-je, me rappela la légèreté de mon costume. Quoi! traverser cette chambre devant cet ange, qui me regardait sans doute, traverser cette chambre dans le plus grotesque de tous les négligés, et, par-dessus le marché, avec une jambe inerte! Pourquoi avais-je oublié ma robe de chambre? Cependant j'arrivai au fauteuil, dans lequel je me laissai aller. Je saisis mon habit noir, qui était à côté de moi, je le jetai sur mes épaules, puis je m'entortillai le cou dans ma cravate blanche, et, comme un soldat qui bivaque, je cherchai une position commode.

C'eût été bien sans ce froid glacial qui me coupait les jambes, et je ne voyais rien à ma portée qui pût m'abriter. Je me disais :

« Mon capitaine, la place n'est pas tenable, demain matin tu seras perclus, » lorsque enfin j'aperçus sur la causeuse... On a parfois des hontes puériles, mais je n'osais pas, vraiment, et j'attendis un long moment, luttant contre la crainte d'un trop grand ridicule et le froid que je sentais augmenter. Enfin, lorsque j'entendis la respiration de ma femme devenir plus régulière, je supposai qu'elle était endormie, j'allongeai le bras, j'attirai sa robe de bal, qui était sur cette causeuse, — toute cette soie faisait un bruit à réveiller un mort, — et avec l'énergie qu'on retrouve toujours dans les cas extrêmes, je m'en entourai furieusement, comme d'une couverture de voyage; puis, cédant à un accès de sybaritisme involontaire, je détachai le petit soufflet et je tâchai de rallumer le feu.

« Enfin, me dis-je, en fixant les tisons noirâtres et en faisant aller le petit instrument avec mille précautions, enfin je me suis conduit en galant homme. Si mon général me voyait en ce moment-ci, il me rirait au nez, mais peu importe, j'ai bien agi. » Comme on se trouve timide, embarrassé, comme on a honte de soi-même devant tant de pureté, d'innocence! Tout mon passé m'apparaissait alors, et je le foulais aux pieds, je lui lançais des injures, je me disais : « C'est une vie nouvelle, une vie d'innocence et de bonheur dont tu étais indigne, mon capitaine... mon capitai... » Si je n'avais juré d'être sincère, cher lecteur, je ne sais si j'oserais vous avouer que j'éprouvai tout à coup d'horribles picotements dans les régions nasales. Je voulus me contraindre, mais les lois de la nature sont de celles auxquelles on ne peut se soustraire. Ma respiration s'arrêta tout à coup, je sentis qu'une force surhumaine me contractait le visage, que mes narines se dilataient, que mes yeux se fermaient, et tout à coup j'éternuai avec une telle violence que la bouteille d'eau de mélisse en vibra, Dieu me pardonne! Un petit cri se fit entendre dans le lit; immédiatement après le plus argentin, le plus franc, le plus éclatant des éclats de rire lui succéda, et elle, de sa petite voix naïve, douce et flûtée, elle ajouta :

« Vous vous êtes fait mal... Georges? » Elle avait dit Georges après un court silence, et si bas que je faillis ne pas l'entendre.

« Je suis bien ridicule, n'est-ce pas? chère petite, et vous avez bien raison de vous moquer de moi. Que voulez-vous, je passe la nuit à la belle étoile et j'en subis les conséquences.

— Vous n'êtes point ridicule, mais vous vous enrhumez. » Et elle se mit à rire de nouveau.

« Méchante !

— C'est cruelle que vous voulez dire, et vous n'auriez pas tort si je vous laissais devenir malade. » Elle disait tout cela avec une grâce adorable. Il y avait un mélange de timidité et de tendresse, de pudeur et de moquerie qu'il est impossible d'exprimer, mais qui acheva de me rendre stupide. Elle me sourit, puis je vis qu'elle se rapprochait du mur pour me faire place, et comme j'hésitais à retraverser la chambre.

« Voyons, me fit-elle... voyons, pardonnez-moi. »

Je soulevai les draps ; mes dents claquaient.

« Comme vous êtes bon, mon ami, me dit-elle au bout d'un instant, voulez-vous me dire bonsoir. » Et elle me tendit sa joue. Je m'approchai d'elle, mais comme la bougie venait de s'éteindre, je me trompai de place et mes lèvres effleurèrent les siennes. — Elle frissonna, puis après un silence, elle murmura tout bas. « Il faut me pardonner, vous m'avez fait si peur tout à l'heure !

— Je voulais vous embrasser, ma chérie.

— Eh bien ! embrassez-moi, Monsieur mon mari. »

On sentait, sous la jeune fille qui tremble, la coquetterie de la femme perçant à son insu.

Je n'y tins plus ; elle exhalait un parfum délicieux qui me montait au cerveau, et le voisinage de cette enfant chérie que je frôlais malgré moi m'enlevait toute ma résolution. Avez-vous mieux fait que moi, lecteur ? Il se pourrait, ou plus mal ? la chose est bien possible. Dans tous les cas, ne me lancez pas la pierre ; j'ai fait de mon mieux, et le ciel m'en a récompensé.

Mes lèvres — je ne sais comment cela se fit — rencontrèrent les siennes, et nous restâmes ainsi durant un long moment; je sentais sur ma poitrine l'écho du battement de son cœur et sa respiration rapide me venait en plein visage.

« Vous m'aimez donc un peu, chérie, » lui dis-je à l'oreille. Je distinguai dans un soupir confus un petit oui qui ressemblait à un souffle.

« Je ne vous fais donc plus peur? » Je tremblais comme une feuille et elle tremblait aussi.

« Non, murmura-t-elle bien bas.

— Tu veux donc être ma femme, dis, ma Louise, tu veux donc que je t'apprenne à m'aimer comme je t'aime?

— Je t'aime, » dit-elle, mais si doucement et si lentement qu'elle semblait rêver...

Que de fois, mon Dieu, avons-nous ri, en nous rappelant ces souvenirs, déjà lointains pourtant!

LE CAHIER BLEU

Vers minuit, maman me fit un signe des yeux et, à la faveur d'une valse animée, nous sortîmes du salon. Dans le vestibule, les domestiques qui allaient et venaient se rangèrent pour nous laisser passer; mais je sentis que leurs yeux étaient fixés sur moi avec une curiosité qui me poursuivait depuis le matin. La grande porte qui donne sur le parc était ouverte, quoique la soirée fût fraîche, et je distinguai dans l'ombre des groupes de paysans, venus là pour jouir de la fête à travers les vitres. Ces braves gens riaient et chuchotaient; ils se turent un instant, quand nous avançâmes pour monter l'escalier; mais je compris encore que j'étais le but de tous ces regards curieux et l'objet de tous ces sourires. Le visage de ma mère, qui m'accompagnait, était très-coloré; de grosses larmes lui coulaient des yeux.

Comment se faisait-il qu'un fait si gai pour ceux-ci fût si triste pour ceux-là?

Quant à moi, aussi peu disposée à rire qu'à pleurer, j'étais tout à la fois confuse, triomphante, humiliée, ravie, inquiète. Je sentais en mon cœur un véritable chaos. Après avoir franchi la porte du salon, je me fis pendant un instant l'effet de quelqu'un qui vient de voir un feu d'artifice. Plus de lumière, plus de bruit : la fête était terminée; je me trouvais en pleine nuit, face à face avec une mystérieuse horreur, qui pourtant m'attirait.

Quand j'y repense maintenant, j'ai peine à retenir mon sérieux. Que de folles terreurs en cet affreux moment adorable!... et pourtant!... enfin on s'exagère bien des choses.

Arrivées au premier étage, maman s'arrêta en suffoquant, me prit la tête et me baisa au front, et puis s'écria : « Valentine!... » Je ne fus pas très-émue de cet élan, sachant que ma mère, depuis qu'elle prend un peu trop d'embonpoint, monte difficilement les escaliers; je pensai donc que le désir de souffler un instant sans en avoir l'air était pour quelque chose dans cette station subite, et je dis à part moi : Ce n'est point encore le danger... Je sentais cependant qu'il y en avait un, menaçant, caché sous mes pas, qu'il allait éclater prochainement, et à chaque craquement du parquet je pensais : C'est peut-être lui qui s'approche.

Nous entrâmes dans la chambre nuptiale : elle était coquette au possible, fraîche à l'œil, douillette, élégante, et garnie de beaux grands meubles Louis XVI à tapisseries de Beauvais. Le lit surtout était une merveille d'élégance, mais en vérité je ne m'en doutai que huit jours après. Tout d'abord il me sembla que j'entrais dans un lieu austère; l'air qu'on y respirait me parut avoir je ne sais quoi de solennel et d'alarmant.

« Voici ta chambre, mon enfant, me dit ma mère; mais avant tout viens t'asseoir ici, près de moi, ma fille chérie. »

A ces mots, nous fondîmes en larmes toutes deux, et ma mère s'exprima en ces termes :

« Le baiser que tu me donnes, ma Valentine, est le dernier baiser de jeune fille que je recevrai de toi... Ton mari, car Georges a ce titre maintenant!... »

A ce nom, je me sentis un léger frisson, et, par une singulière bizarrerie de mon cerveau, je me représentai M. Georges... Georges... mon mari, enfin! en bonnet de coton, et en robe de chambre. Cette vision me traversa l'esprit au milieu de la tempête. Je le vis comme s'il était là; il était terrible! Le bonnet lui descendait sur le front, effleurant ses sourcils; il me disait en me pressant les mains : « Enfin, Valentine! vous êtes à moi, m'aimez-vous? dites! oh! dites. » Et comme sa tête s'agitait en disant ces paroles, l'horrible mèche de sa coiffure s'agitait aussi.

« Non, me dis-je, il est impossible que mon mari soit ainsi coiffé; chassons cette image... et cependant mon père porte de ces horreurs; mon frère, qui est tout jeune cependant, en a déjà dans son trousseau. Les hommes ont de cela à tous les âges... à moins cependant... » (c'est affreux à dire!) Georges m'apparaissait maintenant coiffé d'un madras rouge et vert. J'aurais donné dix ans de ma vie pour être plus vieille de deux heures, et je passai d'un mouvement rapide ma main sur mes yeux pour chasser ces visions diaboliques.

Cependant ma mère, qui avait continué à parler pendant ce temps-là, attribuant mon mouvement à l'émotion que me causaient ses paroles, me dit avec une grande douceur :

« Ne t'alarme pas, ma Valentine chérie, peut-être est-ce que j'assombris le tableau de teintes trop foncées; c'est que mon expérience et mon cœur m'imposent ce devoir.. »

Jamais je n'avais entendu ma mère s'exprimer avec autant de facilité. J'en fus d'autant plus surprise que, n'ayant pas entendu un mot de ce qu'elle m'avait dit d'abord, cette phrase semblait tomber du ciel. Ne sachant que répondre, je me jetai dans les bras de maman, qui, au bout d'un instant, me repoussa doucement en me disant :

« Tu m'étouffes, ma chérie. »

Elle se moucha fortement, s'essuya les yeux de son petit mouchoir de batiste, qui était à tordre, et me souriant :

« Maintenant que je t'ai dit ce que m'imposait ma conscience, je suis forte; tiens, vois, ma fille : je crois que je vais sourire... Ton mari, chère enfant, est un homme plein de délicatesse. Aie confiance, accepte tout ce qui viendra de lui sans arrière-pensée et sans résistance. Ton titre d'épouse, ma Valentine, t'expose dès aujourd'hui... t'expose à... (maman toussa un instant et comprima un petit sanglot; je vis bien qu'elle cherchait une expression)... t'expose à des étonnements... douloureux peut-être tout d'abord, mais qui laisseront dans ta vie autant de souvenirs délicieux. Il faut acheter le bonheur, chère enfant, n'oublie pas ces paroles; il faut payer d'avance, en ce bas monde! Tu verras que je dis vrai... J'ai été jeune épouse comme toi... il n'y a pas encore un siècle; je me souviens que le premier baiser d'un époux fait frissonner... mais... cependant... »

Maman m'embrassa au front, ce qui termina sa phrase, et ajouta :

« Maintenant, chère petite, que j'ai rempli un devoir que je considère comme sacré, viens ici que j'enlève ta coiffure. »

Mon Dieu! me disais-je en retirant les épingles de mes cheveux, où vais-je?... Quelle obscurité... Maman vient de me dire des choses solennelles, à ce qu'il paraît, qui correspondent pour elle à un devoir sacré, et je n'ai pas compris un mot... pas un! J'en voulais un peu à maman, j'ose à peine l'avouer, d'avoir dit tant de mots que je trouvais trop étudiés pour être aussi incompréhensibles. Je lui en voulais d'avoir touché à mes frayeurs les plus intimes, de les avoir augmentées sans m'en expliquer aucune, de m'avoir obligée à rougir sans me rassurer.

Toutes ces réflexions, je ne les fis qu'après; en ce moment-là, je n'éprouvais qu'un affreux malaise, un trouble prodigieux; à chaque épingle qui tombait, à chaque ruban que je sentais se dénouer, il me semblait que je m'avançais davantage dans un courant qui bientôt m'emporterait.

En ce moment-ci, pensais-je, on s'est aperçu que j'ai quitté le salon; on se dit : Où est donc la mariée? et l'on sourit..... M. Georges s'inquiète. Que fait-il, que pense-t-il, où est-il?

« Est-ce que tu as essayé ton bonnet, ma chère, fit maman, qui était remise; il me paraît petit, bien brodé, du reste... oh! charmant! »

Et elle l'examina sous toutes les faces.

En ce moment, on frappa à la porte.... C'est nous, disaient plusieurs voix, parmi lesquelles je distinguais le timbre flûté de ma tante Laure et celui de ma marraine; Mme de P..., qui ne perd pas une occasion de coller ses deux grosses lèvres sur les joues de quelqu'un, les accompagnait. Elles avaient toutes trois l'œil brillant, un petit air conquérant et narquois, fureteur, curieux, qui m'intimida extrêmement... Remplissaient-elles aussi un devoir sacré?

« Oh! tenez, vous êtes trop jolie, mon ange, » me dit Mme de P..., en m'embrassant au front de la façon humide qui lui est particulière; puis elle s'assit dans la grande bergère Louis XVI.

« Tu es toute pâlotte, ma mignonne, fit ma tante; ne tremble donc pas comme cela. Vous n'avez donc pas mis quelque part une fiole d'*eau des carmes*, ma sœur? » ajouta-t-elle plus bas, en se retournant vers ma mère, qui avait trouvé de nouvelles larmes.

« Ne confondez pas la blanche avec la jaune, ma sœur, continua tante Laure. Pauvre chère mignonne, comme je me mets à sa place! »

A ces mots, les quatre dames se regardèrent involontairement et laissèrent échapper un petit éclat de rire. On n'a pas l'idée de l'impression que me causait cette indiscrète gaieté. On n'avait pas voulu que ma femme de chambre montât me déshabiller, de sorte que toutes ces dames, ôtant leurs gants, se mirent en devoir de me rendre ce service. Elles embrouillaient les lacets, accrochaient leurs dentelles aux agrafes et riaient de bon cœur.

« C'est bien le moins que la plus vieille amie de la famille (elle aimait à se qualifier ainsi) se rende utile en un pareil moment, marmotait Mme de P... en tenant son lorgnon d'une main et en travaillant de l'autre...... Pauvre colombe! a-t-elle de beaux bras, et des épaules!... Il y a pas loin d'ici un petit mari que je ne plains pas beaucoup.

— Mais il y a une petite femme que je ne plains pas davantage, répliqua ma tante... Il ne faut pas rougir pour cela, ma chérie... Le fait est que le capitaine est un des plus jolis hommes que je connaisse. Ce n'est point ce qu'on appelle un bel homme comme était ton oncle, par exemple... Bon! je me suis piqué le doigt avec cette diable d'épingle... Tu ne te rappelles pas ton oncle, mais Mme de P... doit se souvenir...

— Idéal, oh! idéal en toute vérité... Je le vois encore à l'autel : il était à peindre... A cette époque-là, on portait encore la culotte, ce qui faisait voir sa jambe, qui était inimitable.

— Oui, certes, il était beau, mais je sais ce que cela coûte d'avoir un bel homme!... Tu a pris le tien joli tout simplement, ma fille, et tu as bien fait : ça se garde mieux... Vois-tu, pour un homme, c'est beaucoup la jambe et le regard... le cavalier est tout entier là-dedans. Le capitaine a le regard... je suis sûre qu'il a la jambe... Tu me diras cela, pas vrai? Embrasse-moi donc... tu me rajeunis de trente-cinq ans... La jambe, c'est la démarche; le regard, c'est l'esprit... Comment te coiffes-tu pour la nuit?

— Mais, ma tante, comme à l'ordinaire.

— Comme à l'ordinaire! agneau du bon Dieu! tu es un ange! Ce capitaine se doute-t-il du trésor qu'on lui confie!... *Comme à l'ordinaire!* Madame de P..., entendez-vous ce que dit Valentine? — *Comme à l'ordinaire!* Oh! il y a trente-cinq ans, j'aurais dit cela! La première fois que je vis ton oncle, en robe de chambre, je fus sur le point de me jeter par la fenêtre. J'avais une candeur intraitable, je puis le dire. La candeur et les cheveux! — j'étais irrésistible de ces deux côtés-là. Enfin, grâce à Dieu, car Dieu le voulait bien certainement, ton oncle me... consola avec bonté.

— Quel cœur il avait! s'exclama la vieille amie de la famille en tirant sur un dernier lacet.

— Un vrai saint Vincent de Paul! fit la tante avec un soupir! Ah! tu as bien fait de ne pas prendre ce qu'on appelle un bel homme, Valentine. »

Je passai dans un petit boudoir pour achever ma toilette de nuit, et je trouvai sur le marbre de la table cinq ou six flacons d'odeurs entortillés de faveurs roses, blanches et bleues; c'était une attention de ma tante Laure. Je sentis que le sang me montait à la tête; j'avais dans les oreilles un bourdonnement insupportable. Maintenant que je juge froidement mes impressions d'alors, je me rends compte que ce que j'éprouvais était surtout de la colère. J'aurais voulu être dans le coin le plus obscur de la plus sauvage des forêts d'Amérique, tant je trouvais inconvenante cette tendresse curieuse qui me poursuivait de ses prévenances. J'aurais voulu me recueillir; j'aurais voulu un moment de silence, de calme et d'isolement; j'aurais voulu causer un peu avec moi-même, voir un peu clair dans mon émotion, et enfin faire un bout de prière avant de me précipiter dans le torrent.

Cependant, par la porte entr'ouverte, j'entendais ces quatre dames qui causaient à voix basse, étouffant leurs éclats de rire; jamais je ne les avais vues aussi gaies. Je pris mon parti, je traversai la chambre, et, secouant de jolies petites mules en velours blanc que m'avait brodées ma bonne Louise, je m'élançai dans mon lit... dans le lit. Je ne fus pas longue à m'apercevoir que ce n'était plus là mon lit étroit de jeune fille. Celui-ci était énorme, et j'hésitai un moment, ne sachant de quel côté je me dirigerais. J'éprouvai du reste une sensation physique pleine de douceur. Ce lit était tiède, je ne sais quelle odeur d'iris s'exhalait de ses couvertures soyeuses, je me sentais enfoncer dans cet amas de plumes; les oreillers, deux fois trop grands et garnis de longues broderies, s'effondraient sous moi, m'ensevelissant dans un grand précipice douillet et embaumé. Mais tout cela ne calmait pas la fièvre de mon esprit et aussi les impatiences (comment oserais-je vous dire cela?), les impatiences de mon cœur. Oui, au milieu de cette mêlée d'émotions, je distinguais un désir inexplicable qui, de temps en temps, se dressait de toute sa hauteur et me souriait; mais j'avais peur, et ce fantôme eût été horrible, si je n'avais reconnu vaguement dans ses yeux le regard de Georges, et sur ses lèvres une moustache blonde et fine que bien souvent en songe j'avais touchée de mes doigts. C'était un cauchemar atroce par sa douceur, et je le chassais de toutes mes forces, dans la crainte qu'il ne m'enivrât.

Enfin ces dames se levèrent, et, après avoir jeté un coup d'œil tout autour de la chambre pour constater sans doute que rien ne manquait, elles s'approchèrent du lit.

« Adieu, ma fille chérie, » dit ma mère en se penchant vers moi.

Elle m'embrassa, porta son mouchoir, réduit en tapon, à ses yeux, et sortit avec une certaine précipitation.

« Rappelez-vous que la vieille amie de la famille vous a embrassée ce soir-là, mon amour, dit Mme de P...., et elle me mouilla le front.

— Allons, mon petit agneau sans tache, bonsoir et dors bien, » dit ma tante avec son diable de sourire qui semblait lui sortir du nez. Elle ajouta tout bas : « Tu l'aimes bien, pas vrai?... La sournoise! elle ne me répond pas... Eh bien, puisque tu l'aimes si fort, ne lui dis pas, ma fille... Mais je te quitte, tu as sommeil; adieu, ma colombe. Et elle partit en souriant.

Enfin, j'étais seule. Je prêtai l'oreille, les portes se fermaient, on entendait le roulement d'une voiture sur la route, la flamme de deux bougies posées sur la cheminée tremblotait silencieusement en se reflétant dans la glace. Ce grand isolement après tant de tumulte, et peut-être aussi une autre cause que je n'osais m'avouer, me troublèrent tellement que je me sentis trembler des pieds à la tête. Je m'enfonçai dans le lit et me réfugiai contre la muraille, étroitement entortillée dans les draps. Il me semblait que cette muraille me protégeait, d'un côté du moins. Je voulus songer à la cérémonie du matin, au dîner, au bal; je me disais en fermant les poings pour concentrer mon attention : Comment était mise Marie? — Elle était mise... mise... mise... Je répétais le mot tout haut pour lui donner plus d'autorité et obliger mon esprit à répondre; mais, quoi que je fisse, il m'était impossible de chasser de moi-même une pensée qui m'envahissait tout entière :

« Il va venir, que fait-il? où est-il? peut-être monte-t-il l'escalier. Comment le recevrai-je? »

Je l'aimais, oh! de toute mon âme, je puis l'avouer maintenant, mais je l'aimais tout au fond, tout au fond. Pour songer à lui, je descendais dans la cave de mon cœur, j'en verrouillais la porte et je me blottissais dans le coin le plus sombre. J'avais là, dans ma cachette, de bonnes grosses tendresses, par centaines, des chapelets de petits baisers sonores que j'essayais moi-même sur mes propres bras, et qui me paraissaient bien doux à recevoir; j'avais bien des choses à lui dire, bien des confidences à lui faire, j'avais toutes les clefs de mon cœur à lui mettre dans la main... Mais où trouver le courage d'exécuter tout cela! Dieu! que j'étais malheureuse dans ce petit coin! De temps en temps, je croyais entendre un bruit, j'arrêtais ma respiration et je tendais l'oreille. Enfin, à un certain moment, le parquet poussa un soupir, une porte s'ouvrit dans le corridor avec mille précautions, et j'entendis le craquement d'une botte... une botte! j'étais folle. D'un mouvement involontaire, j'attirai la couverture jusqu'à mon menton, et je m'écriai intérieurement :

« Mon Dieu, protégez-moi! » et presque immédiatement j'ajoutai malgré moi : « Mais ne me protégez pas trop, Seigneur! » Car j'éprouvais un âpre plaisir à ne point reculer devant le péril et à sentir que j'y étais exposée tout entière. Je sais que sur le champ de bataille les militaires éprouvent cette infernale sensation.

La botte cessa de craquer, et j'entendis tout près de moi, derrière ce gros mur, qui n'était qu'une cloison légère, un fauteuil qu'on roulait sur le tapis, puis une petite toux sèche qui me sembla vibrante d'émotion. C'était lui. Sans la cloison, je l'aurais touché du doigt. Quelques instants après, je distinguai un bruit presque imperceptible de pas sur le tapis; ce bruit si faible retentissait dans ma tête avec une violence extrême. Tout à coup ma respiration et mon cœur s'arrêtèrent à la fois : on venait de frapper à la porte. Les coups étaient discrets, pleins de prière et de délicatesse. Je voulus répondre : *Entrez!* mais je n'avais plus de voix, et puis cela était-il bien convenable de répondre : *Entrez!* comme cela, tout court, tout net? Je trouvais cet *entrez* horriblement grossier, et je ne soufflai pas mot. De nouveau l'on frappa. J'aurais préféré, vraiment, qu'on enfonçât la porte à coups de hache ou qu'on descendît par la cheminée. Dans mon angoisse, je toussai légèrement dans mes draps. C'en fut assez : la porte s'ouvrit, et je devinai, au reflet des bougies, qu'il s'interposait entre elles et moi quelqu'un que je n'osais regarder.

Ce quelqu'un, qui semblait glisser sur le tapis, s'approcha du lit, et je pus distinguer, du coin de l'œil, son ombre tout entière qui se projetait sur le mur. J'eus peine à contenir ma joie : mon capitaine ne portait ni bonnet de coton, ni madras! c'était un grand pas de fait. Cependant, dans cette ombre qui me le représentait de profil, son nez avait une telle importance qu'au milieu de mon trouble, un sourire effleura mes lèvres. Est-ce étrange comme tous ces petits détails vous reviennent à l'esprit! Je n'osais me retourner, mais je dévorais des yeux cette ombre qui figurait mon mari; je tâchais de lire en elle le moindre de ses gestes, j'y cherchais jusqu'aux expressions diverses de sa physionomie, mais vainement, hélas!

Je ne sais vraiment comment rendre avec des mots tout ce que je ressentais en ce moment; ma plume me semble si grosse pour écrire tout cela, et d'ailleurs voyais-je bien clair en mon cœur? Oui, sans doute, j'étais curieuse d'entrer enfin dans ce monde inconnu, sur le compte duquel j'avais surpris tant de chuchotements, mais en même temps je tremblais qu'on ne m'en ouvrît tout à coup les portes à deux battants. Oui, sans doute, j'aurais voulu qu'on soulevât pour moi le voile mystérieux, mais petit à petit, en commençant par un coin.

Les hommes comprennent-ils tout cela? comprennent-ils qu'il faut au cœur des transitions, et que si un demi-jour réveille, un grand soleil éblouit et brûle. Ce n'est point que la pauvre enfant qui tremblote dans un coin refuse de s'instruire; bien loin de là! elle a de l'aptitude, de la bonne volonté, une intelligence vive et facile, elle sait qu'elle est d'un âge où il faut savoir lire; elle ne repousse ni la science ni même le précepteur; c'est la méthode d'enseignement qui l'inquiète. Elle craint que ce jeune professeur, qui doit avoir des connaissances si étendues, ne tourne trop vite les feuillets du livre et ne néglige l'*a b c*. Elle redoute trop d'éloquence; et puis elle a honte d'ignorer tout un monde, de s'avouer la plus naïve des enfants devant cet homme qu'elle n'aime encore qu'avec précaution, et qui n'est, après tout, que son époux devant Dieu et devant les hommes; ce qui est quelque chose, mais ce qui n'est point tout. Tout à l'heure il était soumis, humble, le fiancé, tout prêt à s'agenouiller devant elle, cachant sa science comme on cache un péché, parlant son langage à elle avec mille ménagements; à tout moment, on eût dit qu'il allait rougir. Elle était reine, il était bébé; et voici que tout à coup les rôles changent : voici le sujet soumis qui arrive en bonnet carré, cachant sous son bras un livre inconnu, mystérieux. L'homme au bonnet carré va-t-il commander, va-t-il sourire, va-t-il s'imposer, lui et son livre? va-t-il parler latin, va-t-il faire un discours? Elle ne sait point qu'il est aussi tremblant de son côté, l'érudit, qu'il est fort embarrassé de sa leçon d'ouverture, que l'émotion lui fait perdre son latin, qu'il a la gorge sèche, que ses jambes fléchissent sous lui. Elle ne sait point cela, et, je vous le dis entre nous, ce n'est point son amour-propre qui souffre le moins en cette conjoncture; elle souffre, après tant de signatures, de contrats et de cérémonies, de se trouver, comme auparavant, une adorable enfant, et rien de plus. Pour la première fois, sa vertu toute blanche lui semble un peu lourde, épaisse, hors de saison, un vêtement d'hiver. Mais comment expliquer cela? Elle tremble d'être comprise, elle tremble aussi qu'on ne la comprenne pas. Son petit cœur dit oui, dit non, tout à la fois, et elle se tait, renfermant la tempête en elle. Elle ne voudrait pas avoir l'air trop niais; elle ne voudrait pas non plus paraître trop sûre d'elle. Sa crainte de laisser voir sa terreur augmente encore son frisson. Elle voudrait faire semblant de dormir, simuler une horrible migraine, une défaillance subite......; elle voudrait se casser la jambe, pour avoir un sujet de conversation; elle donnerait la moitié de ses beaux cheveux blonds pour se retrouver comme hier, ne serait-ce qu'un instant, assise dans un fauteuil, l'éventail à la main. Hélas!

chère enfant, la chose est impossible, et, croyez-moi, ne vous plaignez pas trop.

Je crois que ce premier pas dans la vie conjugale peut faire naître, suivant les circonstances qui l'accompagnent, d'entraînantes sympathies ou d'invincibles répulsions. Mais, pour faire naître ces sympathies, pour faire jaillir l'étincelle qui doit enflammer ce bouquet d'infinies reconnaissances et de joyeuses tendresses, quel art, quel tact, quelle délicatesse et, en même temps, quelle présence d'esprit ne faut-il pas à l'artificier! J'ai toujours pensé que les militaires, habitués à prendre un parti rapide et à conserver leur sang-froid, étaient plus... mais peut-être jugeai-je cette question un peu trop d'après mes impressions personnelles.

Comment se fait-il qu'au premier mot que prononça Georges, mes terreurs s'envolèrent? Sa voix était si assurée et si douce, il me demanda si gaiement la permission de s'approcher du feu pour se chauffer les pieds, me parla avec tant d'abandon et de verve des incidents de la journée! Je me dis : « Il est impossible qu'il se cache là-dessous la moindre noirceur! » Devant tant de bonne humeur et d'affabilité, mon échafaudage s'écroula; je risquai un coup d'œil entre deux draps; je le vis bien installé dans le grand fauteuil, et je me mordis les lèvres... Je suis encore à me demander la cause de ce petit accès de mauvaise humeur. Quand on compte sur une frayeur, on est vraiment désappointée qu'elle se fasse attendre ! Jamais Georges n'avait été plus spirituel, plus affectueux, plus du monde; c'était encore l'homme d'hier. Il fallait vraiment qu'il fût un monstre de dissimulation ou que moi-même je fusse une personne bien exaltée.

« Vous êtes accablée de fatigue, me dit-il, ma chérie, j'en suis certain. »

Ce mot *chérie* me fit tressaillir, mais ne m'effraya pas; c'était la première fois qu'il m'appelait ainsi, mais je ne pouvais vraiment pas lui refuser le privilége de parler de la sorte. Quoi qu'il en soit, je me tins sur la réserve, et je lui répondis de la façon dont on dit: Merci, je ne prends pas de thé. Je lui répondis:

« Oh! oui, je suis brisée.

— Je m'en doutais, ajouta-t-il en approchant de moi; vos pauvres yeux se ferment, vous ne pouvez même plus me regarder en face, *chère petite femme aimée.* »

Ce *chère petite femme aimée* n'eût point été en lui-même effrayant, sans le timbre de voix un peu trop vibrant avec lequel il prononça ces mots. Il me sembla que je venais d'apercevoir une baïonnette derrière un buisson.

« Je vous laisse, continua-t-il, je vous laisse; vous avez besoin de repos. » Et il s'approcha de moi davantage, ce qui n'était pas naturel. Puis, étendant vers moi sa main, que je savais blanche et soignée : « Ne me donnerez-vous pas une petite poignée de main, chère amie? moi aussi je tombe de sommeil, ma belle petite femme. » Son visage eut une expression infernale, mais non sans charme, en disant cela, et je vis clairement qu'il m'avait menti comme un démon : il n'avait pas plus sommeil que moi.

Quoi qu'il en soit, je commis la faute, la négligence (ce sont toujours les négligences qui causent les sinistres), de lui laisser prendre ma main, qui errait par hasard sous la dentelle des oreillers.

J'étais ce soir-là sous une impression nerveuse particulière, car j'éprouvai à ce contact une impression étrange qui me parcourut de la tête aux pieds. Ce n'est point que la main du capitaine eût la douceur du satin; — je crois que nos sensations physiques, à nous autres femmes, ont des causes absolument contraires à celles qui émeuvent les hommes; ce qui me causait une émotion si vive dans la main de mon mari, c'est précisément sa fermeté. Il y avait en elle quelque chose de solide, de mâle, de puissant. Il serra ma main un peu fort; mes bagues, que j'ai la manie de porter en collection, me firent mal, et — je ne l'aurais pas cru vraiment — j'en fus heureuse, mais très-heureuse, peut-être trop. Pour la première fois, je trouvai un charme inexplicable, presque enivrant, au contact intime de cet être qui pouvait me briser entre deux doigts, et cela au milieu de la nuit, dans le silence, sans secours possible, moi, livrée, abandonnée... C'était horrible et délicieux.

Je ne retirai pas ma main, qu'il embrassa, mais si longuement! La pendule sonna deux heures, et le dernier frémissement du timbre avait depuis longtemps cessé que ses lèvres étaient encore là, agitées de petits mouvements rapides qui étaient autant d'imperceptibles baisers, humides, chauds, brûlants. Je sentais autour de moi des lueurs d'incendies; je voulais retirer ma main, mais je ne pouvais pas; je me souviens parfaitement que je ne le pouvais pas. Sa moustache me piquait, l'odeur dont il la parfumait m'arrivait par bouffées et achevait de me troubler. Je sentais mes narines se soulever malgré moi, et, tâchant, mais en vain, de me réfugier au plus profond de moi-même, je m'écriai tout bas : « Protégez-moi, mon Dieu ! mais cette fois de toutes vos forces ; une goutte d'eau, Seigneur, une goutte d'eau ! » J'attendis...; aucune protection appréciable ne m'arrivait d'en haut. Ce ne fut que huit jours après que je compris les intentions de la Providence.

« Vous m'avez dit que vous aviez sommeil, » murmurai-je d'une voix tremblante. J'étais comme un naufragé qui se raccroche à une boîte d'allumettes qui surnage ; je savais parfaitement que le capitaine ne s'en irait pas.

« Oui, j'avais sommeil, mignonne, fit Georges en approchant sa tête contre la mienne, mais maintenant j'ai soif (il colla ses lèvres à mon oreille, et me dit tout bas, tout bas), soif d'un baiser... de toi, ma chérie. »

Ce *toi* fut le commencement du sinistre, c'était l'aurore d'une autre vie. L'époux, l'amant apparaissait, le passé s'envolait, j'entrais dans l'avenir. Enfin j'avais franchi la frontière, j'étais à l'étranger ! Oh ! je l'avoue, parbleu, que sert de feindre ? je bus ce *toi*, et je sentis qu'il entrait en moi et se répandait au loin. Je perdais pied, je le sentais ; je lâchais la dernière branchette qui me retenait à la rive, et en moi-même je disais : « Oui, je t'aime ; oui, je veux te suivre ; oui, je suis à *toi*... *toi*... *toi*... » Je le répétais ce *toi,* tout en fermant les yeux, tandis que je sentais son visage s'approcher du mien et ses cheveux entrer dans mes cheveux.

Une idée me tourmentait encore : je pensais qu'il ignorait sûrement ce qui se passait en moi. Je ne pouvais pas pourtant lui dire; grand Dieu! je ne le pouvais pas. A lui de voir, de comprendre, de deviner. Je crois qu'il avait un soupçon de mon trouble intérieur, car il ajouta avec une tendresse pénétrante comme un poinçon d'or :

« *Tu* ne veux donc pas embrasser ton mari ? dis... voyons... le veux-tu ? »

Et sa bouche était si près de la mienne, qu'elle semblait venir au-devant de mes lèvres.

« Si, » lui dis-je.

J'avais parlé d'une voix si faible que j'espérais qu'il n'entendrait pas; mais il entendit, et je me sentis mourir sous l'étreinte qui suivit ce baiser, ce dernier et silencieux abandon de moi-même.

Au moment où un ruisseau, se jetant dans un grand fleuve, confond ses eaux, abandonne son nom, son être, s'oublie pour jamais et se livre au grand courant, il doit éprouver ce que je ressentis alors : une sorte de mort qui ressemble à une résurrection... Je n'étais...

7 août 185... Voici bien des fois depuis deux ans que je te relis, pauvre petit cahier bleu. Que de choses j'aurais à ajouter en marge si tu n'étais condamné à flamber cet automne pour allumer mon premier feu. Comment ai-je pu écrire tout cela et, l'ayant écrit,

n'ai-je pas osé achever mes confidences? Personne ne t'a vu, au moins, personne n'a retourné tes pages? Rentre bien vite dans ton tiroir et, en attendant le premier feu d'automne, mignon, encore un baiser de ta Valentine.

Nota. — Par quelle suite de circonstances ce cahier bleu, condamné aux flammes, est-il retrouvé par moi au fond d'un chiffonnier Louis XVI que je viens d'acheter? C'est ce qu'il vous importe peu de savoir, n'est-ce pas, cher lecteur? et ce qu'il me serait impossible de vous expliquer.

ENCORE LE CAHIER BLEU

Quand je pense que j'ai été sur le point de te jeter au feu, mon pauvre mignon. Étais-je assez folle? A qui me confier, Seigneur? Si je ne t'avais pas, à qui dire ces petites choses dont tout le monde rit, mais qui vous font pleurer?

Ce soir, par exemple, j'ai dîné seule, puisque Georges était invité en ville; eh bien! à qui avouer que, lorsque je me suis trouvée seule, en face d'un gigot cuit à son goût, en face de ce grand couteau à découper qui d'ordinaire est devant son assiette, je me suis mise à pleurer comme un enfant? A qui avouer que j'ai bu dans ce verre de Bohême qu'il affectionne, pour me consoler un peu?

Mais si je racontais cela, on me rirait au nez; le père Cyprien lui-même, qui a pourtant dans le cœur des rosées de tendresse, me dirait :

« Passons, ma chère enfant, passons. »

Je le connais si bien, le père Cyprien ! Tandis que toi, tu écoutes toujours, mon pauvre petit cahier ; si une larme m'échappe, tu la bois gracieusement et en conserves la trace, comme un garçon qui a du cœur. Aussi, je t'aime.

Et puisque nous sommes en tête-à-tête, causons. Tu ne m'en voudras pas d'écrire avec un crayon, chéri ? C'est que, vois-tu, je suis bien confortablement installée dans mon grand dodo, et je ne voudrais pas faire des taches d'encre. Le feu petille dans la cheminée, la rue est silencieuse ; oublions que Georges ne rentrera qu'à minuit et revenons au passé.

Je ne peux repenser aux premiers mois de ce cher passé sans rire et pleurer tout ensemble.

Étions-nous bêtes ! — Était-ce charmant !

Il y a une façon d'apprendre à nager qui n'est pas la plus mauvaise, m'a-t-on dit. Elle consiste à jeter à l'eau le futur nageur et à prier le bon Dieu pour lui. On assure qu'après la première leçon il se tient sur l'eau.

Eh bien ! je trouve qu'on nous apprend à être épouse un peu d'après la même méthode.

Bonheur ou malheur, — la chose est discutable, — le mariage est un ouragan, quelque chose d'inouï et d'horriblement violent.

Du jour au lendemain, sans transition aucune, tout se transforme et change de couleur ; le monsieur cravaté, frisé, soigné, vous apparaît en robe de chambre. Ce qui était défendu devient permis ; le code a changé de face, et les mots eux-mêmes acquièrent un sens qu'ils n'avaient jamais eu, etc., etc.

Ce n'est point que tout cela soit effrayant, à le bien prendre ; une femme qui a quelque courage dans le cœur et quelque souplesse dans l'esprit supporte le choc et n'en meurt pas ; mais les mieux trempées parmi nous en sont étourdies et restent bouche béante au milieu de ces nouveautés étranges, comme un gourmet sans argent dans la boutique de *Potel et Chabot*.

Elles n'osent toucher à ces primeurs qui les entourent, quoiqu'on les invite à goûter. Ce n'est point que l'envie ou l'appétit leur manque, mais tous ces beaux fruits leur sont offerts depuis si peu de temps qu'ils ont encore ce charme un peu acide de la pomme verte et du fruit défendu. On s'approche, mais on hésite à mordre.

Après tout, pourquoi se plaindre ? De quoi se souviendrait-on, si l'on entrait dans le ménage comme dans un moulin, si l'on n'avait point un peu tremblé en frappant à la porte ? — Et, en vérité, c'est si bon de se souvenir, qu'on voudrait quelquefois habiller l'avenir avec les habits du passé.

C'était, je me le rappelle, le surlendemain du grand jour. J'étais entrée dans sa chambre, je ne sais plus trop pourquoi... pour le seul plaisir d'y entrer, peut-être bien, et par là de faire acte d'épouse. C'est une grosse envie qui vous pousse dans le cerveau au sortir de la messe, que celle d'avoir l'air d'une vieille mariée. On s'affuble de bonnets à rubans, on ne sort plus de ses cachemires, on dit *chez moi*, — les deux jolis mots? et après l'on se mord les lèvres pour ne point éclater. Et : *mon mari*, et : *ma femme de chambre*, et le premier menu que l'on ordonne, où l'on oublie le potage! Tout cela est charmant, et si mal à l'aise que l'on se sente d'abord dans tous ces habits neufs, on a la rage de les endosser.

J'étais donc entrée dans la chambre de mon mari qui, pour le quart d'heure, debout devant sa glace, et fort légèrement vêtu, faisait prosaïquement sa barbe.

« Pardon, ma chère amie, » me dit-il en riant, et il redressa son blaireau tout couvert de mousse blanche. « Vous permettez que je continue! Désirez-vous quelque chose?

— Je venais voir, au contraire, lui répondis-je, si vous n'avez besoin de rien. » Et fort embarrassée moi-même, car j'avais peur d'être indiscrète, et je n'étais pas sûre qu'on pût entrer ainsi chez son mari, j'ajoutai naïvement :

« Vos chemises ont des boutons, n'est-ce pas?

— Oh! mais la bonne petite ménagère que j'ai épousée là! Ne vous inquiétez pas pour ces petites choses-là, ma chère mignonne, je prierai votre femme de chambre de veiller sur mes boutons. »

Je restai confuse; j'avais peur de lui paraître pensionnaire au possible. Il continuait de faire mousser son savon avec son blaireau. Je voulais m'en aller, mais j'étais intéressée d'une façon si nouvelle par la vue de mon mari que je n'avais pas le courage de partir. Il avait le cou nu, un gros cou large, solide, mais très-blanc, et qui changeait de forme à chaque mouvement; les muscles, vous savez? C'eût été horrible chez une femme, ce cou, et cependant il ne me parut pas laid. Ce n'était pas non plus de l'admiration qu'il m'inspirait, c'était plutôt comme de la gourmandise... j'aurais voulu y toucher. La naissance de ses cheveux, coupés fort courts, — nous y sommes tenus dans l'armée, — commençait assez bas, et, entre l'oreille et les cheveux naissants, il y avait une place toute blanche et fine... L'idée me vint immédiatement que si jamais je devenais brave, ce serait là que je l'embrasserais le plus souvent; c'est étrange, ce pressentiment! et c'est en effet dans ce petit endroit que je... le plus souvent... bref.

Il s'arrêta tout court. Cependant, je crus comprendre qu'il avait peur de me paraître comique avec son visage barbouillé; mais il avait tort, je me sentais toute frissonnante d'être à côté d'un homme (ce mot d'homme me répugne un peu, mais je n'en trouve pas d'autre, le mot mari ne rendrait pas ma pensée), d'être à côté d'un homme, dis-je, dans l'exercice de ses fonctions. J'aurais voulu qu'il continuât sans se gêner, j'aurais voulu voir comment il arrivait à se raser sans entamer sa moustache, comment il faisait la raie de ses cheveux et se brossait la tête avec les deux brosses rondes que je voyais étalées sur la table; quel usage il faisait de tous ces petits instruments alignés en ordre sur le marbre de la toilette : pinces, ciseaux, peignes imperceptibles, petits pots et flacons à couvercle d'argent, et tout un arsenal de choses brillantes qui donnent envie de soigner sa petite personne.

J'aurais voulu que, tout en causant, il fît la toilette des ongles de sa main que j'aimais déjà beaucoup, ou mieux encore, qu'il me confiât sa main. Comme j'aurais fouillé dans les petits coins, taillé, limé, arrangé tout cela !

« Eh bien ! chère amie, pourquoi me regardez-vous ainsi ? » me dit-il en souriant.

Je baissai les yeux immédiatement et me sentis rougir. J'étais mal à mon aise, quoique ravie, dans ce milieu nouveau ; je ne savais que répondre, et machinalement je trempai le bout de mon doigt dans le petit vase en porcelaine où moussait le savon.

« Qu'avez-vous donc, chérie, fit-il en rapprochant son visage du mien, est-ce que je vous ai fait de la peine ? »

Je ne sais quelle singulière idée me passa par la tête, mais je sortis brusquement ma main du petit vase et déposai sur le bout de son nez la grosse boule de mousse dont s'était coiffé mon doigt. Il partit d'un grand éclat de rire, et moi aussi ; mais j'avais tremblé pendant un instant qu'il ne se mît en colère.

« Ah ! c'est ainsi que vous traitez un capitaine de lanciers ?... tu vas me payer cela, affreuse vilaine chérie, » et le blaireau en avant, il me poursuivit dans la chambre. Je tournais autour de la table, je m'abritais derrière les fauteuils, chavirant ses bottes avec ma diable de jupe et accrochant les pincettes. En passant près du divan, j'aperçus son uniforme étalé ; — il devait se rendre ce matin-là chez le général ; — je m'emparai du *czapska* et je m'en servis comme d'un bouclier. Mais le fou rire me paralysait, et puis, que voulez-vous qu'une pauvre petite femme fasse contre un militaire, alors même qu'elle aurait un bouclier ?

Il finit par m'atteindre, — la lutte fut effrayante. — — J'avais beau crier en me renversant sur son bras qui me soutenait, je n'en voyais pas moins l'effroyable blaireau s'avancer vers moi comme une grosse boule de neige au bout d'un petit bâton.

Grâce à Dieu, il fut clément et se contenta de marquer mon menton d'une petite mouche blanche en s'écriant : « La cavalerie est vengée. »

Mais moi, saisissant le blaireau à mon tour, je lui dis bien gentiment :

« Capitaine, laissez-moi faire mousser votre joue ? » J'en avais une envie !...

Pour toute réponse, il avança son visage, et voyant que j'étais obligée de me hausser sur la pointe des pieds en m'appuyant un peu sur son épaule, il se mit à genoux devant moi et me livra sa tête.

Du bout de mon doigt, je faisais incliner son visage à droite, à gauche, en avant, en arrière, et je faisais mousser, je faisais mousser, en riant comme une folle... Ça m'amusait tant de voir mon capitaine m'obéir comme un bébé ! j'aurais donné je ne sais quoi pour qu'il eût dans ce moment-là son sabre et ses éperons. Malheureusement, il était en pantoufles.

Je barbouillai de mousse son front, son nez; il fermait les yeux et m'enlaçait de ses deux bras, en me disant :

« Ne te gêne pas, petite femme, ne te gêne pas,

ne m'en fais pas manger, voilà tout ce que je te demande. »

Eh bien! à ce moment-là, je fus prise d'un sentiment bien singulier, mon éclat de rire s'arrêta tout à coup, j'eus honte d'avoir là mon mari à mes pieds et de m'en amuser comme d'une poupée.

« Suis-je enfant et sotte! me dis-je, et lui, est-il bon! »

Je laissai tomber le blaireau par terre, je sentais mes yeux devenir humides, et ma foi, devenant tout à coup plus tendre, je me penchai vers lui et je l'embrassai dans le cou : il n'y avait que cette place-là de libre.

Son oreille était si près qu'en passant devant, mes lèvres s'agitèrent presque malgré moi, et je lui dis tout bas :

« Ne m'en voulez pas... mon... mari; » et comme l'émotion me gagnait et le repentir aussi : « Je t'aime, ajoutai-je... je t'aime.

— Mignonne chérie, » me dit-il en se relevant tout à coup! Sa voix tremblait très-fort.

Quels moments délicieux que ceux-là! Malheureusement... oh! oui, malheureusement! il ne pouvait approcher son visage barbouillé du mien.

« Attends un peu, s'écria-t-il, en se précipitant vers sa grande cuvette toute pleine d'eau pure. Attends un peu... »

Dieu! que ce fut long, ce lavage!

MA FEMME VA AU BAL

Madame. — Ah! que c'est gentil d'arriver de bonne heure! (*Regardant sa pendule.*) Six heures moins un quart. Mais comme tu as froid, mon pauvre ami, tes mains sont glacées! viens t'asseoir près du feu. (*Elle met une bûche dans la cheminée.*) J'ai pensé à toi toute la journée. Obligé de sortir par un pareil temps, c'est cruel! — As-tu fait tes affaires? es-tu content?

Monsieur. — Très-content, chère petite. (*A part.*) Je n'ai jamais vu ma femme aussi aimable. (*Haut, prenant le soufflet.*) Très-content, très-content, et j'ai une faim! — Bébé a-t-il été gentil?

Madame. — Tu as faim! tous les bonheurs à la fois. Bravo! (*Appelant.*) Marie, prévenez à l'office que monsieur veut dîner de bonne heure. Qu'on soigne ce que vous savez, et un citron.

Monsieur. — Des mystères ?

Madame. — Oui, monsieur, je vous ménage une petite surprise, et j'aime à croire que vous en serez ravi.

Monsieur. — Voyons ta surprise.

Madame. — Oh ! c'est une vraie surprise... Comme tu es curieux ! voilà déjà tes yeux qui brillent. Si je ne te disais rien pourtant !

Monsieur. — Eh bien ! tu me briserais le cœur.

Madame. — Tiens, je ne veux pas t'impatienter. Tu auras ce soir à dîner des petites huîtres vertes et un... perdreau. Suis-je gentille ?

Monsieur. — Des huîtres et un perdreau ! tu es un ange. (*Il l'embrasse.*) Un ange ! (*A part.*) Que diable a ma femme aujourd'hui ? (*Haut.*) Tu n'a pas eu de visites dans la journée ?

Madame. — J'ai vu ce matin Ernestine qui n'a fait qu'entrer et sortir. Elle vient de mettre sa femme de chambre à la porte. Croirais-tu qu'on a rencontré cette fille avant-hier soir, habillée en homme, et avec les vêtements de son maître encore ? C'est trop fort !

Monsieur. — Voilà ce que c'est que d'avoir des domestiques de confiance. Et n'as-tu vu qu'Ernestine ?

Madame. — Mais oui, c'est bien assez... (*Avec une exclamation.*) Que je suis étourdie ! j'oubliais : j'ai eu la visite de Mme de Lyr.

Monsieur. — Que le bon Dieu la bénisse. Rit-elle toujours de travers pour cacher sa dent bleue ?

Madame. — Tu es méchant. Elle t'aime pourtant

beaucoup. Cette pauvre femme! j'ai été vraiment touchée de sa visite. Elle venait me rappeler que son... tu vas te fâcher. (*Elle l'embrasse et s'asseoit tout près de son mari.*)

Monsieur. — Je vais me fâcher, je vais me fâcher... je ne suis pas un Turc. Voyons, de quoi s'agit-il?

Madame. — Tu sais que nous avons des huîtres et un perdreau. Tiens, allons dîner. Je ne veux pas te le dire, te voilà déjà de mauvaise humeur. D'ailleurs, je lui ai presque dit que nous n'irions pas.

Monsieur (*levant les bras au ciel*). — Patatra! je m'en doutais. Qu'elle aille au diable, elle et son thé. Mais, qu'est-ce que je lui ai donc fait, à cette femme-là?

Madame. — Elle croit te faire plaisir. C'est une charmante amie. Moi, je l'aime, parce qu'elle dit toujours du bien de toi. Si tu avais été caché dans ce cabinet pendant sa visite, tu n'aurais pas pu t'empêcher de rougir. (*Monsieur hausse les épaules.*) « Il est si aimable, votre mari, me disait-elle, si gai, si spirituel! Tâchez de l'amener, c'est une bonne fortune que de l'avoir. » J'ai répondu : « Certainement; » mais en l'air, tu sais. Oh! baste! je n'y tiens pas du tout. On ne s'y amuse pas tant chez Mme de Lyr. Il y a dans les coins un tas de gens sérieux... Je sais bien que ce sont des personnages influents et qui peuvent être utiles, mais qu'est-ce que cela peut me faire à moi? Viens dîner. Tu sais qu'il restait une bouteille de ce fameux pomard, je l'ai conservée pour arroser ton perdreau. Tu ne t'imagines pas combien j'ai de plaisir à te voir manger un perdreau. Tu dégustes cela avec tant d'onction... Tu es gourmand, mon petit mari. (*Elle lui prend le bras.*) Viens, mon ami, j'entends ton gamin de fils qui s'impatiente dans la salle à manger.

Monsieur (*l'air soucieux*). — Hum!... et pour quand?

Madame. — Pour quand... quoi?

Monsieur. — Le thé, parbleu.

Madame. — Ah! le bal, tu veux dire... je n'y pensais plus. Le bal de Mme de Lyr? Pourquoi me demandes-tu cela, puisque nous n'irons pas? Dépêchons-nous, le dîner refroidit... Pour ce soir.

Monsieur (*s'arrêtant court*). — Comment ce thé est un bal, et ce bal est pour ce soir! Mais, sapristi! on ne vous lâche pas comme cela un bal à bout portant. On prévient d'avance.

Madame. — Mais elle nous a envoyé une invitation il y a huit jours. Je ne sais ce qu'elle est devenue, cette carte. J'ai oublié de te la montrer, j'ai eu tort.

Monsieur. — Tu as oublié, tu as oublié...

Madame. — En somme, tout est pour le mieux; tu aurais été maussade toute la semaine. A table!

On se met à table. La nappe est blanche, les couteaux sont brillants, — les huîtres sont fraîches, le perdreau, cuit à point, exhale un parfum délicieux. — Madame est charmante et rit à tout propos. Monsieur se déride sensiblement et s'étale dans sa chaise.

Monsieur. — Il est bon, ce pomard. — Tu n'en veux pas un peu, ma petite femme?

Madame. — Mais si, mais si, ta petite femme en

veut. (*Elle pousse son verre d'un petit mouvement coquet.*)

Monsieur. — Tiens, tu as mis ta bague Louis XVI. Elle est charmante, cette bague.

Madame (*mettant sa main sous le nez de son mari*). — Oui, mais regarde donc, il y a un petit bout qui se détache.

Monsieur (*embrassant la main de sa femme*). — Où cela, ce petit bout?

Madame (*souriant*). — Tu plaisantes toujours; je te parle sérieusement, tiens, là, parbleu, ça se voit bien! (*Ils s'approchent et penchent tous les deux la tête pour voir de plus près.*) Tu ne vois pas? (*Elle indique un endroit de la bague de son doigt rose et effilé.*) Là... tiens... là.

Monsieur. — Cette petite perle qui... que diable as-tu dans les cheveux, ma chère? Tu sens horriblement bon. — Il faudra la donner au bijoutier. — Cette odeur est d'une finesse délicieuse... Ça te va pas mal, les boucles.

Madame. — Tu trouves? (*Elle façonne sa coiffure dans sa blanche main*)... Je m'en doutais que tu aimerais ce parfum-là; moi, à ta place, je...

Monsieur. — Qu'est-ce que tu ferais à ma place, ma chérie?

Madame. — J'embrasserais ma femme, tout bêtement.

Monsieur (*embrassant sa femme*). — Tu as des idées, sais-tu? Donne-moi encore un petit peu de perdreau, je te prie. (*La bouche pleine.*) Comme c'est gentil, ces pauvres petites bêtes, quand ça court dans les blés. Tu sais leur petit cri de rappel, quand le soleil se couche?... Avec un peu de sauce. Il y a des moments où il vous monte au cerveau des bouffées de poésie campagnarde. — Quand je pense qu'il y a des sauvages qui les mangent aux choux ! — Ah ça, mais dis-moi donc (*il se verse à boire*), tu n'as pas de toilette préparée ?

MADAME (*avec un étonnement candide*). — Quelle toilette, mon ami ?

MONSIEUR. — Eh bien, pour madame de Lyr.

MADAME. — Pour le bal ! — Quelle mémoire que tu as ! — Tu y penses donc toujours ? — Mon Dieu non, je n'en ai pas... Ah ! si, j'ai ma robe de tarlatane, tu sais ? et puis, il faut si peu de chose à une femme pour fabriquer une toilette de bal !

MONSIEUR. — Et le coiffeur n'est pas prévenu ?

MADAME. — C'est vrai, il n'est pas prévenu ; d'ailleurs, je ne tiens pas à y aller, à ce bal. Nous allons nous installer au coin du feu, lire un peu et nous coucher de bonne heure... Tu m'y fais penser, je me souviens qu'en partant madame de Lyr m'a dit : « Votre coiffeur est le mien, je le ferai prévenir. » — Suis-je étourdie ! je me souviens que je n'ai rien répondu. Mais ça n'est pas loin, je peux envoyer Marie lui dire de ne pas se déranger.

MONSIEUR. — Puisqu'il est prévenu, ce perruquier de malheur, laisse-le venir et allons nous... distraire un peu chez cette bonne madame de Lyr, mais à une condition, c'est que je trouverai mes affaires préparées sur mon lit, avec mes gants, tu sais, mon habit, et tu me mettras ma cravate blanche.

Madame. — Marché conclu. (*Elle l'embrasse.*) Tu es le meilleur des maris. — Je suis enchantée, mon bon chéri, parce que je vois que tu t'imposes un sacrifice pour me faire plaisir, car le bal en lui-même m'est aussi indifférent!... Je n'y tenais pas, là, sincèrement, je n'y tenais pas.

Monsieur. — Hum! Eh bien, je vais fumer un cigare pour ne pas vous gêner, et à dix heures je suis ici. Tes préparatifs seront terminés, — en cinq minutes je serai déguisé en noir des pieds à la tête. Adieu!

Madame. — Au revoir!

Une fois dans la rue, monsieur allume son cigare et boutonne son paletot. Deux heures à perdre! Ça n'a l'air de rien quand on est occupé, mais quand on n'a rien à faire, c'est autre chose. — Le pavé est gras, la pluie commence à tomber; — heureusement le Palais-Royal n'est pas loin. Au bout du quatorzième tour de galerie, monsieur regarde à sa montre. — Dix heures moins cinq minutes, l'époux va être en retard, il se précipite et rentre au logis.

Dans la cour, la voiture est déjà attelée.

Dans la chambre à coucher, deux lampes sans abat-jour répandent à torrent la lumière. Sur les meubles et le lit, des montagnes de mousseline et de rubans. — Les robes, les jupons, les jupes et les sous-jupes, les dentelles, les écharpes, les fleurs, les bijoux s'entremêlent dans un chaos charmant. — Sur une table qui semble attendre, les pots de pommade, les bâtons de cosmétique, les épingles à cheveux, les peignes et les brosses sont rangés avec soin. Deux nattes *artificielles* s'étalent languissantes sur un amas noirâtre qui ne ressemble pas mal à une forte poignée de crins. Résille et réseau d'or. — Peignes de blonde écaille ou d'éclatant corail, poufs en boutons de roses, branches de lilas blanc, bouquet de pâles violettes attendent le choix de l'artiste ou la fantaisie de la beauté. Et cependant, le dirai-je? au milieu de ces luxueuses richesses, madame est échevelée, madame est inquiète, madame est furieuse.

Monsieur (*regardant sa montre*). — Eh bien, ma chère, es-tu coiffée?

Madame (*avec impatience*). — Il me demande si je suis coiffée! Ne vois-tu pas que j'attends le coiffeur depuis une heure et demie, un siècle? Ne vois-tu pas que je suis furieuse, car il ne viendra pas, le misérable!

Monsieur. — Le monstre!

Madame. — Oui, le monstre. Je te conseille de plaisanter.

On sonne. La porte s'ouvre, et la femme de chambre s'écrie : « Madame, c'est lui! »

Madame. — C'est lui?

Monsieur. — C'est lui.

L'artiste entre à pas précipités et salue en retroussant ses manches.

Madame. — Mon cher Silvani, vous êtes insupportable.

Silvani. — Désolé, désolé, mais impossible d'arriver plus tôt. Je coiffe depuis trois heures de l'après-midi. Je quitte la duchesse de W..., qui va ce soir au ministère. Elle m'a fait reconduire dans son coupé.

Lisette, donnez-moi les peignes de madame et mettez les fers au feu.

MADAME. — Mais, mon cher Silvani, ma femme de chambre ne s'appelle pas Lisette.

SILVANI. — Madame comprendra que s'il me fallait retenir le nom de toutes les femmes de chambre qui m'assistent, il me faudrait six clercs au lieu de quatre. Lisette est un joli nom, qui s'applique à toutes ces demoiselles. Lisette, montrez-moi la toilette de madame. — Bon. — Est-ce officiel, ce bal?

MADAME. — Coiffez-moi toujours, Silvani.

SILVANI. — Il m'est impossible de coiffer madame sans savoir dans quel milieu ira sa coiffure. (*Au mari, assis dans un coin.*) Je prierai monsieur de vouloir bien se mettre ailleurs, je tiens à pouvoir me reculer pour mieux juger de l'effet.

MONSIEUR. — Comment donc, monsieur Silvani, trop heureux de vous être agréable. (*Il va s'asseoir sur une chaise.*)

MADAME (*avec précipitation*). — Pas là, mon ami, tu vas froisser ma jupe. (*Le mari se lève et cherche un autre siége.*) Prends garde derrière toi, tu marches sur mon pouf!

MONSIEUR, *se retournant avec humeur.* — Son pouf! son pouf!

MADAME. — Bon, voilà que tu renverses mes épingles!

SILVANI. — Je demanderais à madame un instant d'immobilité.

MONSIEUR. — Allons, calme-toi, je vais aller dans le salon; y a-t-il du feu?

Madame, *distraite*. — Mais, mon ami, comment veux-tu qu'on ait fait du feu dans le salon.

Monsieur. — Je vais dans mon cabinet, alors.

Madame. — Il n'y en a pas davantage... Pourquoi veux-tu qu'il y ait du feu dans ton cabinet? Singulière idée... Pas mal en l'air, vous savez, Silvani, et lu désordre, c'est la fureur.

Silvani. — Madame mettra-t-elle une pointe de brun polonais sous l'œil? Cela me permettrait d'idéaliser la coiffure.

Monsieur, *impatienté*. — Marie, donnez-moi mon paletot et ma toque. Je vais me promener de long en large dans l'antichambre. (*A part.*) Elle me le payera, Mme de Lyr.

Silvani, *crêpant*. — Je dégage l'oreille de madame, ce serait un meurtre que de la voiler. Madame à l'oreille de la princesse de K..., que je coiffais hier. Lisette, préparez la poudre... Les oreilles comme celles de madame ne sont pas nombreuses.

Madame. — Vous dites?

Silvani. — L'oreille de madame pousserait la modestie jusqu'à ne point entendre?

Madame est enfin coiffée. Silvani pousse un nuage léger de poudre odorante sur son ouvrage, qu'il enveloppe d'un dernier regard de satisfaction, puis il salue et se retire.

En passant dans l'antichambre, il heurte monsieur, qui se promène.

Silvani. — Oh! mille pardons! agréez mes respects très-humbles

MONSIEUR (*du fond de son collet relevé*). — Bonsoir!

Un quart d'heure après, le roulement d'une voiture se fait entendre. Madame est prête, sa coiffure lui va bien, elle sourit à la glace en enfonçant les baguettes dans ses gants longs et étroits.

Monsieur a manqué son nœud de cravate et arraché trois boutons. Les marques de la plus mauvaise humeur sont peintes sur ses traits.

MONSIEUR. — Allons, voyons, descendons, la voiture attend; il est onze heures et un quart. (*A part.*) Encore une nuit blanche. — Fouette, cocher, rue de la Pépinière, 224!...

On arrive. La rue de la Pépinière est en émoi. Des sergents de ville passent rapides au milieu de la foule. Dans le lointain, des cris confus et des roulements qui s'approchent se font entendre. Monsieur se précipite à la portière.

MONSIEUR. — Qu'est-ce qu'il y a, Jean?

LE COCHER. — Monsieur, c'est le feu! voilà les pompiers qui arrivent.

MONSIEUR. — Conduisez-nous toujours au numéro 224?

LE COCHER. — Nous y sommes, monsieur, au 224, c'est là qu'est le feu.

LE CONCIERGE DE LA MAISON, *se détachant d'un groupe et s'approchant de la voiture*. — Monsieur se rend sans doute, comme tout le monde, chez Mme de Lyr. — Madame est au désespoir; mais le feu est chez elle... Impossible de recevoir.

MADAME (*avec exaltation*). — C'est une indignité!

Monsieur (*chantonnant*). — Désolant, désolant... (*Au cocher.*) Retournez d'où vous venez, et bon train, je tombe de sommeil. (*Il s'étend dans le fond de la voiture et redresse son collet. A part.*) Après tout, j'y ai gagné un perdreau bien cuit.

FAUSSE ALERTE

Toutes les fois que je viens à Paris, ce qui malheureusement m'arrive trop peu souvent, la pluie tombe à torrents. J'ai beau changer l'heure du départ que j'avais fixée d'abord, m'arrêter en route, voyager la nuit, employer enfin mille ruses pour tromper le baromètre, à dix lieues de Paris, les nuages se forment et je débarque en plein déluge.

A mon dernier voyage, donc, je me trouvai, comme à l'ordinaire, au milieu de la rue, suivi d'un commissionnaire qui portait mes bagages, et faisant des signes désespérés à tous les fiacres qui filaient au grand trot à travers la pluie battante. Au bout d'une dizaine de minutes de ce manége, un cocher plus sensible que les autres et caché dans son triple collet arrêta ses chevaux. En un bond je fus près de la voiture et, ouvrant la portière avec une sorte de rage, je me précipitai.

Par malheur, tandis que j'exécutais tout cela, un monsieur, se trouvant dans les mêmes conditions que moi, ouvrait l'autre portière et se précipitait aussi dans la voiture, absolument comme je venais de le faire. Il est aisé de comprendre qu'il s'ensuivit un choc, puis une courte explication.

« Que le diable vous emporte! dit mon rival en faisant mine de vouloir pénétrer davantage. »

J'allais lui répondre, et vertement, car je suis du Midi et j'ai le sang assez chaud, lorsque nos yeux se rencontrèrent. Nous nous regardâmes un instant en face, ainsi que deux lions devant le même mouton, et tout à coup nous éclatâmes d'un grand éclat de rire... Ce monsieur furieux, c'était Oscar V..., ce bon, ce cher Oscar, que je n'avais pas vu depuis dix ans et que j'aime infiniment; un garçon charmant, mais charmant! avec lequel j'ai joué à la balle..., etc. Ah! ce bon Oscar!...

Nous nous embrassâmes, et le cocher, qui nous regardait à travers les vitres, haussa les épaules, n'y comprenant rien. Restaient les deux commissionnaires ruisselant d'eau et attendant à chacune des portières, la malle sur le dos. Nous fîmes charger les bagages sur la voiture et nous prîmes le chemin de l'hôtel du Louvre, où Oscar voulut me reconduire.

« Mais tu voyages donc aussi? fis-je à mon vieux camarade, après le premier moment d'effusion... Est-ce que tu n'habites pas Paris?

« — Je l'habite le moins possible, et, tel que tu me vois, j'arrive des Roches, un vieux petit donjon qui me vient de mon père et où je passe une bonne partie de l'année. Oh! ce n'est pas un château!... c'est rustique, campagnard; mais j'aime assez cela, et je n'y veux rien changer. Aux environs, la campagne est verdoyante; une bonne petite rivière transparente coule à cinquante pas de la maison, au milieu des grands arbres; un moulin dans le fond, la vallée qui s'étale; à l'horizon, un clocher et un coq; des fleurs sous les fenêtres et le bonheur dans la maison. Puis-je me plaindre en vérité?... Ma femme me fait des tartes exquises, qui me sont fort agréables et lui blanchissent les mains... Au fait, je ne t'ai pas dit que j'étais marié?... Ma foi, mon cher, j'avais rencontré un ange, et j'ai pensé avec raison que, si je le laissais passer, je n'en retrouverais pas un autre. J'ai sagement fait. Mais je veux te présenter à ma femme, je veux te montrer mon petit coin... Quand viens-tu me voir?... C'est à trois heures de Paris, le temps de fumer deux cigares... C'est entendu : je retourne chez moi demain matin, et je fais préparer ta chambre... Donne-moi ton portefeuille, que j'écrive mon adresse. »

Tout cela était dit si cordialement, que je ne résistai pas aux instances de mon ami, et lui promis d'aller le visiter bientôt.

Trois ou quatre jours après, Paris étant désert et le souvenir de mon vieux camarade me poursuivant, il me vint un grand désir d'aller flairer de près le bonheur conjugal de mon ami et de voir par mes yeux ce ruisseau, ce moulin, ce clocher, en face desquels on était si heureux.

J'arrivai aux Roches vers six heures du soir, et fus ravi au premier aspect. L'habitation d'Oscar était un petit château Louis XV enfoui dans les arbres, construction irrégulière, bizarre, mais charmante et pittoresque. On en avait depuis un siècle respecté les moindres détails, et tout, depuis les mansardes noirâtres jusqu'aux girouettes rococo, depuis les fenêtres cintrées et garnies de petits carreaux jusqu'à l'écusson tourmenté qui décorait le dessus de la porte, tout était du temps. Sur les tuiles épaisses du toit, un peu affaissé, les vieux marronniers rugueux, immobiles, étalaient paresseusement leurs branches. La vigne vierge et les rosiers grimpants se promenaient sans façon au milieu des volets, encadraient les fenêtres, entraient dans les lucarnes, et, s'accrochant aux gouttières, laissaient tomber d'en haut de grosses grappes de fleurs que le vent balançait. C'est à peine si au milieu des toits pointus, ajoutés postérieurement au toit principal, au milieu de cette profusion de verdure et de grands arbres, on apercevait le bleu du ciel en un endroit ou deux.

La première personne que je vis fut l'ami Oscar, vêtu de blanc de la tête aux pieds, coiffé de paille et assis sur un énorme bloc de pierre qui semblait faire corps avec la maison. Il paraissait fort occupé et retournait un beau melon que lui présentait son jardinier. A peine m'eut-il aperçu, qu'il s'élança et vint me serrer les mains avec une telle expression de bonne humeur, de franchise et d'affection, que je me dis en moi-même : « Oui, certes, il ne m'a pas menti, il est heureux. » Je le retrouvai tel que je l'avais connu dans son enfance : gai, un peu fou, mais bon et affable.

« Pierre, dit-il au jardinier, tu vas porter la malle de monsieur dans la chambre d'en bas; et comme le jardinier se hâtait lentement et faisait un effort, Oscar empoigna la malle de ses deux mains et, d'un seul coup, la plaça sur les épaules du pauvre homme, qui s'arc-boutait de ses deux jambes à demi pliées.

— Invalide, fit Oscar en riant de bon cœur. Ah! maintenant que je te présente à la petite reine... Ma femme; où est ma femme? Il courut à la cloche, l'agita deux fois. Immédiatement on aperçut aux fenêtres du rez-de-chaussée une grosse cuisinière au visage rouge, aux manches relevées, et plus loin un domestique en train d'essuyer une assiette. Ces braves gens avaient-ils été choisis tout exprès? — Je ne sais, mais leur allure et leur physionomie complétaient si harmonieusement le tableau que je ne pus m'empêcher de sourire.

« Où est madame? demanda Oscar; et comme on ne lui répondait pas assez vite :

— Marie! s'écria-t-il, Marie! Voilà Georges, voilà l'ami. A une toute petite fenêtre étroite du premier, la plus enguirlandée de fleurs, apparut une jeune fille blonde comme les blés. Elle était vêtue d'un peignoir blanc d'une forme particulière, que je ne pus définir tout d'abord; d'une main, elle serrait contre elle le peignoir flottant, et de l'autre elle retenait ses cheveux dénoués. A peine m'eut-elle vu qu'elle rougit extrêmement, honteuse sans doute d'être surprise au milieu de sa toilette, et, tout en exécutant le plus gauche et le plus adorable des saluts, elle rentra précipitamment. Cette apparition acheva de me charmer; il me sembla que j'étais tout à coup transporté dans le royaume de la plus aimable fantaisie. J'avais pensé, en bouclant ma malle, trouver mon ami Oscar installé dans l'une de ces jolies maisons proprettes, à volets verts et à paratonnerre doré, qu'affectionne le Parisien campagnard; et voilà que je me trouvais dans un fouillis idéal de bonnes vieilles pierres vermoulues cachées dans les fleurs, de pignons centenaires, de grilles capricieuses et rougies par la rouille. J'étais au beau milieu d'un des jolis dessins de l'ami Morin, et, stupéfait, ravi, je restai quelques instants les yeux fixés sur la fenêtre étroite où la belle enfant m'était apparue.

— Je l'appelle la petite reine, me dit Oscar en me prenant le bras; c'est ma femme. Viens par ici; nous allons rencontrer en route le cousin qui pêche à la ligne et deux autres personnes qui se promènent par là, — bons amis, seulement ils ne comprennent pas la campagne comme moi; ils ont des bas roses et des escarpins de bal; mais peu t'importe, pas vrai?... Veux-tu des pantoufles, mon ami? veux-tu un chapeau de paille? J'espère que tu as des habits de toile? Je ne t'offre pas un verre de madère, nous dînons à l'instant. Ah! mon cher, tu arrives bien; nous goûtons ce soir le premier melon de l'année.

— Malheureusement je n'en mange jamais, mais j'aime à en voir manger.

— Eh bien! alors, je vais te consoler en allant te chercher une bouteille de mon vieux pomard. Entre nous, je ne le fais pas boire au premier venu ; c'est un vin excellent que mon pauvre père m'a recommandé en mourant. C'est pourtant vrai, continua Oscar en me prenant le bras : le matin du même jour où il nous a quittés, il n'avait plus que le souffle, ce pauvre père; ses yeux étaient fermés, sa tête renversée dans les oreillers... J'étais assis à côté de son lit, ma main dans la sienne, quand je me sentis serrer faiblement. Ses yeux s'entr'ouvrirent, et je le vis qui souriait. Alors il me dit, de cette voix faible, lente et embarrassée des vieillards qui s'éteignent : « Le po-« mard du fond..., à gauche..., tu sais, mon homme?... « pour les amis seulement. » Il me serra la main de nouveau, et, comme épuisé, il referma les yeux; seulement je vis aux mouvements imperceptibles de ses lèvres qu'il souriait encore intérieurement... Allons, viens avec moi à la cave, poursuivit Oscar après un petit moment de silence..., dans le fond à gauche..., tu me tiendras la lanterne. »

Quand nous remontâmes, la cloche carillonnait à toute volée et des nuées d'oiseaux effrayés s'envolaient des marronniers : — c'était le dîner. Tous les convives étaient réunis dans le jardin. Oscar me présenta avec son sans façon, et j'offris mon bras à la maîtresse de la maison pour passer dans la salle à manger, où le potage fumant nous attendait.

En examinant la femme de mon ami, je vis que ma première impression ne m'avait pas trompé : c'était à la lettre un petit ange, et un petit ange fait femme, qui mieux est. Elle était délicate, élancée comme une jeune fille; sa petite voix vibrante et harmonieuse comme le chant d'un pinson, avait je ne sais quel accent indéfinissable qui n'était d'aucun pays, mais donnait un charme extrême à la moindre de ses paroles. Elle avait d'ailleurs une façon de dire à elle; une façon enfantine et coquette de moduler la fin de ses phrases en tournant les yeux du côté de son mari, comme pour chercher son approbation. Elle rougissait à chaque instant, mais en même temps son sourire était si fin, ses dents si blanches, qu'elle avait l'air de se moquer d'elle-même et un peu des voisins. La singulière petite femme! Ajoutez à cela une mise étrange et d'un goût charmant, un peu osée peut-être, mais qui allait bien à cette petite reine, si singulière elle-même. Ses beaux cheveux blonds, tordus à l'aventure, en apparence du moins, étaient retenus assez haut sur la tête par un peigne en acier un peu incliné de côté, et sa robe en mousseline blanche, garnie de larges ruches plates, décolletée en carré, courte de jupe et relevée de tous côtés, avait un délicieux parfum du XVIIIe siècle. L'ange était bien un peu coquet, mais à sa manière, et sa manière était exquise.

A peine à table, Oscar jeta sur sa petite reine un regard rapide, mais si plein de bonheur et... d'amour — pourquoi ne pas le dire? — que j'en éprouvai une sorte de frisson; frisson d'envie, d'étonnement, d'admiration peut-être. Il arracha de la corbeille de fleurs qui était sur la table une rose rouge à peine ouverte, et la poussant vers sa femme en souriant :

« Pour vos cheveux, madame, » fit-il.

La blonde enfant rougit beaucoup, prit la fleur, et sans façon, très-vite, avec une adresse extrême, la planta dans ses cheveux, en haut, à gauche, au bon endroit; et, ravie, faisant face à chacun de nous, elle répéta plusieurs fois au milieu des éclats de rire :

« Est-ce bien comme cela? »

Puis elle envoya du bout des doigts un petit baiser cavalier à son mari, comme le ferait une fillette de douze ans, et plongea gaiement sa cuiller dans le potage en relevant son petit doigt.

Les autres convives n'avaient rien de bien remarquable; ils riaient à tous ces enfantillages avec beaucoup de bienveillance, mais semblaient un peu dépaysés au milieu de cet adorable abandon. Le cousin surtout, le pêcheur à la ligne, cuirassé de blanc avec soin, cravaté de bleu, la barbe en éventail et l'œil en amande, me déplut particulièrement. Il faisait vibrer ses *r* et siffler ses *s* comme un acteur de province. Il cassait son pain en menus petits morceaux et grignotait toutes ces miettes en causant. Je crus comprendre que le plaisir de faire voir une grosse bague qu'il portait au doigt était pour quelque chose dans cette manie de travailler son pain. Une ou deux fois, je surpris le regard du cousin mélancoliquement dirigé vers la maîtresse de la maison; mais tout d'abord je n'y attachai pas grande importance, distrait d'ailleurs par l'étincelante gaieté d'Oscar.

Il me sembla cependant, au bout d'un instant, que le jeune homme s'efforçait de mille manières d'attirer l'attention de la petite reine.

Celle-ci toutefois lui répondait le plus naturellenent du monde, ne laissant percer dans ses façons l'être ni contrainte ni embarras.

Je me trompais sans doute !

Avez-vous remarqué, lorsque vous vous êtes tout à coup transporté dans un milieu que vous ne connaissiez pas, comme certains petits détails indifférents pour tout le monde prennent d'importance pour vous ? La première impression est basée sur une foule de petits riens qui vous ont sauté tout d'abord aux yeux. Telle tache au plafond, tel clou dans la muraille, tel détail dans la physionomie de votre voisin se grave dans votre esprit, s'y installe, y prend de l'importance, et malgré vous, toutes les autres observations que vous faites ensuite viennent se grouper autour de cette tache, de ce clou, de cette grimace. Remarquez cela, cher lecteur, et vous verrez que chacune des opinions que vous pouvez avoir sur un fait, une personne ou un objet, a été sensiblement modifiée par le souvenir de ce petit rien qui vous a sauté aux yeux au premier aspect. Quelle est la jeune fille qui, victime de cette première impression, n'a pas refusé un mari ou deux pour un gilet trop large, une cravate mal mise, un éternument intempestif, un sourire niais ou une botte trop pointue.

On ne veut pas s'avouer à soi-même que de semblables niaiseries puissent servir de base à l'opinion qu'on a de quelqu'un, et il faut chercher avec grande attention pour retrouver en soi ces petits germes oubliés et inavoués.

Je me souviens très-bien qu'à la première visite que j'eus l'honneur de faire à madame de M...., je remarquai que l'une de ses dents, la première molaire à droite, je la vois d'ici, était absolument bleue — d'un vilain bleu noirâtre. Je ne fis qu'apercevoir le petit monstre bleu, tant on prenait de soin à le cacher, mais cette découverte ne me sortit plus de la tête. Je vis bientôt que madame de M... grimaçait horriblement pour cacher sa dent, qu'elle ne mangeait à table que par bouchées infiniment petites, et cela pour ménager la susceptibilité nerveuse du petit monstre.

J'en arrivai à expliquer toutes ces minauderies morales et physiques de madame de M... par cette légère infirmité; et, à mon insu, cette molaire bleuâtre personnifia si bien la comtesse que maintenant encore, quoique la vilaine dent ait été remplacée par une autre magnifique, deux fois plus grande et blanche comme un fond d'assiette, eh bien, maintenant encore, dis-je, madame de M... ne peut pas ouvrir la bouche sans que tout naturellement je ne cherche des yeux la petite horreur.

Mais revenons à notre sujet.

Au milieu de ce bonheur conjugal si délicieusement encadré, en face de mon brave Oscar, si bon, si confiant, si amoureux de ce petit chérubin en robe Louis XV, qui poussait la grâce et la naïveté jusqu'à l'étrange, j'avais été choqué par la tête trop peignée et niaisement jolie du cousin en gilet blanc. Cette tête avait attiré mon attention comme la tache au plafond dont je parlais tout à l'heure, comme la dent bleue de la comtesse, et malgré moi je ne quittai pas des yeux le pêcheur à la ligne, tandis qu'il promenait la lame d'argent de son couteau dans la tranche de ce fruit indigeste que j'aime à voir dans l'assiette des autres, mais que je ne tolère pas dans la mienne.

Après le dîner, qui avait duré un temps infini, nous fûmes dans le jardin, où le café avait été préparé, et nous nous étalâmes béatement, le cigare aux lèvres. Tout était calme et silencieux autour de nous : les insectes avaient cessé leur musique, et, dans un ciel vert pomme, transparent, des petits nuages violets, allongés et immobiles, s'endormaient tranquillement.

Oscar me montra d'un air heureux le fameux moulin, la vallée calme, et plus bas son ruisseau chéri, dans lequel le soleil, avant de s'éteindre, se mirait au milieu des roseaux. Durant ce temps, la petite reine, agile sur ses hauts talons, tournait autour des tasses comme un bébé qui joue à la dînette, et, avec mille précautions comiques et charmantes, versait le café brûlant, et l'odeur du moka se confondait délicieusement avec le parfum des fleurs, des foins et du bois.

Quand elle eut fini, elle vint s'asseoir près de son mari, si près que sa jupe cachait la moitié de mon ami ; et, lui prenant sans façon le cigare qu'il avait à la bouche, elle éloigna d'elle le *londrès* avec une petite moue qui voulait dire : « Oh ! l'horreur ! » et de son petit doigt tendu elle secoua la cendre blanche, qui tomba sur le sable ; puis elle éclata de rire et remit le cigare entre les deux lèvres que lui présentait son mari.

C'était charmant. Oscar était sans doute habitué à ce manége, car il ne s'en étonna pas ; il posa la main sur l'épaule de sa femme, comme on le ferait sur l'épaule d'un enfant, et lui dit :

« Je te remercie, en l'embrassant au front.

— Oui, mais tu me donneras un canard, ajouta la jeune femme très-bas, en appuyant la tête contre le bras de son mari. »

Je ne pus m'empêcher de sourire, tant il y avait de gaminerie câline, de grâce et d'enfantillage dans cette petite phrase dite à voix basse. Je ne sais trop pourquoi je me retournai du côté du cousin, qui était resté un peu à l'écart, fumant silencieusement. Il me parut un peu pâle ; coup sur coup, il aspira trois ou quatre bouffées, se leva avec précipitation sous l'empire d'un malaise moral évident, et s'éloigna sous les arbres.

« Qu'est-ce qu'il a donc, le cousin ? dit Oscar avec intérêt ; quelle mouche le pique ?

— Je ne sais pas, répondit le plus naturellement du monde la petite reine, quelque idée de pêche, sans doute. » Et la conversation continua.

La nuit commençait à tomber ; nous étions restés, comme je l'ai dit, fort longtemps à table. Il était neuf heures environ. Le cousin revint et reprit la place qu'il occupait précédemment ; mais, à partir de ce moment, il me sembla qu'il se glissait entre nous une contrainte étrange ; une froideur singulière se manifesta. La causerie, si animée d'abord, se ralentit peu à peu, et, malgré tous mes efforts pour lui faire reprendre un peu de vie, elle se traîna misérablement. Moi-même je ne me sentais pas fort libre d'esprit, j'étais poursuivi par des idées les plus absurdes du monde; j'avais cru voir dans le départ subit du cousin, dans sa pâleur, dans ses gestes embarrassés, l'expression d'un sentiment violent qu'il avait été impuissant à cacher. Mais comment cette adorable petite femme, au regard si fin, si intelligent, ne comprenait-elle pas tout cela, puisque je le comprenais moi-même? Oscar, si confiant qu'il fût, n'avait-il donc pas remarqué que le départ du cousin coïncidait précisément avec le baiser qu'il avait donné à sa femme? Ces deux époux sont-ils aveugles ou feignent-ils de ne point voir, ou bien moi-même suis-je le jouet d'une grossière illusion?... Cependant on avait cessé de parler; la maîtresse de la maison, symptôme singulier, était silencieuse, grave, et Oscar s'agitait dans son fauteuil comme un homme qui n'est point tranquille.

Que se passait-il donc dans l'âme de tous ces gens-là?

Bientôt nous entendîmes sonner dix heures à la pendule du salon, et Oscar, se levant tout à coup:

« Mes chers amis, nous dit-il, à la campagne, liberté entière, vous savez; je vous demanderai donc la permission de rentrer, je suis un peu fatigué ce soir. Georges, me dit-il, on va t'indiquer ta chambre, elle est au rez-de-chaussée; j'espère que tu y seras bien. »

Tout le monde se leva en silence, et après s'être souhaité le bonsoir d'un air un peu contraint, chacun rentra dans son appartement. Je trouvai, je l'avoue, que l'on se couchait trop tôt chez mon ami. Je n'avais nulle envie de dormir; j'examinai donc ma chambre, qui était charmante. Elle était tendue tout entière d'une vieille tapisserie à personnages, qu'encadrait une boiserie grisâtre. Le lit, caché dans des rideaux de toile de Jouy, était entr'ouvert, et répandait cette bonne odeur de lessive qui invite à s'étaler. Sur la table, un petit bijou du commencement du règne de Louis XVI, étaient quatre ou cinq livres choisis évidemment par Oscar et posés là pour moi. Ces petites attentions vous touchent beaucoup, et tout naturellement je repensai à ce brave garçon, à la scène étrange de la soirée, aux chagrins, aux tortures que cachait peut-être ce bonheur apparent. J'étais absurde, ce soir-là; je le plaignais déjà, ce pauvre ami, je me sentais ému, et plein de mélancolie, je vins m'accouder sur la balustrade de la fenêtre, restée grande ouverte. La lune venait de se lever, le ciel était d'une pureté splendide, il m'arrivait en plein visage des bouffées de parfums délicieux. J'apercevais dans les parties obscures qu'abritaient les arbres des vers luisants étincelant dans l'herbe, et au milieu des masses de verdure qu'éclairait mystérieusement la lune, je voyais les formes étranges de monstres fantastiques et de fantômes errant dans le silence. Il y avait surtout à cinquante pas de ma fenêtre, enfoui dans les arbres, un petit toit pointu, surmonté d'une girouette, qui m'intriguait très-fort. Je ne distinguais dans l'ombre ni portes ni fenêtres à ce singulier donjon. Était-ce un ancien pigeonnier, un tombeau, un kiosque abandonné? Je ne sais, mais il avait une grâce, une élégance extrême, ce petit toit pointu, avec sa lucarne arrondie. — Était-ce le hasard ou un artiste plein de goût qui s'était plu à entortiller cette tourelle de plantes grimpantes et de fleurs, à l'entourer de verdure avec tant de coquetterie qu'elle semblait se cacher pour attirer les regards? Je contemplais tout cela, lorsque j'entendis un léger bruit dans les bosquets. Je regardai du côté du bruit et j'aperçus, — en vérité, j'eus un moment d'anxiété, — j'aperçus un fantôme vêtu d'une robe blanche et marchant d'un pas rapide, inquiet, mystérieux. A un détour, la lune éclaira ce fantôme. Aucun doute n'était possible, j'avais sous les yeux la femme de mon ami. Sa démarche n'avait plus cette aisance coquette que j'avais remarquée, mais elle indiquait clairement le trouble d'une vive émotion. Je voulus chasser l'horrible soupçon qui se présenta tout à coup à mon esprit. Non, me dis-je, tant de candeur et de beauté ne trompent pas; sans doute, elle a oublié son éventail ou sa broderie sur un des bancs qui sont là-bas? Mais, au lieu de se diriger vers les bancs que j'apercevais à droite, la jeune femme tourna vers la gauche et disparut bientôt dans l'ombre du bosquet où se cachait la tourelle mystérieuse.

J'avais le cœur serré... Où va-t-elle, la malheureuse? m'écriai-je à part moi. Qu'elle ne se doute pas du moins que quelqu'un l'observe! Et je soufflai ma bougie avec précipitation. Je voulais fermer ma fenêtre, me coucher, ne plus voir; mais une curiosité invincible me ramena vers la croisée. J'y étais depuis quelques minutes, lorsque je distinguai nettement des pas sur le sable, irréguliers, craintifs... Je ne vis personne d'abord, mais il n'était pas douteux que ce fussent là les pas d'un homme. J'eus bientôt la preuve que je ne m'étais pas trompé, et la silhouette allongée du cousin se détacha en clair sur l'obscurité du taillis. J'aurais voulu l'arrêter, ce misérable, car son intention était évidente : il se dirigeait vers le bosquet où avait disparu la petite reine. J'aurais voulu lui dire : « Vous êtes un infâme, vous n'irez pas plus loin... » Mais avais-je mission, en vérité, d'agir ainsi? Je me tus, mais je toussai cependant assez fortement pour être entendu de lui.

Il s'arrêta tout à coup dans sa marche inquiète, regarda de tous côtés avec une anxiété visible; puis, saisi de je ne sais quel vertige, il s'élança vers le pavillon. J'étais anéanti... Que faire?... Prévenir mon ami, mon camarade d'enfance? Oui, sans doute, mais j'avais honte d'aller jeter le désespoir dans l'âme de cet excellent homme et de faire éclater un horrible scandale... « S'il peut ignorer, me dis-je... et puis peut-être est-ce que je me trompe; qui sait? C'est sans doute au motif le plus naturel du monde qu'est dû ce rendez-vous... » Je cherchai à me faire illusion, à voiler l'évidence à mes yeux, quand tout à coup une porte de la maison s'ouvrit avec bruit, et Oscar, Oscar lui-même, dans tout le désordre d'un déshabillé de nuit, les cheveux ébouriffés, la robe de chambre flottante, passa sous ma fenêtre. Il courait plutôt qu'il ne marchait; mais les angoisses de son cœur se lisaient trop clairement dans l'étrangeté de ses mouvements. Il savait tout... Je sentais qu'un malheur était inévitable... « Le voilà donc, ce bonheur! voilà donc l'amer poison que renfermait ce beau vase! »

Toutes ces pensées traversèrent mon esprit comme une flèche. Il fallait avant tout retarder l'explosion, ne serait-ce que d'un instant, d'une seconde, et, hors de moi, sans me donner le temps de songer à ce que j'allais lui dire, je m'écriai d'une voix impérative et brève :

« Oscar, mon ami, viens me parler, je le veux. »

Il s'arrêta comme pétrifié. Il était horriblement pâle, et me souriant d'une infernale façon :

« Je n'ai pas le temps; plus tard, me dit-il.

— Oscar, il le faut, je t'en conjure...; tu t'abuses sans doute.

A ces mots, il éclata d'un rire atroce.

— Je m'abuse, animal, je m'abuse!... »

Et il s'élança vers le pavillon.

Mais, saisissant l'extrémité de sa robe, je le retins d'une main de fer :

« N'y va pas, mon ami, je t'en supplie à genoux. »

Pour toute réponse, il m'appliqua sur le bras un effroyable coup de poing et s'écria :

« Mais tu as donc le diable au corps ?

— Je te dis que tu ne peux pas y aller, Oscar, lui dis-je d'une voix qui ne souffrait pas de réplique.

— Dis-moi tout de suite qu'il y a quelqu'un, animal endiablé... Ah! le sacré melon! le sacré melon!... J'attendrai... »

Et, ramenant sa robe de chambre d'une main fiévreuse, il marcha à grands pas.

JE SOUPE CHEZ MA FEMME

Ce soir-là, qui était celui de la veille de Noël, il faisait un froid du diable, et la neige tombait à gros flocons, et, poussée par le vent, battait les vitres de la fenêtre. Ce carillon lointain des cloches, à travers cette atmosphère lourde et cotonneuse, n'arrivait que confus et affaibli. Des passants, entortillés de leur manteau, filaient rapides le long des maisons en baissant la tête sous le souffle de la rafale.

Cependant, enveloppé dans ma robe de chambre et tambourinant sur la vitre, je souriais aux passants transis, je souriais à la bise, je souriais à la neige, de l'air heureux d'un homme qui est dans une pièce chaude et a aux pieds de bonnes pantoufles garnies de flanelle, dont la semelle s'enfonce dans un épais tapis. Au coin du feu, ma femme taillait et rognait en pleine toile et me souriait de temps en temps; un livre nouveau m'attendait sur la cheminée, et la bûche du foyer lançait en sifflant ces petites flammes bleues qui invitent à tisonner...

« Il n'y a rien de sot comme un passant qui piétine dans la neige. N'est-ce pas? dis-je à ma femme.

— Chut! fit-elle en abaissant les ciseaux qu'elle tenait à la main, et après s'être caressé le menton de ses doigts effilés, roses, grassouillets à leur extrémité, elle continua à examiner les morceaux de toile qu'elle venait de tailler.

— Je dis qu'il est absurde d'aller au froid quand il est si facile de rester au coin de son feu.

— Chut!

— Et que diable fais-tu de si important?

— Je... je taille une paire de bretelles pour toi; et elle se remit à l'ouvrage. Mais, comme en taillant elle avait la tête baissée, je vis, en passant derrière elle, la naissance de son cou blanc et velouté qu'elle avait découvert ce soir-là en nouant ses cheveux plus haut qu'à l'ordinaire. Une armée de petits cheveux follets et bouclés frisaient à l'aventure. Cette sorte de duvet me fit songer à ces pêches mûres qu'on attaque à pleines dents. Je m'approchai pour mieux voir et... j'embrassai la nuque de ma femme.

— Monsieur! fit Louise en se retournant tout à coup.

— Madame! lui répondis-je; et nous partîmes tous deux d'un grand éclat de rire.

— Baste! la veille de Noël!

— Monsieur s'excuse?

— Madame se plaint?

— Oui, madame se plaint de ce que la veille de Noël n'émeut pas monsieur davantage. Le ding ding don des cloches de Notre-Dame te laisse indifférent, et tout à l'heure, lorsque la lanterne magique a passé sous la fenêtre, je t'ai regardé en faisant semblant de travailler, tu es resté froid.

— Moi, rester froid quand passe la lanterne magique! Ah! ma bonne amie, c'est me juger bien sévèrement! et vraiment...

— Oui, oui, plaisantez! il n'en est pas moins vrai que les souvenirs de votre enfance sont effacés chez vous.

— Voyons, chère petite, veux-tu que je mette mes bottes dans la cheminée, ce soir en me couchant? veux-tu que je fasse monter l'homme à la lanterne et que j'aille lui chercher un grand drap et un bout de bougie comme faisait ma pauvre mère. Je la vois encore lorsqu'elle leur confiait son drap blanc. N'allez pas me le trouer, au moins, leur disait-elle. Comme nous battions des mains dans cette mystérieuse obscurité! Je me rappelle toutes ces joies, chère amie; mais, tu comprends, il s'est passé tant d'autres choses depuis! D'autres plaisirs ont effacé ceux-là.

— Oui, j'entends, vos plaisirs de jeune homme; et tiens, je suis sûre que cette nuit de Noël est la première que tu passes au coin de ton feu, en robe de chambre, sans souper; car tu soupais.

— Je soupais... je soupais...

— Oui, tu soupais, je le parierais.

— J'ai soupé deux ou trois fois, peut-être, je ne me souviens plus; entre camarades, tu sais : deux sous de marrons et...

— Un verre d'eau sucrée.

— Oh! mon Dieu, à peu près. Tout cela était bien simple; ça fait de l'effet de loin!... On causait un peu et on allait se coucher.

— Et il dit cela sans rire! Tu ne m'as jamais soufflé mot de tous ces plaisirs simples.

— Mais, ma chère, ce que je te dis est à la lettre. Je me souviens qu'une fois, cependant, ce fut assez gai. C'était chez Ernest, qui nous fit de la musique... Veux-tu me pousser cette bûche... Au fait, c'est inutile; il va être minuit, et c'est l'heure où les gens raisonnables...

— (*Louise se levant et me sautant au cou.*) Eh bien, moi, je ne veux pas être raisonnable et je veux effacer tous ces souvenirs de marrons, de verres d'eau sucrée... »

Puis, me poussant dans mon cabinet, elle ferma la porte à clef.

« Mais, ma bonne amie, qu'est-ce qui te prend? disais-je au travers de la porte.

— Je te demande dix minutes, pas davantage. Ton journal est sur la cheminée, tu ne l'as pas lu ce soir.

— Il y a des allumettes dans le coin. »

J'entendis un bruit de vaisselle, un frou-frou d'étoffe soyeuse. Est-ce que ma femme serait folle?

Louise vint bientôt m'ouvrir la porte.

« Ne me gronde pas de t'avoir enfermé, me dit-elle en m'embrassant. Regarde comme je me suis faite belle.

Reconnais-tu la coiffure que tu aimes? le chignon haut et le cou découvert. Seulement, comme mon pauvre cou est timide à l'excès, il n'aurait jamais consenti à se montrer ainsi au grand jour si je ne l'avais encouragé en me décolletant un petit peu. Et puis, ne faut-il pas se mettre en grand uniforme pour souper avec l'autorité.

— Comment souper?

— Mais sans doute, souper avec toi; ne vois-tu pas mon illumination, cette table couverte de fleurs et d'un tas de bonnes choses? — J'avais préparé tout cela dans l'alcôve; mais, tu comprends, pour rouler la table au coin du feu et faire un brin de toilette, je voulais être seule. Il y a là une grosse goutte de vieux chambertin. Allons, monsieur, à table. — J'ai une faim de loup. Vous offrirai-je une aile de poulet froid?

— Ton idée est adorable, chère petite, mais j'ai honte, en vérité...; je suis en robe de chambre!

— Otez-la si elle vous gêne, monsieur, cette robe de chambre, mais ne me laissez pas cette aile de poulet sur les bras. Je veux te servir moi-même; et, se levant, elle jeta sous son bras sa serviette et releva sa manche jusqu'au coude.

— N'est-ce pas comme cela que font les garçons de restaurant? dis.

— Absolument; mais, garçon, permettez-moi, au moins, de vous baiser la main.

— Je n'ai pas le temps, fit-elle en riant, et elle enfonça bravement le tire-bouchon dans le col de la bouteille: Chambertin! — C'est un joli nom, et puis, tu te souviens qu'avant mon mariage — sapristi qu'il est dur ce bouchon-là — tu m'as dit que tu l'aimais à cause d'une pièce d'Alfred de Musset... que tu ne m'as pas fait lire, par parenthèse. Vois-tu les deux petits verres de Bohême que j'ai achetés tout exprès pour ce soir? Nous allons boire dedans, trinquer à notre santé.

— Et à la sienne, hein?

— A celle de l'héritier? pauvre amour d'héritier, je crois bien! Et puis je cacherai les deux verres pour les retrouver l'année prochaine, à pareille époque. Est-ce pas, petit mari? ce seront les verres du réveillon. Tous les ans, nous souperons ainsi au coin du feu, en face l'un de l'autre; et cela jusque dans la vieillesse la plus reculée.

— Mais, pauvre chère amie, quand nous n'aurons plus de dents?

— Eh bien! nous souperons avec des petits potages bien cuits, ça sera tout de même bien gentil... Encore un morceau pour moi, s'il vous plaît... avec de la gelée; je te remercie. »

En me présentant son assiette, j'aperçus son bras, dont les contours se perdaient dans la dentelle.

« Pourquoi donc regardes-tu dans ma manche, au lieu de dévorer?

— Je regarde ton bras, chère amie. Tu es ravissante, sais-tu bien? ce soir. Cette coiffure te va si bien, et cette robe que je ne connaissais pas!...

— Dame, quand on s'en va en conquête!

— Que tu es gentille, ma mignonne!

— Est-ce donc bien sûr que ce soir vous me trouvez... mignonne, gentille, ravissante? Eh bien! alors (*baissant les yeux et souriant à son bracelet*), dans ce cas-là... je ne vois pas pourquoi...

— Qu'est-ce que tu ne vois pas, chère petite ?

— Je ne vois pas pourquoi tu ne viens pas... m'embrasser un tout petit peu. »

Et comme le baiser se prolongeait, elle me disait au milieu des éclats de rire, la tête renversée, et me montrant la double rangée de ses dents blanches : « Petit mari, je veux du pâté ! Petit mari, je veux du pâté ! — Tu vas casser mon verre de Bohême, le fruit de mes économies ! Tu fais toujours des malheurs quand tu veux m'embrasser. Tu te souviens, au bal de Mme de Brill, l'avant-veille de notre mariage, comme tu m'as déchiré ma robe en valsant dans le petit salon ?

— C'est qu'il est difficile de faire deux choses à la fois, de danser en mesure et d'embrasser sa danseuse.

— Je me souviens que lorsque maman m'a demandé ce qui m'avait déchiré ma robe, j'ai senti que je rougissais jusqu'aux oreilles. Et Mme D..., cette vieille fée jaune, qui me disait avec son sourire de carême : Comme vous avez des couleurs, ce soir, chère enfant ! — Je l'aurais étranglée. — J'ai dit que c'était le clou de la porte que j'avais attrapé. — Je te regardais du coin de l'œil ; tu tirais ta moustache et tu avais l'air joliment vexé. — Tu gardes toutes les truffes pour toi... tu es gentil ! — pas celle-là, je veux la grosse noire qui est là, dans le coin... Avec tout cela, c'était bien mal, car enfin... Oh ! pas tout plein, petit mari, je ne veux pas me griser, moi !... Car enfin, si nous ne nous étions pas mariés — ça pouvait arriver; tu sais, on dit que les mariages ne tiennent qu'à un cheveu. Eh bien, si le cheveu n'avait pas tenu, je restais fille avec mon baiser sur l'épaule, c'était gentil !

— Baste, ça ne tache pas.

— Si, monsieur, ça tache, je vous demande pardon, ça tache si bien qu'il y a des maris, à ce que je crois, qui versent leur sang pour laver ces petites taches-là.

— Mais je plaisante, ma chère. Parbleu !... crois-tu pas... oui, certes ! ah diable !

— A la bonne heure; eh, j'aime à te voir en colère ! Tu es un petit brin jaloux, petit mari... — Oh ! c'est trop fort; comment, je te demande la grosse noire, et tu la manges !

— Je suis désolé, ma pauvre amie, je n'y pensais plus.

— Absolument comme à la mairie, où j'ai été obligée de te pousser le coude pour te faire répondre *oui* aux paroles bienveillantes de M. le maire.

— Bienveillantes !

— Oui, bienveillantes. Je l'ai trouvé charmant, M. le maire. On ne peut pas être plus gracieux qu'il n'a été en m'adressant la parole : Mademoiselle, consentez-vous à accepter pour époux ce grand vilain petit homme qui est là près de vous? (*Riant la bouche pleine.*) J'avais envie de lui dire : Entendons-nous, monsieur le maire, il y a du pour et du contre. Voilà que je m'étrangle ! (*Elle rit aux éclats.*) — J'ai eu tort de ne pas faire mes restrictions ! Petit mari, à ta santé. Je te taquine, c'est bête. J'ai dit *oui* de bon cœur, je te l'assure, mon chéri, et j'ai trouvé l'expression trop faible. Quand je pense que toutes les femmes, même les mauvaises, disent ce mot-là, je suis honteuse de n'en avoir pas trouvé un autre. (*Tendant son verre.*) A notre cinquantaine, veux-tu trinquer?

— Et à son baptême, petite maman.

— (*A voix basse.*) Dis donc, est-ce que tu regrettes de m'avoir épousée?

— (*Riant.*) Oui. (*Il l'embrasse sur l'épaule.*) Je crois que j'ai retrouvé la tache, c'était là.

— Petit mari, il est deux heures du matin, le feu est éteint et je suis un peu... Tu ne vas pas rire? Eh bien! je suis un peu étourdie.

— Fameux pâté, dis?

— Fameux pâté. — Nous prendrons une petite tasse de thé pour déjeuner demain, pas vrai?

DE FIL EN AIGUILLE

SCÈNE MORALE

(Ceci se passe à la campagne, en automne. — Le vent souffle au dehors. — Madame, assise au coin de la cheminée, dans un fauteuil profond, fait de la tapisserie. Monsieur, assis en face de Madame, regarde la flamme du foyer. — Long silence.)

MONSIEUR. — Voulez-vous me passer les pincettes, ma chère?

MADAME, *fredonnant.* — « Et pourtant malgré tant d'alarmes... » (*Parlé.*) Voici les pincettes. (*Fredonnant.*) « Malgré les cuisantes... »

MONSIEUR. — C'est du Méhul cela, chère amie, pas vrai? Ah! voilà de la musique!... J'ai vu Delaunay-Riquier dans *Joseph*... (*Il chantonne tout en tisonnant le feu.*) « Saintes douleurs. » (*Parlé.*) On s'étonne que ça ne flambe pas... parbleu, c'est du bois vert!... Seulement, il était un peu trop bien portant,

De fil en aiguille.

Riquier. Une voix charmante, mais trop d'embonpoint.

Madame, *après avoir éloigné sa tapisserie, pour mieux en juger l'effet*. — Dites-moi, Georges, feriez-vous ce carré-là noir ou rouge? vous voyez, ce carré près du petit pointu. Dites-moi franchement.

Monsieur, *chantant*. — « Si vous pouviez vous repen... » (*Parlé sans détourner la tête.*) Rouge, ma chère, rouge, je n'hésiterais pas, je déteste le noir.

Madame. — Oui, mais si je le fais rouge, cela m'entraîne... (*Elle réfléchit.*)

Monsieur. — Eh bien, ma chère, si cela vous entraîne, il faut vous cramponner.

Madame. — Voyons, Georges, je parle sérieusement; vous comprenez bien que si ce petit carré est rouge, le petit pointu ne peut pas rester violet; alors la feuille de rose pâlit, le fond se décolore... Pour rien au monde, je ne voudrais changer ce pointu.

Monsieur, *avec lenteur et gravité*. — Mon amie, voulez-vous suivre aveuglément le conseil d'un homme irréprochable à l'existence duquel vous avez attaché votre sort? — Eh bien, faites votre carré vert pomme, et n'en parlons plus. Regardez un peu si jamais le feu de charbon de terre a eu cette tournure-là?

Madame. — Je ne serais que trop disposée à utiliser ma laine vert pomme, j'en ai une montagne.

Monsieur. — Alors, où est la difficulté?

Madame. — La difficulté est que le vert pomme n'est pas... assez religieux.

Monsieur. — Hum!... (*Fredonnant.*) « Saintes douleurs... » (*Parlé.*) Voudriez-vous me passer le soufflet, je vous prie?... Est-ce qu'il y aurait de l'indiscrétion à vous demander pourquoi ce pauvre vert pomme, qui n'a pourtant l'air de rien, jouit d'une si mauvaise réputation... Vous faites donc de la tapisserie religieuse, maintenant, ma chère?

Madame. — Oh! Georges, je vous en prie, faites-moi grâce de vos plaisanteries, je les connais de longue date, vous savez, et elles me sont horriblement désagréables... Je fais tout simplement un petit tapis de pied pour mettre dans le confessionnal de M. le curé. Là... êtes-vous content? Vous savez de quoi il s'agit et vous devez comprendre qu'en pareille circonstance le vert pomme serait hors de saison.

Monsieur. — Mais pas le moins du monde; je vous jure que, moi qui vous parle, je confesserais avec du vert pomme sous mes pieds... il est vrai que je suis naturellement assez résolu. Baste! utilisez donc vos laines, je vous assure que ce bon curé acceptera quand même. Il ne sait pas refuser. (*Il souffle avec animation.*)

Madame. — Vous êtes content, n'est-ce pas?

Monsieur. — Content de quoi, chère amie?

Madame. — Content d'avoir lancé votre sarcasme, d'avoir jeté une moquerie à la tête d'un absent... Eh bien! moi, je dis que vous êtes un homme dangereux, parce que vous cherchez à ébranler la foi de ceux qui vous entourent. Il m'a fallu une croyance bien ardente, des principes bien solides et, en vérité... quelque vertu, pour résister aux attaques incessantes... Eh bien! pourquoi me regardez-vous ainsi?

Monsieur. — Je cherche à me convertir, mon petit apôtre. — Tu es si gentille lorsque tu parles d'abondance, que tes yeux s'animent, que ta voix vibre, que tes gestes... Je suis sûr que tu parlerais comme cela longtemps, dis? (*Il lui embrasse la main, puis prend les deux boucles blondes de ses cheveux et lui noue sous le menton.*) Tu es gentille, mignonne.

Madame. — Oh! vous croyez m'avoir réduite au silence parce que vous m'avez coupé la parole! Bon, voilà encore mes cheveux embrouillés. Mon Dieu, que vous êtes contrariant! j'en ai pour une heure. Vous ne vous contentez pas d'être un prodige d'impiété, il faut encore que vous embrouilliez mes cheveux... Tenez, écartez vos mains et tenez cet écheveau de laine.

Monsieur *s'assecit sur un tabouret qu'il approche le plus près possible de Madame, et présente ses deux mains.* — Dis donc, mon petit saint Jean.

Madame. — Pas si près, Georges, pas si près. (*Elle rit malgré elle.*) Comme tu es fou!... Je t'en prie... tu vas briser ma laine.

Monsieur. — Ta laine religieuse?

Madame. — Oui, ma laine religieuse. (*Elle lui donne un petit soufflet sur la joue.*) Dis donc, Georges, pourquoi fais-tu la raie de tes cheveux autant sur le côté? Vois-tu, là, sur le milieu, ça t'irait bien mieux... Si, je veux bien que tu m'embrasses, mais gentiment, sans violence.

Monsieur. — Sais-tu à quoi je pense?

Madame. — Comment voulez-vous que je sache cela?

Monsieur. — Eh bien, je pense au baromètre, qui baisse, au thermomètre, qui baisse aussi.

Madame. — Vous le voyez, les froids arrivent, et mon tapis ne sera jamais fini. Voyons, dépêchons-nous.

Monsieur. — Je pensais donc au thermomètre, qui baisse, et à ma chambre, qui est en plein nord.

Madame. — N'est-ce point vous qui l'avez choisie?... Ma laine, mon Dieu, ma laine! Oh! l'affreux vilain petit homme.

Monsieur. — En été, ma chambre du nord est fort agréable, sans doute, mais lorsque l'automne arrive, que le vent s'insinue, que la pluie glisse contre les vitres, que les champs, les campagnes semblent se cacher sous un immense voile de tristesse; que, pour tout dire, la dépouille de nos bois jonche la terre, que le bocage est sans mystère, que le rossignol est sans voix; oh! alors, madame, la chambre du nord paraît bien au nord, et...

Madame, *continuant de dévider sa laine*. — Quelles bêtises nous dites-vous là, Seigneur!

Monsieur. — Je proteste contre les autans, voilà tout; le soleil du bon Dieu se cache, j'en cherche un autre, n'est-ce pas naturel, ma petite sainte aux cheveux blonds, mon petit agneau mystique, mon petit rameau bénit? et ce nouveau soleil je le trouve en toi, mignonne, dans ton regard, dans les fines senteurs de ta peau, dans le froissement de ta jupe, dans le duvet de ton cou qu'on aperçoit à la lueur de la lampe lorsque tu te penches sur le tapis de M. le curé, dans ta narine qui se soulève et se gonfle lorsque mes lèvres s'approchent des tiennes, dans ton corsage qui s'émeut et te trahit... dans...

Madame. — Mais voulez-vous vous taire, Georges? c'est aujourd'hui vendredi et Quatre-Temps.

Monsieur. — Baste! et ta dispense? (*Il l'embrasse.*) Vois-tu que ta main tremble, que tu rougis, que ton cœur se presse?

Madame. — Georges, voulez-vous finir... (*Elle retire sa main, se renversant dans le fauteuil et évite le regard de son mari.*)

Monsieur. — Il se presse ton pauvre petit cœur, et il a raison, ma chérie, il sait que l'automne est le temps des causeries intimes, des caresses du soir, le temps des baisers. Et toi aussi, tu le sais, car tu te défends mal et je te mets au défi de me regarder en face.. Voyons, voyons, regarde-moi en face.

Madame *se penche tout à coup vers son mari, — le peloton de laine roule dans la cheminée, le pieux ouvrage tombe à terre, et, saisissant la tête de Monsieur dans ses deux mains.* — Ah! que tu serais un adorable mari aimé, si tu avais...

Monsieur. — Si j'avais?... dis vite.

Madame. — Si tu avais un peu de religion. Je t'en demanderais si peu dans le commencement. Ça n'est pas difficile, va! Tandis que maintenant, tu es vraiment par trop...

Monsieur. — Vert pomme, n'est-ce pas?

Madame. — Oui, vert pomme, grand fou chéri. (*Elle rit franchement.*)

Monsieur, *levant les mains en l'air*. — Sonnez clairons, madame a ri, madame est désarmée. Eh bien ! mon agneau blanc, j'achève mon récit ; écoute bien gentiment, là, comme cela... tes mains ici, ma tête en cet endroit... Chut, ne riez pas, je parle sérieusement. Donc, je te disais que la chambre du nord est vaste mais froide, poétique mais triste ; et j'ajoute qu'on n'est pas trop de deux, en ce temps de froidure, pour lutter contre les rigueurs de la nuit. Je dis de plus que si les liens sacrés du mariage ont un sens profondément social, c'est... ne m'interrompez pas, c'est à l'heure de la vie où l'on grelotte sur sa couche solitaire.

Madame. — Vous n'êtes pas sérieux.

Monsieur. — Eh bien ! sérieusement, je souhaite que le tapis de M. le curé, pieusement étendu sur ton lit, nous réchauffe tous deux à la fois, ce soir même. Je souhaite de rentrer au plus vite dans l'intimité de la famille... Entends-tu comme le vent souffle et siffle dans les portes ? Le feu fait *pchh !* et tes pieds sont glacés. (*Il lui prend le pied dans ses deux mains.*)

Madame. — Mais tu m'enlèves ma pantoufle, Georges !

Monsieur. — Crois-tu, petit agneau blanc, que je vai laisser ta pauvre petite patte dans cet état-là ? Laisse la dans ma main, que je la réchauffe. Rien n'est froi comme la soie, vois-tu bien. Comment ! des bas à jour ? — Peste ! ma chère : vous vous chaussez bien pour un vendredi !... Vois-tu, mignonne, tu ne t'imagines pas comme j'ai le réveil gai lorsque le soleil du matin pénètre dans ma chambre. Tu verras cela. Je ne suis plus un homme, je suis un pinson; toutes les joies du printemps me reviennent en tête. Je ris, je chante, je fais des discours, je raconte des histoires à pouffer de rire... Il m'arrive parfois de danser.

Madame. — Vois un peu; moi qui n'aime, le matin, ni le grand jour, ni le bruit, comme ça se trouve mal.

Monsieur, *changeant tout à coup d'expression.* — Ai-je dit que j'aimais tout cela? Le soleil du matin? fi donc! jamais en automne, ma pure colombe, jamais. J'ai, au contraire, le réveil plein de langueurs et de poésie; — j'étais ainsi dans mon berceau. — Nous prolongerons la nuit, et, sous les rideaux abaissés, sous les volets fermés, nous resterons endormis sans dormir. Noyés dans le silence et l'ombre, délicieusement étendus sous tes chauds édredons, nous jouirons lentement du bonheur d'être ensemble, et nous ne nous dirons bonjour qu'à midi sonné.

Tu n'aimes pas le bruit, ma chère? — Je ne dirai pas un mot. Pas un murmure qui trouble ton rêve inachevé et t'avertisse que tu ne dors plus; pas un souffle qui te rappelle à la réalité; pas un frisson qui fasse crier la soie. Je serai silencieux comme une ombre, immobile comme une statue; et si je t'embrasse... car enfin j'ai mes faiblesses, ce sera discrètement, avec mille précautions; mes lèvres effleureront à peine ton épaule endormie, et si tu frissonnes d'aise en étendant les bras, si ton œil s'entr'ouvre au murmure du baiser, si tes lèvres me sourient... c'est que tu le voudras bien, et je n'aurai rien à me reprocher.

Madame, *les yeux à demi fermés, renversée dans son fauteuil, la tête baissée, toute rouge d'émotion, pose ses deux mains devant la bouche de monsieur. A voix basse*: Chut... chut... ne dis pas tout cela... petit chéri.... pas un mot de plus... si tu savais comme c'est mal!

Monsieur. — Mal! et qu'est-ce donc qui est mal? Ton cœur est-il taillé dans le marbre ou dans le diamant, que tu ne t'aperçoives pas que je t'aime, vilaine enfant? Eh oui, sans doute, que je te tends les bras; oui, j'ai envie de te serrer sur mon cœur et de m'endormir dans tes cheveux. Qu'est-ce qu'il y a donc de plus sacré au monde que d'aimer sa femme ou d'aimer son mari? (*Minuit sonne.*)

Madame *change tout à coup de physionomie au bruit de la pendule, enlace monsieur de ses deux bras et l'embrasse à trois reprises avec précipitation.* — Tu croyais donc que je ne t'aimais pas, dis, mon chéri? Oh! si, je t'aime! Grand enfant, qui n'as pas vu que j'attendais l'heure.

Monsieur. — Quelle heure, ma chérie?

Madame. — Eh bien! l'heure. Il est minuit passé... regarde. (*Elle rougit beaucoup.*)... Vendredi... c'était hier... (*Elle lui tend sa main à baiser.*)

Monsieur. — Es-tu sûre que la pendule n'avance pas, mon amour?

UN BOUT DE CAUSETTE

MADAME A. — MADAME B.

(Ces dames sont assises et brodent en causant.)

Madame A. — Moi, vous savez, ma chère, je remplis mes devoirs comme il est convenable; mais, enfin, je ne suis pas ce qu'on appelle dévote... oh! pas du tout! Passez-moi donc vos ciseaux. — Merci.

Madame B. — Tout à votre service, mignonne. Comme ça doit être long ces petits carrés de guipure! — Je suis comme vous pour la dévotion; d'abord, je trouve qu'il ne faut rien exagérer... Est-ce que... Je n'ai jamais parlé de cela à personne, au moins! mais je vous vois tellement dans mes idées que...

Madame A. — Allez donc, chère amie, vous m'aimez bien un peu, j'espère?

Madame B. — Eh bien! est-ce que vous avez eu des doutes, quelquefois, là, franchement?

Madame A, *après avoir réfléchi un instant*. — Des doutes?... non; et vous?

Madame B. — Moi, j'en ai eu, et ça été une vraie douleur. Dieu! que j'ai pleuré!

Madame A. — Je le crois bien, ma pauvre belle! Moi, j'ai une foi très-solide. Ça a dû vous rendre bien malheureuse, ces doutes?

Madame B. — Horriblement. Vous savez, il semble que tout vous manque, c'est un vide qui se fait autour de vous. — Je n'en ai jamais parlé à mon mari, bien entendu. — Léon est la perle des hommes; mais il ne veut pas entendre parler de cela. Le lendemain de notre mariage, je le vois encore, j'étais en train de lisser mes cheveux; on portait encore de ces grands bandeaux... vous savez?

Madame A. — Oui, oui, c'était charmant; vous verrez qu'on y reviendra.

Madame B. — Ça ne m'étonnerait pas; la mode est une roue qui tourne. — Léon m'a donc dit, le lendemain de notre mariage :

« Ma chère enfant, je ne vous empêcherai pas d'aller à l'église; mais je vous prie, en grâce, de ne m'en jamais dire un mot. »

Madame A. — Vraiment, M. B. vous a dit cela?

Madame B. — Sur l'honneur. Oh! mon mari est tout ce qu'il y a de plus... ou, si vous aimez mieux, tout ce qu'il y a de moins...

Madame A. — Oui, oui, je comprends. C'est un chagrin cela, savez-vous? Le mien n'est qu'indifférent. Il me lance bien de temps en temps de grosses vilaines paroles, mais je suis sûre qu'on le ramènerait très-facilement. A la première maladie, vous verrez mon mari! Quand il a seulement un rhume de cerveau, je m'aperçois qu'il tourne... Vous n'avez pas vu mon dé?

Madame B. — Tenez, le voilà. Ne vous y fiez pas trop, ma chère amie, on ne ramène pas les hommes en leur faisant pst! pst! comme aux petits poulets, et puis enfin, — certainement que j'admire infiniment les hommes qui pratiquent, vous me connaissez assez pour ne pas en douter, — je trouve, comme je vous le disais, qu'il ne faut rien exagérer. Et vous-même, ma mignonne, aimeriez-vous voir votre mari précédant la bannière avec un gros cierge dans la main droite et un bouquet de fleurs dans la main gauche?

Madame A. — Ah! mais non, par exemple! Ah! ah! ah! vous êtes folle! Pourquoi pas me demander tout de suite si j'aimerais à voir Léon en bonnet de soie noire, avec du coton dans les oreilles et un goupillon au bout du bras? On n'a pas besoin d'aller piétiner dans une église en chantant, le nez dans un livre, pour être un homme pieux; il y a une religion plus élevée, qui est celle des gens... des gens... délicats.

Madame B. — Ah! si vous me parlez ainsi, je suis de votre avis; je trouve, par exemple, que rien n'est beau comme un homme pendant *l'élévation*. Les bras croisés, pas de livre, la tête légèrement baissée, l'air grave, la redingote boutonnée... Avez-vous vu M. de P... à l'office. Dieu qu'il est bien!

Madame A. — Il est si bel homme! et puis sa mise est si distinguée! L'avez-vous vu à cheval?... Ah! vous avez des doutes, et sur quoi, puisque nous sommes en train de nous faire des confidences?

Madame B. — Je ne saurais trop vous dire... Des doutes enfin; — sur l'enfer, par exemple, j'en ai eu d'horribles! Oh! mais ne parlons pas de cela, je crois que c'est déjà mal d'en parler.

Madame A. — J'ai des idées très-larges là-dessus ; je n'y pense jamais. D'ailleurs, mon directeur m'y a aidée. « Ne fouillez pas, me disait-il toujours, ne cherchez pas à comprendre ce qui est insondable. » Vous ne connaissez pas le père Gédéon, c'est une perle comme confesseur, j'en ai été extrêmement satisfaite. Point trop long, discret, et puis bien élevé. Il s'est fait moine à la suite d'une histoire. Une pénitente qui était devenue folle de lui.

Madame B. — Ça n'est pas possible!

Madame A. — Si, en vérité. Comment, vous ne savez pas cela? C'est cet accident-là qui a fait le succès de la communauté. Avant la venue du père Gédéon, elle végétait, cette communauté; mais ces dames sont bientôt arrivées en foule; elles ont organisé une petite société sous ce titre : *les Dames de l'agonie*. — On priait pour les Chinois morts sans confession, et on portait une tête de mort en aluminium comme bouton de manchette. — Cela est devenu fort à la mode, comme vous savez; les bons pères ont organisé à leur tour un bureau de placement pour les valets de chambre, et enfin, de fil en aiguille, la communauté est devenue extrêmement riche. J'ai même entendu dire qu'on ne serait pas fort éloigné de déplacer une des gares de chemin de fer les plus importantes de Paris pour donner de l'espace à leur jardin, qui se trouve maintenant un peu restreint.

Madame B. — Quant à cela, il est assez naturel que des gens qui ne sortent jamais trouvent chez eux la place de se promener. — Mais ce que je ne comprends pas, c'est qu'une femme, si pieuse qu'elle soit, s'éprenne d'un prêtre. Vous aurez beau dire, cela n'est plus de la piété, c'est... du fanatisme. Je vénère les prêtres, je puis le dire, mais enfin je ne peux pas m'imaginer... Vous allez vous moquer de moi, ah! ah! ah!

Madame A. — Mais, pas du tout, allez donc. Ah! ah! ah! vous êtes enfant.

Madame B, *se mettant à broder avec activité.* — Eh bien, je ne peux pas m'imaginer que ce soient des hommes... comme les autres.

Madame A, *se remettant également avec ardeur à l'ouvrage.* — Et cependant, ma chère... on le dit.

Madame B. — On fait courir tant de faux bruits!...
                          (*Long silence.*)

Madame A, *d'une voix plus discrète.* — Enfin, il y a des prêtres qui ont de la barbe, voyez les capucins?

Madame B. — Madame de V. en a bien jusque sous les yeux, de la barbe; cela ne veut rien dire, ma belle.

Madame A. — Ça ne veut rien dire! je crois que si, moi. D'abord, la barbe de madame de V. n'est point une barbe.. vivace; sa nièce me disait que tous les automnes ses moustaches tombaient. Qu'est-ce que c'est qu'une barbe qui ne peut pas traverser les froids? — Ce n'est rien du tout.

Madame B. — Un rien du tout qui est furieusement laid au bal, ma chère.

Madame A. — Oh! si madame de V. n'avait que des moustaches pour faire fuir le monde, on pourrait encore la regarder sans douleur, mais...

Madame B. — Je vous accorde tout cela. Mettons que les moustaches et la barbiche de la comtesse soient une végétation sans nom; je n'y tiens pas beaucoup, vous comprenez, elle a un menton d'une fertilité désolante, voilà tout.

Madame A. — Comment se fait-il, pour en revenir à ce que nous disions, que les hommes les plus... hommes, les plus forts, les plus courageux, les plus mâles, les militaires enfin, soient précisément ceux qui aient le plus de barbe?

Madame B. — C'est de l'enfantillage cela, car alors les sapeurs seraient plus courageux que les généraux, et, dans tous les cas, il n'y a pas en France, j'en suis sûre, un général qui ait autant de barbe qu'un capucin. Vous n'avez donc jamais regardé un capucin?

Madame A. — Mais si, mais si, j'en ai vu un de très-près. C'est même une assez drôle d'histoire: figurez-vous que la cuisinière de Clémentine a pour frère un capucin, un ancien bijoutier, un fort honnête homme. A la suite de mauvaises affaires, — c'était en 48, le commerce ne marchait pas du tout, — bref, cet homme a perdu la tête... non, il n'a pas perdu la tête, mais enfin il s'est jeté dans les bras de Dieu.

Madame B. — Oh! mais, c'est inouï, ce que vous me dites là! Comment, Clémentine...?

Madame A. — J'étais comme vous, je ne voulais pas le croire; mais Clémentine me dit un jour : Puisque tu ne veux pas croire à mon capucin, viens donc demain vers les trois heures, il fera visite à sa sœur. Ne goûte pas avant, nous goûterons ensemble. Très-bien. J'arrive le lendemain avec Louise, qui avait voulu absolument m'accompagner, et je trouve chez Clémentine cinq ou six dames installées au milieu du salon et riant comme des folles. Tout ce monde-là était venu pour voir le capucin. — Eh bien? fis-je en entrant; et voilà toutes ces dames qui me font chut! chut! avec des gestes. — Il était dans la cuisine.

Madame B. — Et comment était-il?

Madame A. — Mais très-bien, sauf les pieds; vous savez, ça jette toujours un froid, ces pieds! mais, enfin, il a été très-aimable. On l'a fait entrer dans le salon; il n'a jamais voulu accepter qu'un petit biscuit et un verre d'eau; — ça nous a coupé l'appétit comme avec un rasoir. Il était très-gai, nous a dit que nous étions coquettes... nos petits chapeaux, nos grandes robes, etc., etc.; il a été très-drôle; toujours un peu bijoutier dans le fond, mais beaucoup de bonhomie et de rondeur. Il nous a imité le bourdonnement d'une mouche, c'était merveilleux. Il voulait aussi nous faire un tour d'adresse, mais il lui fallait deux bouchons, et sa sœur n'a pu en trouver qu'un malheureusement.

Madame B. — Ça ne fait rien, je ne comprends pas que Clémentine ait pris une bonne comme celle-là.

Madame A. — Pourquoi ? Ce frère est une garantie.

Madame B. — De moralité, je ne vous dis pas ; mais il me semble qu'une fille comme celle-là doit avoir des habitudes de malpropreté.

Madame A. — Où en voyez-vous la raison ?

Madame B. — Mon Dieu, je ne sais, je ne raisonne pas cela ; mais il me semble, voilà tout... puis, je n'aimerais pas voir un moine dans ma cuisine, à côté du pot-au-feu. Ah, Seigneur !

Madame A. — Quelle enfant vous faites !

Madame B. — Ça n'a rien de commun avec les sentiments religieux cela, ma chère, je n'attaque pas le dogme. Ah ! si je disais par exemple... voyons quoi ?... si je disais...

Madame A. — Au fait, qu'est-ce que c'est au juste que le dogme ?

Madame B. — Eh bien, c'est ce qu'on ne peut pas attaquer. Ainsi, par exemple : une chose qui est évidente, vous me comprenez bien, n'est pas attaquable... ou alors il faut être !... enfin elle ne peut pas être attaquée ; c'est ce qui fait que c'est une monstruosité de souffrir en France la religion juive et la religion protestante, parce que l'on peut attaquer ces religions-là ; alors, vous me comprenez bien, il n'y a pas dogme ; ce que l'on appelle dogme. Je vous dis cela en gros, mais vous trouverez dans votre livre de messe la liste des dogmes. Moi, pour les dogmes, je suis une barre de fer. Ainsi, mon mari, qui est arrivé à me donner, comme je vous le disais, des doutes sur beaucoup de choses, qui est même arrivé, sans s'en douter, car il n'a jamais rien excité de moi, je dois lui rendre cette justice, mais enfin qui est arrivé à me faire négliger bien des choses de religion, comme le maigre, les vêpres, les sermons, la... confession.

Madame A. — La confession ! Oh ! ma chère, je n'aurais jamais cru cela.

Madame B. — C'est en confidence, mignonne aimée, que je vous dis cela. Vous n'en parlerez pas, n'est-ce pas ? vous me le jurez !

Madame A. — La confession !... Oui, je vous le jure. Ah ! venez que je vous embrasse !

Madame B. — Vous me plaignez, n'est-ce pas ?

Madame A. — Je ne peux pas trop vous plaindre, je suis absolument dans votre cas.

Madame B. — Vous aussi ? — Grand Dieu, que je vous aime ! Comment faire, n'est-ce pas ? Ne faut-il pas mettre dans le ménage quelque conciliation, plier un peu ses croyances à celles de son mari ?

Madame A. — Sans doute. Comment voulez-vous, par exemple, que j'aille à la grand'messe, qui se dit à ma paroisse à onze heures précises ? C'est précisément l'heure du déjeuner. Puis-je laisser ce pauvre ami déjeuner seul ? — Il ne m'empêcherait nullement d'aller à la grand'messe, il me l'a dit cent fois ; seulement, il a toujours ajouté : Quand tu voudras assister à l'office pendant le déjeuner, je ne te demande qu'une chose, c'est de me prévenir la veille pour que je puisse inviter quelques amis à venir me tenir compagnie.

Madame B. — Mais, figurez-vous, ma mignonne, que nos deux maris ne se ressembleraient pas plus s'ils étaient frères. Mon Léon m'a toujours dit : Petit poulet chéri...

Madame A. — Ah! ah! ah!

Madame B. — Oui, c'est son mot; vous savez comme il est gai... Il m'a donc toujours dit : Petit poulet chéri, je ne suis pas homme à violenter tes convictions, mais en échange cède-moi un peu de tes pieuses pratiques. Je ne vous indique là que le sens, cela a été dit avec mille délicatesses que je supprime. Et j'ai consenti peu à peu, — c'est ce qui fait que tout en ne pratiquant plus ou fort peu, je suis restée, comme je vous le disais, une barre de fer à l'endroit des dogmes. Oh! mais pour cela, je ne céderais pas d'une ligne, d'un cheveu, et Léon est le premier à me dire que j'ai raison. — Après tout, le dogme est tout; la pratique... que voulez-vous, la pratique!... Si je pouvais ramener Léon, ça serait tout différent!... Que je suis contente de vous avoir parlé de tout cela!

Madame A. — Avons-nous bavardé! — Mais voilà qu'il est cinq heures et demie, et il faut que j'aille prendre mon quinquina. Trente minutes avant le repas, c'est sacré. — Venez-vous, mignonne?

Madame B. — Attendez donc, j'ai encore perdu mon dé.

LA BOULE

Quand il est minuit, que les tisons s'éteignent dans les cendres, que la lampe pâlit et que les yeux se ferment, le mieux, chère madame, est d'aller se coucher.

Quittez votre fauteuil, enlevez vos bracelets, allumez votre bougie rose, et lentement, au murmure de votre jupe qui traîne et frissonne sur le tapis, dirigez-vous vers votre cabinet de toilette, ce sanctuaire parfumé où votre beauté, se sachant seule, soulève ses voiles, s'analyse, jouit d'elle-même et compte ses trésors comme un avare fait de ses écus.

Devant le miroir entouré de mousseline qui raconte si bien ce qu'il voit, vous vous arrêtez toute nonchalante et vous jetez avec un sourire un long regard heureux; puis de vos deux doigts vous attirez l'épingle qui retenait votre coiffure; les longues tresses de vos cheveux cendrés se déroulent, tombent à flots et voilent vos épaules nues. D'une main coquette dont le petit doigt se soulève, vous caressez en les réunissant les flots d'or de votre riche chevelure, tandis que de l'autre main, vous promenez dans les épaisses profondeurs de la blonde forêt le peigne à dents d'écaille qui s'enfonce et plie sous l'effort.

Vos cheveux sont si abondants que votre petite main suffit à peine à les contenir. Ils sont si longs que votre bras tendu arrive à peine à leur extrémité. Aussi n'est-ce point sans peine que vous parvenez à les tordre et à les emprisonner sous les plis de votre bonnet brodé.

Ce premier devoir accompli, vous tournez le robinet d'argent, et dans un large vase en porcelaine émaillée arrive en jaillissant une eau limpide et pure. Vous y jetez quelques gouttes de cette liqueur rosée qui parfume et assouplit la peau, et, comme une nymphe au fond d'un bois discret qui se prépare à faire sa toilette, vous écartez les plis qui pourraient vous gêner.

— Mais quoi, Madame, vous froncez le sourcil ! en ai-je trop dit ou n'est-ce pas assez ? Ne sait-on pas que vous aimez l'eau fraîche, et croyez-vous qu'on n'ait point deviné qu'au contact de l'éponge ruisselante vous frissonniez de la tête aux pieds ?

— Mais, qu'importe, votre toilette de nuit s'achève, vous êtes fraîche, reposée et blanche comme une nonne dans votre peignoir brodé ; vous enfoncez vos pieds nus dans des mules de satin, et rentrez dans votre chambre en tremblotant un peu. A vous voir ainsi marcher à petits pas pressés, serrée dans le peignoir et votre jolie tête cachée dans son bonnet, on vous prendrait pour une fillette qui sort de confesse et vient de dire un gros péché...

Arrivée près du lit, madame quitte ses mules et, légère, sans effort, s'élance dans les profondeurs de l'alcôve.

Cependant monsieur, qui s'endormait déjà, le nez sur le *Moniteur*, se réveille en sursaut au mouvement que fait le lit.

« Je te croyais couchée, ma chère, murmure-t-il en se rendormant; bonsoir.

— Si je m'étais couchée, vous vous en seriez bien aperçu. (*Madame étend ses pieds et les agite; elle semble chercher quelque chose.*) Je ne suis point si pressée que vous de dormir, Dieu merci.

Monsieur, *tout à coup et visiblement contrarié.* — Mais qu'as-tu, chère amie ? tu t'agites, tu t'agites... J'ai besoin de repos. (*Il se retourne.*)

— Je m'agite!... Je cherche ma boule, tout simplement; vous êtes prodigieux.

— (*Avec humeur.*) Ta boule, ta boule.

— Certainement, ma boule; j'ai les pieds glacés. (*Elle continue à chercher.*) Vous êtes aimable ce soir, en vérité; vous avez commencé par sommeiller dans la *Revue des Deux-Mondes*, et je vous retrouve ronflant dans le *Moniteur*... A votre place, je changerais mes lectures... Je suis sûre que vous avez pris ma boule!

— J'ai eu tort; je m'abonnerai au *Tintamarre*... Allons, bonsoir, ma chérie. (*Il se retourne.*) Tiens, ta boule est au fond; je la sens au bout de mon pied.

— Eh bien! avancez-la; croyez-vous que je peux aller la chercher au diable?

— Faut-il que je sonne ta femme de chambre pour t'aider. (*Il fait un mouvement de mauvaise humeur, remonte la couverture jusqu'au menton et enfouit sa tête dans l'oreiller.*) Bonsoir, ma chère.

— (*Madame, piquée.*) Bonsoir, bonsoir. »

La respiration de monsieur s'égalise et se ralentit, ses sourcils se détendent, son front reprend son calme; monsieur va perdre complétement la conscience de la réalité.

Madame frappe légèrement sur l'épaule de son mari.

« Hum! » fait monsieur en grognant.

Madame frappe de nouveau.

« Eh bien! quoi?

— (*Madame, d'une voix angélique.*) Mon ami voudrais-tu souffler la bougie?

— (*Monsieur, sans ouvrir les yeux.*) La boule, la bougie, la bougie, la boule!...

— Mon Dieu, comme vous êtes irritable, Oscar. Je l'éteindrai moi-même; ne vous dérangez pas. Vous avez un caractère fâcheux, vraiment, mon ami; vous êtes d'une humeur massacrante, et, si l'on vous poussait un peu, vous en arriveriez en cinq minutes à tous les excès.

— (*Monsieur, d'une voix perdue dans l'oreiller.*) Mais non! j'ai sommeil, chère amie, voilà tout... Bonsoir, ma petite femme.

— (*Madame, avec vivacité.*) Vous oubliez qu'en

ménage la bonne intelligence a pour base la réciprocité des égards.

— J'ai tort... allons, bonsoir... (*Il se redresse un peu.*) Veux-tu que je t'embrasse?

— Je ne le veux pas, je le tolère. (*Elle approche son visage de celui de son mari, qui l'embrasse au front.*)

— C'est trop de bonté, vraiment; vous avez embrassé mon bonnet.

— (*Monsieur, souriant.*) Tes cheveux sentent bon... C'est que, vois-tu, j'ai tellement sommeil.. Tiens, tu as des petites nattes; tu t'ébouriffes donc, demain?

— Je m'ébouriffe? Vous avez été le premier à trouver que cette coiffure en l'air m'allait bien; d'ailleurs, c'est la mode, et c'est demain mon jour. Voyons, monsieur l'irrité, donnez-moi l'accolade une bonne fois, et ronflez à votre aise; vous en mourez d'envie. (*Elle approche son cou du visage de son mari.*)

— (*Monsieur, riant.*) D'abord, je ne ronfle jamais... Je ne plaisante pas... jamais. (*Il embrasse longuement le cou de sa femme et reste la tête appuyée sur son épaule.*)

— Eh bien! qu'est-ce que vous faites là?

— Mais je digère mon baiser. »

Madame minaude et regarde obliquement son mari d'un œil à moitié désarmé. Monsieur aspire à pleines narines le parfum aimé.

« (*Après un silence et bas à l'oreille de sa femme.*) Dis donc, ma chérie, je n'ai plus sommeil du tout. Est-ce que tu as toujours froid aux pieds? Je vais aller chercher la boule.

— Oh! merci, éteignez la bougie et dormons, je tombe de fatigue. (*Elle se retourne en posant son bras sur le visage de monsieur.*)

— Non, non, je ne veux pas que tu t'endormes avec les pieds froids; il n'y a rien de plus mauvais... Tiens, voilà la boule; réchauffe-les, tes pauvres pieds... là... comme cela.

— Merci, je suis très-bien. — Bonsoir, mon ami, — dormons.

— Bonsoir, ma chérie. »

Après un long silence, monsieur se tourne et se retourne, et finit par frapper légèrement sur l'épaule de sa femme.

« (*Madame, effarée.*) Qu'est-ce qu'il y a, mon Dieu? Que vous m'avez fait peur!

— (*Monsieur, souriant.*) Serais-tu assez bonne pour éteindre la bougie?

— Comment! c'est pour cela que vous me réveillez au milieu de mon sommeil? Je ne pourrai plus me rendormir. Vous êtes insupportable.

— Tu me trouves insupportable. (*Il s'approche tout près de sa femme.*) Voyons, raisonnons : que je t'explique ma pensée.

— Mais, je veux dormir; c'est un supplice. O ma mère!

— Moi aussi, je veux dormir; c'est justement pour nous entendre à ce sujet-là que je voudrais t'expliquer ma pensée. »

Madame se retourne, — son regard rencontre l'œil plein de douceur de son mari. Elle part d'un éclat de rire. « Tiens, dit-elle, tu es un tigre! » Puis s'appro-

chant de son oreille, elle murmure en souriant :
« Voyons, explique ta pensée... pour avoir la paix.

— (*Madame, après un très-long silence et à moitié endormie.*) Oscar!

— (*Monsieur, les yeux fermés, d'une voix faible.*) Ma chérie!

— Dis donc, petit mari, et cette bougie, elle brûle toujours?

— Ah! la bougie... Je vais l'éteindre. (*Il souffle.*) Si tu étais bien gentille, tu me donnerais la moitié de ta boule, j'ai un pied gelé... Bonsoir.

— Bonsoir. »

Ils se serrent la main et s'endorment.

UNE ENVIE

(Monsieur et madame sont tranquillement assis. La pendule vient de sonner dix heures. Monsieur, en robe de chambre et en pantoufles, étendu dans un fauteuil profond, lit son journal. Madame fait des carrés de guipure avec une grande nonchalance.)

Madame. — Ça s'est vu, ces choses-là; n'est-ce pas que ça s'est vu, mon chéri?

Monsieur, *sans lever les yeux*. — Oui, chère amie...

Madame. — Tiens! eh bien! je n'aurais jamais cru que ça s'était vu. Mais ce sont des monstruosités... dis... n'est-ce pas?

Monsieur, *sans lever les yeux*. — Oui, chère amie...

Madame. — Eh bien, cependant, vois comme c'est étrange : Louise m'a avoué le mois dernier, tu sais, ce soir où elle est venue me chercher pour aller à l'Adoration perpétuelle, et justement, par parenthèse, notre heure d'adoration se trouvait être de six à sept; impossible de changer notre tour; toutes ces dames tenaient à ne pas adorer pendant le dîner, c'est assez naturel. Grand Dieu! tu t'es mis en colère! Comme il faut que le bon Dieu soit bon pour t'avoir pardonné tout cela! T'en souviens-tu?

Monsieur, *continuant à lire.* — Oui, chère amie...

Madame. — Ah! tu te rappelles que tu nous a dit : *Je m'en fiche pas mal!...* Oh! mais je ne veux pas répéter ce que tu as dit, parce que c'était trop vilain. Étais-tu furieux!... *J'irai dîner au restaurant!... sa... sapristi!...* Mais tu ne disais pas sapristi, ah! ah! ah! Eh bien! je t'aimais bien tout de même dans ce moment-là; ça me contrariait de te voir en colère, à cause du bon Dieu; mais, pour moi, j'étais contente; j'aime à te voir en fureur : ton nez se gonfle, et puis ta petite moustachinette se hérisse, tu me fais l'effet d'un lion, et j'ai toujours aimé ces bêtes-là. Étant tout enfant, au Jardin des plantes, on ne pouvait pas m'en arracher; je leur lançais tous mes sous dans leur cage pour acheter du pain d'épice; c'était une vraie passion. Eh bien! pour continuer mon histoire... (*Elle regarde son mari, qui lit toujours, et après un silence.*) C'est gentil, ce que tu lis là?

Monsieur, *comme un homme qui se réveille.* — Qu'est-ce que tu veux, ma chère enfant?... Ce que je lis là? oh! ça ne t'intéresserait pas (*avec une grimace*); il y a des phrases latines, tu sais; et puis, je suis enroué. Mais j'écoute, continue donc. (*Il reprend sa lecture.*)

Madame. — Eh bien ! pour en revenir à l'Adoration perpétuelle, Louise m'a avoué, sous le sceau du secret, qu'étant dans la même position que moi...

Monsieur. — Que toi... Quoi?

Madame. — Dans la même position que moi... ça se comprend bien.

Monsieur. — Ah ! dans ta position; oui, oui, oui, pauvre petite femme chérie ! Parbleu, si je comprends !

Madame. — Eh bien ! Louise me disait qu'elle avait eu une envie intolérable de... — mais tu ne le lui rediras pas, tu me le jures ! — une envie de... cirage.

Monsieur. — Ah ! c'est horrible !

Madame. — N'est-ce pas que c'est horrible... à cause de la couleur?

Monsieur. — C'est monstrueux !

Madame. — Je le disais tout à l'heure... mais enfin, cependant on dit que c'est très-mauvais de ne pas satisfaire ces envies-là; on dit même que les enfants s'en ressentent toute leur vie; oh ! mais cela, c'est positif.

Monsieur. — Tu dis là de grosses bêtises, mon petit ange, grosses comme ton chignon. Vous finirez par y mettre des oreillers dans vos chignons, mes petites colombes !

Madame, *mettant les coudes sur les genoux de son mari.* — Mais enfin, il faut bien attribuer à quelque chose les instincts, les ressemblances qu'on apporte en naissant. Peut-on supposer, par exemple, que le bon Dieu ait fait ton cousin aussi bête que nous le connaissons, avec une tête en poire, etc.

Monsieur. — Mon cousin, mon cousin! Ferdinand est un cousin par alliance; je t'accorde, du reste, qu'il est inepte.

Madame. — Eh bien! je suis sûre que sa mère aura eu une envie, une surprise, une secousse, quelque chose.

Monsieur. — Que veux-tu que j'y fasse, mon ange aimé?

Madame. — Rien du tout; mais cela prouve bien qu'il ne faut pas rire de ces choses-là... Et si je te disais, moi, que j'ai une envie?

Monsieur *laisse tomber son journal*. — Patatra! Et une envie de quoi?

Madame. — Bon! voilà que tes narines se gonflent, tu vas encore ressembler au lion, et je n'oserai jamais te conter ma petite affaire. C'est si extraordinaire! et cependant ma mère a eu cette envie-là aussi.

Monsieur. — Voyons, parle, tu vois que je suis calme? Si c'est possible à satisfaire, tu sais que je t'aime, ma.... Ne m'embrasse pas dans le cou, tu me ferais sauter au plafond, ma... chérie.

Madame. — Répète un peu ces deux petits mots-là... Je suis donc *ta ché... rie?*

Monsieur. — Ah! ah! ah! elle vous a des petits doigts qui... ah! ah! vous entrent dans le cou... ah! ah! tu vas me faire casser quelque chose, nerveux comme je le suis!

Madame. — Eh bien, casse. Si on ne peut pas toucher à son mari, autant entrer au couvent tout de suite. (*Elle approche ses lèvres de l'oreille de monsieur, et, de ses deux doigts, lui tire coquettement le bout de la moustache.*) Si ça n'était pas pour la santé de notre bébé, je ne te parlerais pas de tout cela, va ! mais c'est que, vois-tu, je ne serai heureuse que lorsque j'aurai ce dont j'ai envie; et puis, ce sera si gentil de ta part !

Monsieur. — Gentil de quoi faire? voyons, mignonne, explique-toi.

Madame. — Il faudrait, avant tout, ôter cette vilaine robe de chambre-là, enfiler des bottes, mettre ton chapeau et aller... oh! pas de grimace, gros lion chéri ; si tu murmures seulement long comme cela, tout le mérite de ton dévouement disparait... et aller... chez l'épicier qui est au coin de la rue, un homme bien respectable !

Monsieur. — Chez l'épicier, à dix heures du soir ! es-tu folle ? Je vais sonner Jean ; c'est son affaire, mon enfant.

Madame, *arrêtant le bras de son mari.* — Imprudent! Jean doit ignorer tout; et d'ailleurs saurait-il choisir la chose avec ton tact, cet Auvergnat? Ce sont nos petites affaires à nous, cela; il ne faut mettre personne dans la confidence. Je vais aller dans ton cabinet de toilette chercher tes affaires, et tu te chausseras au coin du feu, bien gentiment... pour me faire plaisir, mon Albert, mon bébé, ma vie ! Je donnerais mon petit doigt pour avoir...

Monsieur. — Pour avoir quoi, vertuchou ! quoi, quoi, quoi ?

Madame, *le visage illuminé, plongeant son regard dans celui de son époux.* — Je veux un sou de colle de pâte. Tu ne m'avais donc pas devinée ?

Monsieur. — Mais c'est de la démence, de l'aliénation, de...

Madame. — Tu as peut-être compris que je disais de la colle forte, mignon ! J'ai dit de la colle de pâte... rien que pour un sou, enveloppée dans un gros papier solide. Il y en a de la fraîche dans le baquet à droite, près des pruneaux. J'ai vu cela en rentrant pour dîner; une voiture a passé près de la boutique, et tout le baquet a tressailli comme une montagne de gelée de pommes. Tu diras au bonhomme de choisir au milieu du baquet, c'est cet endroit-là qui me tente.

Monsieur. — Mais non, mais non ! Je suis bon, mais je me reprocherais...

Madame, *fermant la bouche de monsieur de sa petite main.* — Oh ! pas un mot, tu vas dire quelque impiété ! Mais puisque je te dis, moi, que j'en ai une envie folle, que je t'aimerai comme je ne t'ai jamais aimé, que ma mère a eu cette passion-là. Ah ! ma pauvre mère ! (*elle pleure dans sa main*) si elle pouvait savoir... si elle n'était pas au bout de la France !... D'abord, tu n'as jamais aimé mes parents, j'ai bien vu cela le jour de notre mariage, et (*elle sanglote*) ça sera la douleur de ma vie...

Monsieur, *se dégageant et se levant tout à coup.* — Donne-moi mes bottes.

Madame, *avec effusion.* — Oh ! merci, mon Alfred,

mon amour ! tu es bon, oui, tu es bon... Veux-tu ta canne, mon chéri ?

Monsieur. — Ça m'est égal. Combien en veux-tu de son horreur ? pour un franc, pour trente sous, pour un louis ?

Madame. — Tu sais bien que je ne voudrais pas abuser ; rien que pour un petit sou. J'ai justement de petits sous pour ma messe ; tiens, prends, prends. — Adieu, mon Alfred ; — dépêche-toi, dis, dépêche-toi !

(*Monsieur sort.*)

Madame reste seule, envoie un baiser, de son geste le plus tendre, vers la porte que monsieur vient de fermer, puis se dirige vers la glace, dont elle approche son visage, et se sourit à elle-même avec bonheur ; ensuite elle allume la bougie de cire d'un petit flambeau et se dirige discrètement vers l'office, ouvre une armoire sans bruit, prend trois petites assiettes de dessert, entourées d'un filet d'or et ornées de son chiffre, extrait ensuite d'une boîte garnie de peau blanche deux cuillers en vermeil, et, un peu embarrassée de ce bagage, rentre dans sa chambre à coucher.

Alors elle ranime le feu, avance près de la cheminée une jolie table de Boule ; étale un linge blanc, dispose les assiettes, dépose les cuillers et, ravie, impatiente, le teint animé, se renverse dans un fauteuil. Son petit pied s'agite et bat une mesure rapide, elle sourit, fait la moue... elle attend.

Enfin, au bout de quelques minutes, on entend le bruit de la porte d'entrée ; des pas rapides traversent le salon; — madame bat des mains; — monsieur entre. Il n'a pas l'air content, monsieur; il s'avance, tenant gauchement dans sa main gauche un paquet aplati dont on devine le contenu.

Madame, *prenant une assiette à filet d'or et la présentant à son mari.* — Débarrasse-toi, mon amour. Tu n'as pas pu aller plus vite?

Monsieur. — Comment! plus vite?

Madame. — Oh! je ne t'en veux pas, cela n'est pas un reproche, tu es un ange; mais il me semble qu'il y a un siècle que tu es parti.

Monsieur. — Cet homme allait fermer sa boutique... J'en ai plein mes gants... c'est gluant... c'est affreux... pouah! l'horreur! Enfin, je vais avoir la paix!

Madame. — Oh! pas de parole dure, cela me fait tant de peine! Mais regarde donc ce joli petit couvert; te souviens-tu quand nous soupions au coin du feu? — Oh! tu l'as oublié! le cœur des hommes n'a pas de mémoire!

Monsieur. — Est-ce que tu as la folie de t'imaginer que je vais toucher à cela? Ah! par exemple! c'est pousser la...

Madame, *tristement.* — Vois un peu comme tu t'exaltes pour une complaisance que je te demande. Quand, pour m'être agréable, tu vaincrais une petite répugnance, quand tu frôlerais de tes lèvres cette belle gelée blanche, où serait le mal?

Monsieur. — Le mal, le mal!... ce serait absurde; jamais de la vie.

Madame. — Voilà donc le fin mot? *Ce serait absurde...* Ce n'est pas par dégoût, car il n'y a rien là de dégoûtant, c'est de la farine et de l'eau, pas davantage. Ce n'est donc pas par dégoût, mais par orgueil que tu me refuses?

Monsieur, *haussant les épaules*. — C'est enfantin, puéril, fou, fou, ce que tu me dis là. Je n'y réponds pas, je ne... veux pas y répondre.

Madame. — Et ce que tu dis là, toi, n'est ni digne ni généreux, parce que tu abuses de ta supériorité; tu me vois à tes pieds, te demandant avec instance une chose insignifiante, une puérilité, un enfantillage, une folie, mais qui me ferait plaisir, tu trouves héroïque de ne pas céder; tiens, veux-tu que je te dise, eh bien, vous êtes petits, petits, vous autres hommes.

Monsieur. — Mais comprends donc, ma chère amie, que...

Madame. — Je comprends que si, dans le temps, une de tes maîtresses, car tu en as eu.

Monsieur. — Jamais de la vie.

Madame. — Puisque tu me l'as avoué toi-même un soir — sur le pont des Arts — que nous revenions du spectacle à pied.

Monsieur. — Après tout, il n'y a pas grand mal à cela, je ne me suis jamais donné comme un enfant de chœur.

Madame. — Eh bien, si une de tes maîtresses t'avait demandé ce que je te demande maintenant, tu aurais triomphé de ton dégoût, de ton orgueil surtout! (*Avec des larmes dans la voix.*) Tu ne m'aimes plus comme autrefois ! et moi... je t'aime toujours. (*Elle prend la main de son mari et pleure dessus.*)

Monsieur, *ému*. — Claire, ma chérie, voyons, grande enfant ! Mais c'est qu'elle pense ce qu'elle dit, au moins !... Regarde-moi donc, voyons. (*Il l'embrasse.*)

Madame, *tristement*. — Je ne t'en veux pas pour cela, cette roideur est dans ton caractère, tu es une barre de fer.

Monsieur. — J'ai de l'énergie quand il le faut, je te l'accorde, mais je n'ai point l'orgueil absurde que tu me supposes et, tiens (*il trempe son doigt dans la colle et le porte à ses lèvres*), en voici la preuve, enfant gâté ! Es-tu contente ? Ça n'a pas de goût, c'est fade.

Madame. — Tu as fait semblant.

Monsieur. — Ah ! je te jure...

(*Madame prend une petite cuiller, l'emplit de la pâte précieuse et l'approchant des lèvres de son mari.*)

Madame. — Je veux voir un peu ta grimace, mon amour.

(*Monsieur avance la bouche, enfonce avec un dégoût marqué ses deux dents de devant dans la colle, puis fait une horrible grimace et crache dans la cheminée.*)

Madame, *tenant toujours la cuiller — avec beaucoup d'intérêt*. — Eh bien ?

Monsieur. — Eh bien, c'est atroce ! oh... atroce ! goûte plutôt.

Madame, *d'un air rêveur et agitant la cuiller dans*

la colle, le petit doigt en l'air. — Je n'aurais jamais cru que c'était si mauvais.

Monsieur. — Tu vas bien voir toi-même, goûte, goûte.

Madame. — Je ne suis pas pressée, j'ai le temps.

Monsieur. — C'est pour te rendre compte; goûte un peu, voyons.

Madame, *repoussant le plat avec une expression d'horreur*. — Oh! tu m'agaces! Tais-toi donc, pour un rien je te détesterais; c'est dégoûtant, cette colle!

EN FAMILLE

MON PREMIER-NÉ

C'était le 15 février au soir. Il faisait un froid de loup. La neige battait les vitres et le vent sifflait avec rage sous les portes. Cependant mes deux tantes, assises autour d'une table, dans un coin du salon, poussaient de temps en temps de gros soupirs et, tout en s'agitant dans leur fauteuil, lançaient à chaque instant des regards inquiets vers la porte de la chambre à coucher. L'une de mes tantes avait tiré d'un petit sac en peau, resté sur la table, son chapelet indulgencié, et le disait à deux mains, tandis que sa sœur, mon autre tante, lisait en remuant les lèvres un volume de la correspondance de Voltaire qu'elle tenait fort éloigné de ses yeux.

Pour moi, j'arpentais le salon à grands pas en mâchant ma moustache, — une mauvaise habitude dont je n'ai jamais pu me défaire, — et je m'arrêtais avec angoisse devant le docteur C..., un vieux camarade à moi, qui lisait tranquillement le journal, enfoui dans le plus douillet des fauteuils. Je n'osais troubler sa lecture, tant il y paraissait plongé; mais, au fond, j'étais furieux de le voir aussi calme, lorsque moi-même j'étais si agité.

Tout à coup il jeta le journal sur le canapé, et passant la main sur son crâne brillant :

« Ah! si j'étais ministre, ça ne serait pas long... ça ne serait fichtre pas long! Tu as lu cet article sur les cotons d'Algérie?... De deux choses l'une : ou les irrigations... Mais tu ne m'écoutes pas; c'est pourtant plus grave que tu ne penses. »

Il se leva et, les mains dans ses poches, il arpenta la pièce en chantonnant un petit air d'hôpital. Je le suivais pas à pas.

« Jacques, lui dis-je au moment où il se retournait, dis-moi bien franchement, es-tu content?

— Mais oui, mais oui, je suis content... regarde la limpidité de mon regard; et il éclata de son gros bon rire un peu bruyant.

— Tu ne me caches rien, cher ami?

— Dieu! que tu es bête, mon pauvre capitaine! Quand je te dis que cela va bien. »

Et il reprenait sa petite chanson, en faisant sonner l'argent qui était au fond de sa poche.

« Ça va bien, mais faut le temps. Fais-moi donc donner une robe de chambre. Je serai plus à mon aise pour passer la nuit, et ces dames m'excuseront, n'est-ce pas?

— Si elles t'excuseront ! toi, mon docteur, mon ami. »

Je l'aimais avec passion, ce soir-là.

« Eh bien ! alors, si elles m'excusent, tu pourrais bien me prêter une paire de pantoufles. »

A ce moment un cri douloureux se fit entendre dans la pièce voisine, et l'on entendit distinctement ces mots entrecoupés par la douleur :

« Docteur... ah ! mon Dieu !... docteur !

— Ah ! c'est affreux ! murmurèrent mes tantes en s'agitant dans leur fauteuil.

— Mon bon ami, m'écriai-je en saisissant le bras du médecin, tu ne me caches rien ? bien sûr !

— Si tu en as de larges, ça m'irait mieux, je n'ai pas un pied de jeune fille... Je ne te cache rien... je ne te cache rien... Qu'est-ce que tu veux que je te cache ? Ça va très-bien, mais, comme je te l'ai dit, il faut le temps... Au fait, dis donc à Joseph d'aller me chercher une de tes calottes ; une fois en pantoufles et en robe de chambre, la calotte n'a rien d'extraordinaire, et je me fais chauve, mon capitaine. Quel diable de froid il fait ici ! Ça donne au nord, ces fenêtres-là ! et pas de bourrelets ! Mademoiselle de V..., fit-il en se retournant vers ma tante, vous allez vous enrhumer. »

Puis, comme de nouveaux cris se faisaient entendre :

« Allons voir la petite reine. »

Et nous rentrâmes dans la chambre à coucher où ma pauvre femme attendait son bébé, au milieu des douleurs. Sa mère était à ses côtés, et, tout en lui disant : « Du courage, ma chérie, il faut payer le bonheur; du courage, » elle lui souriait; mais de grosses larmes brillaient dans ses yeux, et elle se retournait de temps en temps pour les essuyer. Sur la commode étaient étalés deux ou trois petits paquets tout blancs entourés de faveur bleue et rose; c'était la première toilette du bébé, toute prête à mettre et sentant bon. Je pris l'un des petits bonnets et j'en coiffai mon poing, qui l'occupa tout entier.

« Viens donc, dis plus bas la malade, qui m'avait aperçu, viens me donner une poignée de main. »

Alors, elle m'attira à elle et me dit à l'oreille :

« Tu seras donc bien heureux de l'embrasser, le cher petit? »

Sa voix était si faible et si tendre en me disant cela!

« Ne retire pas ta main, cela me donne du courage. »

Je restai ainsi, tandis que le docteur, qui avait endossé ma robe de chambre, cherchait vainement à en boutonner les boutons.

De temps à autre, ma bonne petite femme me serrait la main avec une violence extrême, fermait les yeux comme quelqu'un qui souffre, mais ne poussait pas un cri. Le feu petillait dans la cheminée. Le balancier de la pendule poursuivait son tic-tac monotone, mais il me semblait que ce grand calme n'était qu'apparent, que tout ce qui m'entourait devait être dans l'attente comme moi et partager mon émotion. Dans la chambre à coucher voisine, dont la porte était entr'ouverte, je voyais le bout du berceau, et, reflété par la lumière, le profil crochu de la garde, qui sommeillait en attendant.

Ce que j'éprouvais était quelque chose d'étrange. Je sentais un sentiment nouveau me germer dans le cœur; j'avais comme un corps étranger dans la poitrine, et cette sensation si douce était pour moi si nouvelle que j'en étais comme effrayé. Je sentais ce petit être qui était là sans être encore, je le sentais s'accrocher à moi, sa vie m'apparaissait tout entière. Je le voyais à la fois enfant et homme fait; il me semblait que ma propre vie allait se dédoubler en lui, et j'éprouvais de temps à autre d'irrésistibles besoins de lui donner quelque chose de moi-même.

Vers les onze heures et demie, le docteur, ainsi qu'un capitaine de vaisseau qui consulte la boussole, tira sa grosse montre, marmotta quelques mots et s'approcha du lit.

« Est-ce que tu crois que le moment approche, Jacques? lui dis-je.

— Je crois que dans une demi-heure, la petite chérie aura fait son entrée dans le monde; regarde bien l'heure à la pendule.

— Comment, la petite chérie? mais, mon bon ami, tu sais bien que ça doit être un garçon; pas de plaisanterie!

— Est-ce que vous avez quelques indices? » ajouta ma belle-mère.

Jacques éclata de rire.

« Ceci me rappelle, dit-il, qu'à la Maternité il y avait un perroquet, ce perroquet répétait toujours...

— Mais tais-toi donc. Comment! tu as le cœur de

raconter des histoires, tandis que ma pauvre femme souffre... Du courage, ma chérie.

— Eh bien! justement, ce perroquet répétait perpétuellement: *Du courage! ma bonne.* On la fit tuer, la pauvre bête, parce qu'elle avait mangé la pantoufle de sœur Ursule. »

Bientôt les douleurs devinrent extrêmes; ma chère petite qui allait devenir mère poussait de grands cris qui me donnaient le frisson. J'étais si fort irrité de ne pouvoir point soulager ces souffrances, que pour un rien j'aurais soufflété quelqu'un.

Jacques devint sérieux, ôta ma robe de chambre et la lança sur un meuble. Je le regardais comme un marin qui regarde le ciel à l'approche de l'orage.

« Allons, chère bonne amie, disait-il à ma femme, du courage, nous sommes là autour de vous, tout va bien; avant cinq minutes, vous l'entendrez crier. »

Mais la pauvre malade poussait des gémissements à fendre l'âme; elle me serrait le bras et, par moments, ses ongles m'entraient dans la peau, et je sentais de grosses gouttes de sueur froide qui coulaient sur mon front. Ma belle-mère, hors d'elle-même, se mordait les lèvres, et chaque angoisse de la malade venait se peindre sur son visage. Son bonnet s'était dérangé, et elle était si singulièrement coiffée qu'en toute autre circonstance j'aurais éclaté de rire. A un moment, j'entendis la porte du salon qui s'entr'ouvrait, et j'aperçus, l'une au-dessus de l'autre, les deux têtes de mes tantes, et plus loin, dans le salon, celle de mon père, qui torturait sa grosse moustache blanche avec une certaine grimace qui lui était familière.

« Fermez la porte! s'écria le docteur en colère; qu'on me fiche la paix. »

Et, avec le plus grand sang-froid du monde, il se retourna vers ma belle-mère et dit :

« Je vous demande mille pardons. »

Mais il s'agissait bien alors des brusqueries de mon vieux camarade; la porte se ferma immédiatement.

« Tout est-il prêt pour le recevoir? ajouta le docteur en grognant.

— Oui, mon bon docteur, » répondit ma belle-mère.

Enfin, après une affreuse plainte, il se fit un silence, et le docteur éleva bientôt en l'air un petit être tout rose qui, presque immédiatement, poussa un cri perçant comme une aiguille. Je n'oublierai jamais l'impression que me produisit l'apparition de ce petit corps arrivant là tout à coup, au milieu de la famille. Nous y avions pensé, rêvé; je l'avais vu dans mon esprit, mon bébé chéri, jouant au cerceau, me tirant la moustache, essayant son premier pas, ou, dans les bras de sa nourrice, se gorgeant de lait comme un petit chat gourmand; mais je ne me l'étais pas encore figuré inanimé, presque sans vie, tout petit, ridé, déplumé, grimaçant... et charmant, aimé malgré tout, adorable, le pauvre petit laid! Ce fut une singulière impression, et tellement étrange qu'il est impossible de la comprendre à moins de l'avoir éprouvée.

« A-t-il de la chance, l'officier! murmura le docteur en tournant l'enfant de mon côté, c'est un garçon!

— Un garçon!

— Et râblé, mon capitaine.

— En vérité, un garçon! »

Cela m'était indifférent maintenant. Ce qui me causait une émotion indéfinissable, c'était cette preuve vivante de paternité, c'était ce petit être qui était à moi. Je me sentais hébété devant ce grand mystère de l'enfantement. Ma femme était là, pâmée, anéantie, et le petit être vivant, ma chair à moi, mon sang à moi, braillant et gesticulant au bout des bras de Jacques! J'étais abasourdi comme un ouvrier qui, sans s'en douter, enfante un chef-d'œuvre. Je me sentais tout petit devant cette œuvre frémissante, et — franchement — j'étais un peu honteux d'avoir fait si bien sans presque y prendre garde. Je ne me charge pas de vous expliquer tout cela, je vous raconte mes impressions.

Ma belle-mère présenta son tablier, et le docteur déposa l'enfant sur les genoux de sa bonne maman, en lui disant :

« Allons, sauvage, tâche de ne pas être plus mauvais que ton gueux de père... Maintenant, cinq minutes d'expansion... Au fait, mon capitaine, embrasse moi donc. »

Et nous nous embrassâmes de bon cœur. Le petit œil noir du docteur brillait en clignotant plus qu'à l'ordinaire; je vis bien qu'il était ému.

« Est-ce que ça t'a fait quelque chose, mon capitaine? C'est le cri! Ah! je connais cela, c'est une aiguille à tricoter dans le cœur... Où est la garde? ah! la voilà... Ça ne fait rien, il est râblé, ce petit lancier... Ouvre donc la porte aux prisonniers qui sont dans le salon. »

J'ouvris la porte. Tout le monde écoutait derrière. Mon père, les deux tantes tenant encore à la main, l'une son chapelet et l'autre son Voltaire; ma nourrice, la pauvre vieille, qui avait pris un fiacre.

« Eh bien? me dit-on avec anxiété, eh bien?

— C'est fini, c'est un garçon... entrez, il est là. »

Vous ne vous imaginez pas combien j'étais heureux de voir dans tous ces visages émus le reflet de mon émotion. On m'embrassait, on me serrait les mains, et je répondais à toutes ces tendresses sans savoir au juste qui me les adressait.

« Sacr...cré... murmurait mon père à mon oreille en me tenant enlacé dans ses bras; — il avait conservé sa canne et son chapeau à la main, — Sacr... »

Mais il ne pouvait pas achever; quelque bonne envie qu'il eût de faire le brave, une grosse larme brillait, tremblotait au bout de son nez. Il fit *hum!* derrière sa moustache, et finalement fondit en larmes sur mon épaule, en me disant :

« C'est plus fort que moi. »

Et moi... je fis comme lui; c'était aussi plus fort que moi.

Cependant tout le monde entourait la grand'maman, qui soulevait un coin de son tablier et disait :

« Est-il beau, notre chéri, est-il beau!... La garde,

faites chauffer les langes, donnez-moi les bonnets.

— Fais la risette à tantante, chantonnait la tante en faisant sautiller son chapelet au-dessus de la tête du bébé. Fais la risette.

— Demandez-lui donc, par la même occasion, de vous réciter une fable, » ajouta le docteur.

Pendant ce temps, ma femme revenait à elle; elle entr'ouvrait les yeux et semblait chercher quelque chose.

« Où est-il? » murmura-t-elle d'une voix affaiblie.

On lui montra le tablier de sa mère.

« Un garçon, n'est-ce pas? »

Et me prenant la main, elle m'attira à elle et me dit tout bas :

« Es-tu content de moi? J'ai fait de mon mieux, mon ami.

— Voyons, pas d'émotion! s'écria le docteur; on s'embrassera demain. Mon colonel, dit-il à mon père, qui avait toujours sa canne et son chapeau, empêchez-les donc de s'embrasser. Pas d'émotion, et que tout le monde sorte. Je vais habiller le petit lancier. Passez-moi l'homme, bonne maman. Viens ici, sauvage... Vous allez voir si je sais attacher les épingles. »

Il prit le bébé dans ses deux grosses mains et s'assit devant le feu, sur un tabouret.

Je regardais mon garçon, que Jacques retournait comme une poupée, mais avec une adresse extrême. Il l'examinait de tous les côtés, le tâtant, le palpant, et à chaque épreuve il disait en souriant :

« Il est râblé... allons, il est râblé. »

Puis il l'entortilla dans les couches, les langes, coiffa sa petite tête déplumée d'un triple béguin, fixa sous le menton un ruban plié en double, pour empêcher sa tête de tomber en arrière; puis, satisfait de son petit travail :

« Vous m'avez vu faire, la garde? eh bien! il faut, tous les matins, habiller ce lancier-là de la même façon. Jusqu'à demain, de l'eau sucrée... La maman n'a pas de fièvre... Allons, tout va bien... A-t-il de la chance, ce capitaine! Moi, j'ai une faim! Il est une heure du matin, sais-tu? Tu n'as pas un vieux perdreau froid ou un vieux morceau de pâté dont on ne fait rien? Ça me serait agréable, avec une bouteille de quelque chose. »

Nous allâmes tous deux dans la salle à manger, et nous mîmes le couvert sans plus de façon.

Je n'ai jamais de ma vie autant bu et autant mangé que ce matin-là.

« Allons, va te coucher, me dit le docteur en mettant son paletot. Demain matin vous aurez la nourrice. Au fait, non; je viendrai te prendre, nous irons la choisir ensemble; c'est curieux. Sois sous les armes à huit heures et demie. »

LE JOUR DE L'AN EN FAMILLE

Il est sept heures à peine. Un pâle rayon de lumière blafarde pénètre à travers les doubles rideaux, et déjà l'on gratte à la porte. J'entends dans la pièce voisine les rires étouffés et la voix argentine de mon bébé qui frémit d'impatience et demande à entrer.

« Mais, petit père, s'écrie-t-il, c'est bébé, c'est le petit l'ami qui vient pour la bonne année.

— Entre, mon bon chéri ; viens vite nous embrasser. »

La porte s'ouvre et mon garçon, les bras en l'air, l'œil brillant, se précipite vers le lit. Son bonnet de nuit, qui emprisonne sa tête blonde, laisse échapper de longues boucles qui lui tombent sur le front. Sa grande chemise flottante qui embarrasse ses petits pieds augmente son impatience et le fait trébucher à chaque pas.

Enfin il a traversé la chambre et, tendant ses deux mains vers les miennes : « Bébé te souhaite une bonne année, me dit-il d'une voix émue.

— Pauvre amour, qui a les pieds nus ! — Viens mon chéri, viens te réchauffer dans la chaude couverture ; viens te cacher dans l'édredon. »

Je l'attire à moi ; mais, au mouvement que je fais, ma femme, qui sommeille, se réveille en sursaut.

« Qui va là ? s'écrie-t-elle en cherchant la sonnette. Au voleur !

— Mais c'est nous, chère amie.

— Qui, vous ?... Ah Dieu ! que vous m'avez fait peur ! Je rêvais qu'il y avait le feu, et ces voix au milieu de l'incendie... Vous êtes d'une imprudence avec vos cris !

— Nos cris ! mais tu oublies donc, petite mère, que c'est aujourd'hui le jour de l'an, le jour des souhaits et des baisers ? — Bébé attend ton réveil, et moi aussi. »

Cependant j'enveloppe mon petit homme dans le moelleux couvre-pieds, je le blottis dans l'édredon et je réchauffe dans mes mains ses pieds glacés.

« Mais, petite mère, c'est aujourd'hui la bonne année, » s'écrie-t-il. De ses bras il rapproche nos deux têtes, avance la sienne, et de ses lèvres fraîches il embrasse à l'aventure. Je sens sa menotte potelée qui se promène dans mon cou ; ses petits doigts s'empêtrent dans ma barbe.

Ma moustache lui pique le bout du nez, et il éclate de rire en jetant sa tête en arrière.

Sa mère, qui est remise de sa frayeur, l'attire dans ses bras et agite la sonnette.

« L'année commence bien, chers amis, dit-elle ; mais il nous faudrait un brin de jour.

— Dis, maman, les enfants méchants n'ont pas de joujoux au jour de l'an ? »

Et le sournois lorgne, en disant cela, une montagne de paquets et de cartons qui se dresse dans un coin et qu'on aperçoit malgré l'obscurité.

Bientôt les rideaux s'écartent, les volets s'ouvrent, le jour arrive à flots, le feu pétille gaiement dans l'âtre, et l'on dépose sur le lit deux gros paquets soigneusement entortillés. L'un est pour ma femme et l'autre est pour mon gros chéri.

Qu'est-ce ? que sera-ce ? J'ai accumulé les nœuds, triplé les enveloppes, et je suis avec délices leurs doigts impatients perdus dans la ficelle.

Ma femme s'impatiente, sourit, se fâche, m'embrasse, et demande des ciseaux.

Bébé, de son côté, tire de toutes ses forces en se mordant les lèvres, et finit par réclamer mon aide. Son regard voudrait percer l'enveloppe. Tous les signes du désir et de l'attente sont peints sur son visage. Sa main, perdue dans l'édredon, fait grincer la soie sous ses mouvements convulsifs, et ses lèvres s'agitent avec bruit comme à l'approche d'un fruit savoureux.

Enfin le dernier papier vole. — Le couvercle saute et la joie éclate.

« Ma palatine !

— Ma ménagerie !

— Pareille à mon manchon, — cher petit mari !

— Avec un berger à roulettes, — bon petit papa que j'aime ! »

On me saute au cou, quatre bras à la fois m'enlacent et me pressent. L'émotion me gagne, une larme me vient aux yeux ; il en vient deux à ceux de ma femme, et Bébé qui perd la tête laisse échapper un sanglot en m'embrassant la main.

C'est absurde, allez-vous dire.

Absurde, je n'en sais rien ; mais délicieux, j'en réponds.

La douleur, après tout, ne nous arrache-t-elle pas assez de pleurs pour qu'on pardonne à la joie la larme solitaire que par hasard elle fait répandre ?

La vie n'est pas si douce qu'on s'y aventure seul ; et quand le cœur est vide, le chemin paraît long.

Il est si bon de se sentir aimé, d'entendre à côté de soi le pas régulier de ses compagnons de route et de se dire : « Ils sont là ; nos trois cœurs battent à l'unisson ; » et, une fois par an, lorsque la grande horloge sonne le 1er janvier, de s'asseoir ensemble au bord de la route, les mains enlacées, les yeux fixés sur le chemin poussiéreux, inconnu, qui se perd à l'horizon, et de se dire en s'embrassant : « Nous nous aimons toujours, mes enfants chéris ; vous comptez sur moi et je compte sur vous. Ayez confiance et marchons droit. »

Voilà comment, monsieur, je m'explique qu'on pleure un peu en regardant une palatine et en ouvrant une ménagerie.

Mais l'heure du déjeuner approche. Je me suis coupé deux fois le menton en faisant ma barbe ; j'ai marché au milieu de la ménagerie de mon fils en me retournant, et j'ai une perspective de douze visites — obligatoires, comme dit ma femme ; néanmoins je suis ravi.

On se met à table. Le couvert, qui brille sur une nappe bien blanche, a un air de fête inaccoutumé. Un léger parfum de truffes embaume l'atmosphère, tout le monde me sourit, et, à travers la vitre, j'aperçois—chose étrange—le concierge qui, de sa propre main, essuie la rampe de l'escalier, avec son mouchoir de poche, Dieu me pardonne! C'est un beau jour.

Bébé a mis en ligne autour de son assiette les éléphants, les lions et les girafes, et sa mère, sous prétexte de vent coulis, déjeune avec sa fourrure.

« As-tu demandé la voiture, chère amie, pour faire nos visites?

— Le coussin de la tante Ursule va tenir une place! Je sais bien qu'on peut le mettre à côté du cocher.

— Oh! cette pauvre tante!

— Petit père, faut pas aller chez tante Ursule, dit Bébé, ça pique toujours quand on l'embrasse.

— Monsieur Bébé!... Songes-tu à tout ce qu'il nous faut mettre dans cette voiture? — Le cheval mécanique de Léon, le manchon de Louise, les pantoufles de ton père, le couvre-pieds d'Ernestine; les bonbons, la boîte à ouvrage... Je te jure qu'il faudra mettre le coussin de la tante sous les pieds du cocher.

— Petit père, dis, pourquoi la girafe ne veut pas de côtelette?

— Je n'en sais rien, mon ami.

— Eh bien! papa, ni moi non plus. »

Une heure après, nous grimpions l'escalier de la tante Ursule. Ma femme compte les marches en tirant sur la rampe, et moi je porte le fameux coussin, les bonbons et mon fils, qui n'a pas voulu sortir sans emporter sa girafe.

La tante Ursule, qui fait sur mon fils l'effet d'une poignée de verges, nous attend dans son petit salon glacial. Quatre fauteuils carrés, cachés sous des housses jaunes, se morfondent derrière quatre petits tapis de pieds. Une pendule, sous forme de pyramide surmontée d'une boule, fait résonner son vieux tic-tac derrière un globe trop grand.

Un portrait, pendu au mur et piqué par les mouches, représente une nymphe armée d'une lyre se détachant sur une cascade. — C'est la tante Ursule, cette nymphe. — Comme elle est changée!

« Ma bonne tante, nous venons vous offrir nos souhaits de bonne année.

— Vous exprimer tous les vœux que nous...

— C'est très-bien, mon neveu et ma nièce, asseyez vous; et elle nous indique deux chaises. — Je suis sensible à votre démarche; elle me prouve que vous n'avez pas complétement oublié les devoirs que vous impose la famille.

— Vous comptez, chère tante, sans l'affection que nous vous portons et qui suffit... Bébé, viens embrasser ta tante.

BÉBÉ (*à mon oreille*). — Mais, petit père, je t'assure

qu'elle pique. (*Je dépose les marrons glacés sur un guéridon.*)

— Vous pouviez, mon neveu, vous dispenser de ce petit présent; vous savez que les sucreries me sont contraires, et, si je ne connaissais votre indifférence à l'endroit de ma santé, je verrais là dedans un sarcasme. Mais brisons là. Monsieur votre père supporte toujours ses infirmités avec courage?

— Vous êtes bien bonne.

— J'ai pensé t'être agréable, ma chère tante, dit ma femme, en te brodant ce coussin que je te prie d'accepter.

— Je te remercie, mon enfant; mais je me tiens encore assez droite, Dieu merci, pour ne pas avoir besoin de coussin. La broderie est charmante : c'est un dessin oriental. — Tu aurais pu mieux choisir, sachant que j'aime les choses beaucoup plus simples. Il est charmant du reste, quoique ce rouge à côté de ce vert vous mette une larme dans l'œil. J'ai déjà éprouvé cette sensation en épluchant des oignons. Le sentiment des couleurs n'est pas commun! J'ai à t'offrir en retour ma photographie que ce bon abbé Miron a voulu absolument me faire sous forme de carte de visite, comme tu vois.

— Oh! que tu es bonne et comme cela est ressemblant! Reconnais-tu ta tante, mon bébé?

— Ne te crois pas obligée de dire le contraire de ta pensée. Cette photographie ne me ressemble en aucune façon, j'ai l'œil beaucoup plus brillant. J'ai là aussi un paquet de jujube pour ton enfant. Il me paraît grandi.

— Bébé, viens embrasser ta tante.

— Et puis nous nous en irons après, petite mère?

— Vous êtes un petit mal élevé, monsieur!

— Laissez-le dire; au moins il est franc, lui! Mais je vois que ton mari s'impatiente; vous avez d'autres... *courses* à faire, je ne vous retiens pas. Aussi bien, je vais à l'office prier Dieu pour ceux qui ne le prient pas. »

Qui de douze visites obligatoires retranche une visite obligatoire, reste onze visites... Hum! — Cocher, rue Saint-Louis au Marais.

« Est-ce pas, petit père, qu'elle a des aiguilles dans le menton, tante Ursule? »

Passons, si vous le voulez bien, les onze visites obligatoires; elles sont aussi peu agréables à raconter qu'à faire.

Vers cinq heures du soir, — Dieu soit loué! — les chevaux s'arrêtent devant la maison paternelle, où le dîner nous attend. Bébé bat des mains et sourit déjà à la vieille Jeannette, qui, au bruit de la voiture, s'est précipitée vers la porte. « Les voilà! » s'écrie-t-elle; et elle emporte Bébé jusque dans la cuisine, où ma mère, les manches retroussées, donne le coup de grâce à son gâteau traditionnel.

Mon père, qui descend à la cave, la lanterne à la main, escorté de son vieux Jean, qui porte le panier, s'arrête tout à coup: « Eh! mes enfants, que vous arrivez tard! — Venez dans mes bras, mes amis, c'est le jour où l'on s'embrasse pour de bon! — Jean, tiens un peu ma lanterne. » Et tandis que mon vieux père me serre contre lui, sa main cherche la mienne et la serre longuement. — Bébé, qui se faufile entre les jambes, nous tire par l'habit et tend son petit bec pour avoir un baiser.

« Mais je vous retiens là dans l'antichambre, et vous êtes gelés ; entrez dans le salon ; il y a de bon feu et de bons amis. »

On nous a entendus, la porte s'ouvre, et l'on nous tend les bras. Au milieu des poignées de mains, des embrassements, des souhaits et des baisers, les cartons s'ouvrent, les bonbons pleuvent, les paquets se déchirent, la gaieté devient du vacarme, et la bonne humeur tourne au tumulte Bébé, debout, au milieu de ses richesses, semble un homme ivre entouré d'un trésor, et de temps en temps il jette un cri de bonheur en découvrant un nouveau joujou.

« La fable du petit homme ! » s'écrie mon père en agitant sa lanterne, qu'il a reprise des mains de Jean.

Un grand silence se fait, et le pauvre enfant, qui fait ses débuts dans l'art de la déclamation, perd tout à coup contenance. Il baisse les yeux, rougit et se réfugie dans les bras de sa mère, qui, penchée à son oreille, lui dit : « Allons, mon chéri : *Un agneau se désaltérait...*; tu sais, le petit agneau ?

— Oui, petite mère, je sais bien, le petit mouton qui voulait boire. Et d'une voix contrite, la tête penchée sur la poitrine, il répète, en faisant un gros soupir :

« *Un agneau se désaltérait dans le courant d'une onde pure.* »

Nous tous, l'oreille tendue et le sourire aux lèvres, nous suivons son délicieux petit jargon.

L'oncle Bertrand, qui est un peu sourd, a fait un cornet de sa main droite et a rapproché sa chaise : « Ah ! j'y suis, dit-il, c'est le *Renard et les raisins*. » Et comme on fait chut ! à l'interrupteur, il ajoute : « Oui, oui, il récite avec finesse, beaucoup de finesse. »

Le succès rend la confiance à mon chéri, qui termine sa fable par un gros éclat de rire. La joie est communicative, et l'on se met à table au milieu de la plus folle gaieté.

« A propos, dit mon père, où diable est ma lanterne ? J'ai oublié la cave. — Jean, mon vieux, prends ton panier et allons fouiller derrière les fagots. »

Le potage fume, et ma mère, après avoir promené autour de la table son regard souriant, plonge la cuillère dans la soupière.

Ma foi, vive la table de famille, où s'assoient ceux qu'on aime, où l'on risque au dessert un coude sur la nappe, où l'on retrouve à trente ans le vin de son baptême !

LETTRES D'UNE JEUNE MÈRE

LETTRES D'UNE JEUNE MÈRE A SON AMIE.

Ce sont les petits bonnets à trois pièces dont j'ai bien besoin, ma bonne Marie. Sois donc assez gentille pour m'envoyer le modèle des brassières de ton invention, tu sais? Merci de ton couvre-pieds, chère bonne amie; il est douillet, souple, chaud, ravissant, et mon bébé, dans cette laine blanche, semble un bouton de rose caché dans la neige. Je deviens poétique, pas vrai? Mais, que veux-tu, mon pauvre cœur déborde de joie. Mon fils! comprends-tu, chère amie, mon fils à moi! Quand j'ai entendu le cri aigu de ce petit être, que ma mère me montrait de loin étendu dans son tablier, il m'a semblé qu'un frisson d'amour me passait brûlant dans les veines. J'ai crié, j'ai pleuré.

La tête chauve de mon vieux docteur se trouvait là, je m'en suis emparée et je l'ai embrassée trois fois.

« Mais calmez-vous donc, chère petite, me disait-il.

— Docteur, taisez-vous ou je vous embrasse encore. Donnez-moi mon bébé, mon amour. Êtes-vous bien sûr que ce soit un fils ? »

Et dans le salon voisin, où toute la famille attendait l'événement, j'entendais, au milieu des baisers, ces mots délicieux : « C'est un garçon, un gros garçon ! »

Mon pauvre mari, qui depuis douze heures ne m'avait pas quittée, brisé d'émotion et de fatigue, pleurait et riait dans un coin de la chambre.

« Allons, la garde, emmaillotez promptement. Pas d'épingles ; je veux des cordons, sac à papier ! je veux des cordons... Vous dites ?... Donnez-moi l'enfant ; vous n'y entendez rien. »

Et le brave docteur, en un tour de main, a habillé mon enfant.

« Il a l'air d'un colonel, votre garçon. Mettez-le au berceau avec une... allons, du calme, chère petite... avec une boule aux pieds. Pas trop de feu, dans la chambre du colonel surtout ! Maintenant plus de bruit ; du repos, et que tout le monde s'en aille. »

Et comme, dans la fente de la porte entr'ouverte, ma tante Ursule chuchotait tout bas : « Docteur, laissez-moi entrer pour lui serrer la main seulement, docteur !...

— Sac à papier ! que tout le monde s'en aille : il faut du silence et du calme. — On est parti.

— Octave, a ajouté le docteur, viens embrasser ta

femme maintenant, et que cela soit fini. Bonne petite femme! elle a été bien courageuse... Octave, viens embrasser ta femme, et dépêche-toi, si tu ne veux pas que je l'embrasse moi-même. C'est que je le ferais comme je te le dis, ajouta-t-il en menaçant. »

Octave, perdu dans le berceau de son enfant, n'entendait rien.

— Bon il va m'étouffer mon colonel, maintenant! »

Mon mari est enfin arrivé. Il m'a tendu sa main, qui tremblait d'émotion, et je l'ai serrée de toutes mes forces. Si mon cœur, dans ce moment-là, ne s'est pas brisé, c'est que le bon Dieu, sans doute, a pensé que j'en aurais encore besoin.

Tu sais, ma bonne Marie, avant d'avoir un enfant, on s'aime bien en ménage, mais on s'aime pour soi, tandis qu'après on s'aime pour lui, pour lui, le cher amour, qui, dans sa petite main mignonne, rive à jamais la chaîne. Dieu permet donc que le cœur se dédouble et se gonfle? Le mien était plein; mon bébé arrive et s'y loge tout entier. Rien ne déborde; et je sens encore qu'il y a place pour ma mère et pour toi. Vois un peu! Tu me l'as dit, et tu as dit vrai. C'est une vie nouvelle, la vie de l'amour profond, du dévouement délicieux. Toute mon existence passée m'apparaît insignifiante, incolore, et je m'aperçois que je commence à vivre. Je suis fière comme un soldat qui s'est battu. Épouse et mère, ce sont nos épaulettes. Grand'maman, c'est le bâton de maréchal.

Comme je vais la rendre douce, l'existence de ces deux êtres aimés! Comme je vais les chérir!... Tiens, je suis folle, je pleure, je voudrais t'embrasser. Je crois que je suis trop heureuse.

Mon mari est vraiment bon. Il tient son enfant avec une gaucherie si gracieuse; il met tant d'efforts pour soulever ce mince fardeau ! Lorsqu'il me l'apporte, caché dans les couvertures, il marche à petits pas lents et prudents. On dirait que le sol va s'effondrer sous lui. Puis il place le trésor dans mon lit, tout près, tout près, sur un bel oreiller festonné. On le pare, on l'installe, et si, après bien des efforts, nous arrivons à le faire sourire, ce sont des joies sans fin. Souvent mon mari et moi, nous restons devant ce petit être, la tête appuyée dans nos mains. Nous suivons en silence les mouvements incertains et charmants de cette menotte aux ongles roses qui s'agite sur la soie, et nous trouvons dans cette contemplation commune un charme si profond de bonheur et de calme qu'il faut un événement pour nous en arracher.

Ce sont, sur la forme de son front et la couleur de ses yeux, des discussions à mourir de rire, qui se terminent toujours par des projets d'avenir, bien fous sans doute, mais si charmants à faire !

Octave veut le lancer dans la diplomatie. Il a l'œil du métier, assure-t-il; ses gestes sont rares, mais pleins de finesse. Pauvre cher petit ambassadeur, qui n'a que trois cheveux, comme Cadet Roussel. Mais aussi quels amours de cheveux que ces trois fils d'or qui frisent sur sa nuque, au-dessus du sillon rose où la peau est si fraîche et si fine que les baisers vont s'y loger d'eux-mêmes !

Il y a dans tout son petit corps un parfum de bébé

qui me grise et me fait bondir le cœur. Quels sont donc, chère amie, les liens invisibles qui nous unissent à nos enfants? Est-ce donc une parcelle de notre âme, une portion de notre vie qui les anime et les fait vivre? Il faut qu'il y ait de cela, car je lis dans les brouillards de sa petite pensée. Je devine ses désirs, je sais quand il a froid, je prévois s'il a faim.

Sais-tu le moment délicieux?... C'est celui où, après avoir fait son repas du soir, s'être gorgé de lait comme un petit chat gourmand, il s'endort, les joues roses, sur mon bras qui le berce. Ses membres s'affaissent lentement, sa tête se penche sur ma poitrine, ses yeux se ferment, tandis que sa bouche entr'ouverte répète encore les mouvements réguliers qu'il faisait tout à l'heure en tetant.

Sa respiration tiède et humide effleure ma main qui le soutient. Alors je l'enferme douillettement dans ma robe relevée, je cache ses petits pieds sous les langes, et je contemple mon chéri. Je l'ai là, bien à moi, sur mes genoux. Pas un tressaillement de son être qui m'échappe et ne vibre en moi. Je sens au fond de mon cœur un miroir qui le reflète. Je le sens à la fois tout entier; il est encore en moi. N'est-ce point mon lait qui le nourrit, ma voix qui l'endort et le calme; ma main qui l'habille et le caresse, le rassure et le soutient? Et le sentiment que je suis tout pour lui ajoute encore un charme de délicieuse protection au bonheur de l'avoir mis au monde.

Quand je pense qu'il y a des femmes qui passent à côté de ces tendresses sans détourner la tête! Les folles!

Oui, le présent est beau, et je me grise de bonheur.

Il y a aussi l'avenir, là-bas dans le nuage. J'y pense souvent, et je ne sais pourquoi je frissonne comme à l'approche de l'orage.

Folie! Je l'aimerai si discrètement, je lui rendrai si léger le poids de mon affection : pourquoi s'éloignerait-il de moi? Ne saurai-je pas à temps devenir son amie? Ne saurai-je pas, lorsqu'un duvet noirâtre voilera cette petite lèvre rosée, lorsque l'oiseau, sentant ses ailes grandir, voudra s'élancer hors du nid, ne saurai-je pas le ramener, par des liens invisibles, dans ces bras où il dort maintenant? Peut-être, en ce vilain moment qu'on nomme la jeunesse des hommes, m'oublieras-tu pour un instant, cher petit! D'autres mains que les miennes peut-être écarteront les cheveux de ton front de vingt ans. Hélas! d'autres lèvres se poseront brûlantes où les miennes se posaient, effaceront d'un baiser vingt années de caresses! Oui, mais quand tu reviendras de cet enivrant et dur voyage, brisé, transi, tu te réfugieras bien vite dans ces bras qui te berçaient autrefois, tu cacheras ta pauvre tête inquiète là où elle est maintenant; tu me demanderas d'essuyer tes larmes, de te faire oublier les meurtrissures du chemin, et je te donnerai, en pleurant de joie, le baiser qui console et fait espérer.

Mais je m'aperçois que je t'écris un volume, ma bonne Marie. Je ne veux pas relire, car je n'oserais plus t'envoyer ma lettre. Que veux-tu, je perds un peu la tête. Je n'ai pas encore l'habitude de ce bonheur-là.

Bien à toi.

QUATRE ANS PLUS TARD.

..... Oui ma chère, c'est un homme, et un homme pour de bon. Il est revenu de la campagne grossi de moitié et diable à faire plaisir. Il monte sur les chaises, arrête les pendules et met les mains dans ses poches comme un propriétaire.

Lorsque je vois, le matin, dans l'antichambre, les petits souliers de mon bébé s'étalant fièrement à côté des bottes paternelles, je fais malgré moi un retour vers ce passé si proche encore. Hier les langes, aujourd'hui les bottines, demain les éperons. Mon Dieu! comme ils s'envolent les jours heureux! Déjà quatre ans! C'est à peine si je pourrais le porter, en admettant qu'il me le permît; car sa dignité d'homme devient chatouilleuse. Il passe la moitié de sa vie armé en guerre; ses pistolets, ses fusils, ses fouets et ses sabres encombrent la maison. Il a dans ses mouvements une franchise de bonne santé qui me ravit.

Ne va pas croire, après tout cela, que mon démon n'a plus rien de bon : il est ange à ses heures, et me rend largement les caresses que je lui donne. Le soir, après dîner, il se blottit dans mon fauteuil, me prend la tête de ses deux mains et me coiffe à sa guise. Sa petite bouche fraîche se promène sur mon visage. Il m'applique sur le cou de gros baisers sonores qui me font frissonner tout entière. Nous avons ensemble des causeries interminables. Les *pourquoi* pleuvent comme grêle, et à tous ces pourquoi il faut de vraies réponses ; car l'intelligence des enfants est avant tout logique. Je n'en veux pour preuve qu'un mot de lui que voici.

Sa grand'mère est un peu souffrante, et chaque soir il ajoute à sa prière ces paroles toutes simples : « Mon Dieu ! rendez la santé à bonne maman, que j'aime de tout mon cœur. » Mais, pour plus de précision, il ajoute lui-même : « Vous savez, mon Dieu ! bonne maman qui demeure rue Saint-Louis, au premier. » Il dit cela avec une expression de naïve confiance et un sérieux si gracieusement comique, le cher amour ! Tu comprends, c'est pour éviter au bon Dieu la peine de chercher l'adresse.

Je te quitte ; je l'entends tousser. Je ne sais s'il a pris froid, mais depuis ce matin je lui trouve l'air abattu. Ne te moque pas de moi, je ne suis pas autrement inquiète.

Je t'embrasse de tout cœur.

Hier il y a eu une consultation. En s'en allant, mon vieux docteur avait les yeux humides ; il se cachait, mais je l'ai vu, j'ai vu cette larme. Mon enfant est donc bien mal ? Cette pensée est atroce, ma pauvre amie. On veut me rassurer, mais je tremble.

La nuit n'a pas été meilleure. Toujours cette fièvre ! Si tu voyais ce qu'est devenu ce beau petit corps que nous admirions tant ! Je ne veux pas songer à ce que Dieu me réserve. On a ordonné de la glace sur la tête.

Il a fallu couper ses cheveux! Pauvres petites boucles blondes que le vent soulevait quand il courait après son cerceau. C'est affreux! J'ai des visions horribles. — Mon enfant! mon pauvre enfant! Il est tellement faible qu'il ne sort plus un mot de ses petites lèvres desséchées et pâlies. Ses grands yeux, qui brillent encore parfois au fond de leur orbite, me sourient de temps en temps; mais ce sourire est si doux et si pâle qu'il ressemble à un adieu. Un adieu! Mais que deviendrais-je?

Non, je m'exagère sans doute.

Ce matin, le croyant endormi, je n'ai pu retenir un sanglot. Ses lèvres se sont ouvertes alors, et il m'a dit bien bas, si bas qu'il a fallu approcher mon oreille pour l'entendre:

« Tu m'aimes donc bien, mère? »

Si je l'aime!... J'en mourrais.

Ta vieille amie.

Nice.

On m'a fait venir ici, et je n'en ressens aucun bien. Chaque jour augmente ma faiblesse. Je crache toujours le sang. — De quoi veut-on me guérir, d'ailleurs?

Si je ne revenais plus à Paris, tu trouveras dans mon armoire à glace ses derniers joujoux: la trace de ses petits doigts y est encore visible. A gauche est la branche de buis qui pendait à son lit. Que tes mains seules touchent à tout cela. Brûle ces chères reliques, ces pauvres témoins d'un bonheur écroulé — Je vois encore... Tiens, les sanglots m'étouffent.

Adieu, mon amie. — Que veux-tu, j'ai bâti trop haut sur un sol trop fragile. J'ai trop aimé d'un seul coup.

A toi de cœur.

VIEUX SOUVENIRS

LES BÉBÉS.

Voilez-vous de belles feuilles vertes, grands quinconces aux ombrages paisibles. Filez entre les branches, gai soleil; et vous, promeneurs studieux, flâneurs contemplatifs, mamans aux fraîches toilettes, nourrices bavardes, enfants braillards, bébés affamés, prenez possession de votre royaume : ces longues allées vous appartiennent.

C'est aujourd'hui dimanche. Fête et joie! Le marchand de gaufres pare sa boutique et rallume son réchaud. La nappe blanche s'étend sur la table et des montagnes de gâteaux dorés attirent le consommateur.

La loueuse de chaises a revêtu son tablier et ses

grandes poches aux sous. Le gardien, votre croque-mitaine, chers bébés chéris! a frisé sa moustache, fourbi son épée innocente et endossé son bel habit. Voyez comme le théâtre de Guignol est séduisant et reluit au soleil sous sa toile rayée!

Dimanche le veut ainsi.

Malheureux ceux auxquels ces grands arbres du Luxembourg ne rappellent pas un de ces souvenirs qui restent au cœur comme au vase son premier parfum.

J'y fus général, sous ces arbres, général empanaché comme un marchand d'eau de Cologne, et armé jusqu'aux dents. J'y commandais entre la cabane des journaux et le kiosque du marchand de gaufres. Point de modestie : mon autorité s'étendait bel et bien jusqu'au bassin, quoique les grands cygnes blancs me fissent un peu peur. Embuscades derrière les troncs d'arbre, postes avancés derrière les nourrices, surprises, combats à l'arme blanche, combats à la hache, attaque de tirailleurs, poussière, lutte, carnage, et pas de sang répandu. Après quoi, la maman nous essuyait le front, relevait nos cheveux en désordre, et nous arrachait à la bataille, dont nous rêvions la nuit.

Maintenant que je traverse ce jardin, cette armée de bébés et de nourrices, en m'appuyant sur ma canne et en tirant la jambe, comme je regrette mon chapeau de général, mon plumet en papier, mon sabre de bois et mon pistolet à ressort; car mon pistolet *partait*. Ce fut la cause de mon rapide avancement.

Ébattez-vous, sainte marmaille; bavardez, nourrices rondelettes, en gourmandant votre sapeur-pompier. Brodez tranquilles, jeunes mères, en vous moquant un peu des voisines; et vous, flâneurs réfléchis, contemplez un peu ce charmant tableau-là. Ce sont des bébés qui construisent un jardin.

Jouer au sable! jeu vieux comme le monde et toujours amusant. Les montagnes s'alignent, des petits brins de bois piqués sur la colline simulent, à s'y méprendre, d'adorables jardins anglais dans les allées duquel le bébé pose gravement ses petits petons incertains. Que ne donnerait-il pas, ce cher petit homme, pour compléter son œuvre en créant un bassin dans son parc, — un bassin, une rigole, trois gouttes d'eau!

Plus loin, le sable est plus humide, et dans la montagne qui résiste, les petits doigts percent un tunnel. Travail de géant que la botte d'un passant va tout à l'heure anéantir. Quel est le passant qui respecte la montagne du bébé? Aussi, le gaillard s'en venge. Voyez plutôt ce monsieur en redingote marron qui lit gravement sur le banc la *Revue des Deux Mondes*; nos travailleurs ont accumulé autour de lui des amas de sable et de poussière : les basques de son habit n'ont déjà plus de couleur.

Mais laissons passer cet attelage qui traverse avec fracas. Quatre chevaux, deux ficelles et un cinquième cheval qui fait le cocher. Pas plus difficile que cela, et l'on se croit en chaise de poste. Que de pays l'on a vus le soir!

Il y a des cochers qui préfèrent être cheval, des

chevaux qui aiment mieux être cocher : premier symptôme d'ambition.

Et le bébé solitaire qui traîne lentement son omnibus autour du marchand de gaufres en lorgnant la boutique Consommateur infatigable, mais mauvaise paye.

Apercevez-vous là-bas, sous les platanes, cet amas de nourrices, troupeau de laitières bourguignonnes, et à leurs pieds, vautrés sur un tapis, tous ces petits philosophes aux fesses roses, qui ne demandent au bon Dieu qu'un brin de soleil, du lolo pur et la paix pour être heureux. Souvent un accident trouble ce calme délicieux. La Bourguignonne, qui se méfie, s'élance... Il est trop tard !

« On n'arrête pas le cours des fleuves, » dit Giboyer.

Quelquefois le désastre est plus grave, on le répare comme on peut ; mais le philosophe, qui aime ces désastres-là, se révolte et braille en se jurant de recommencer.

Ce petit monde est délicieux ; on aime les enfants, mais cette affection pour l'espèce en général devient bien autrement douce lorsqu'il ne s'agit plus du bébé, mais bien de *son* bébé.

Les célibataires peuvent ne pas lire ce qui suit, je désire causer en famille. Entre gens de métier, on se comprend mieux.

Je suis père, chère madame, mais j'ai été *papa*, et, comme toujours, papa d'un amour d'enfant. De son bonnet s'échappait une mèche blonde et frisée qui faisait notre bonheur, et quand je touchais du doigt son cou blanc, il éclatait de rire et me montrait ses petites perles blanches en me prenant la tête dans ses deux bras.

Sa première dent fut un événement. On se mettait au jour pour mieux voir, et les grands parents braquaient leur binocle sur ce petit point blanc; et moi, le cou tendu, je démontrais, j'expliquais, je prouvais. Et du coup je courus à la cave chercher dans le bon coin une bouteille de choix.

La dent de mon fils! On parla de sa carrière pendant le dîner, et au dessert grand'maman chanta son couplet.

Après cette dent, il en vint d'autres, et avec elles, les larmes et les douleurs; mais aussi, lorsqu'il fut armé de toutes pièces, comme il mordait fièrement son morceau de pain, comme il attaquait vigoureusement sa côtelette, pour faire *tomme papa*.

Tomme papa! vous souvenez-vous combien ces deux mots réchauffent le cœur, et que de méfaits ils font pardonner!

Mon grand bonheur, est-ce aussi le vôtre? était d'assister au petit lever de mon chéri. Je savais son heure. J'écartais doucement les rideaux de son berceau et j'attendais en le regardant.

Le plus souvent, je le trouvais étendu en diagonale, perdu dans le chaos des draps et des couvertures, les jambes en l'air, les bras croisés au-dessus de sa tête; souvent sa petite main potelée serrait encore le joujou qui l'avait endormi la veille, et de sa bouche entr'ouverte s'échappait le murmure régulier de sa douce respiration. La chaleur du dodo avait donné à ses joues les tons d'une pêche bien mûre. Sa peau était tiède et la transpiration de la nuit faisait briller son front de petites perles imperceptibles.

Bientôt sa main faisait un mouvement, son pied repoussait la couverture, tout son corps se remuait, il se frottait un œil, étendait ses bras, puis son regard, sous sa paupière à peine soulevée, se fixait sur moi.

Il me souriait en murmurant tout bas, si bas que je retenais ma respiration pour saisir toutes les nuances de sa petite musique :

« Bonzou, petit pé.

— Bonjour, mon petit homme, tu as donc bien dormi? »

Nous nous tendions les bras et nous nous embrassions comme de vieux camarades.

Alors la causerie commençait. Il causait comme les alouettes chantent au soleil du matin. C'étaient des histoires interminables.

Il me racontait ses rêves, en demandant après chaque phrase sa *bonne petite panade avec beaucoup de beurre dedans*. Et quand cette bonne panade arrivait fumante, quel éclat de rire, quelle joie, comme il s'élançait vers elle en se pendant à ses rideaux; son œil brillait avec une larme au coin et le gazouillement recommençait.

D'autres fois il venait me surprendre dans mon lit, je faisais semblant de dormir et il me tirait la barbe en me criant dans l'oreille. Je feignais une grande frayeur et je jurais de me venger. De là, combats dans l'édredon, retranchement derrière l'oreiller, etc.

En signe de victoire je le chatouillais, alors il frissonnait en laissant échapper cet éclat de rire franc et involontaire des enfants heureux. Il enfouissait sa tête dans ses deux épaules comme une tortue qui se retire dans sa coque, et me menaçait de son pied dodu et rose. La peau de son talon était si fine que la joue d'une jeune fille en eût été fière. De combien de baisers je couvrais ces chers petons quand, le soir, au coin du feu je faisais chauffer sa longue chemise de nuit !

On m'avait interdit de le déshabiller, sous prétexte que je compliquais les nœuds au lieu de les défaire.

Tout cela était charmant; mais quand il fallait sévir et arrêter court la gaminerie qui allait trop loin, il baissait lentement les paupières, tandis que ses narines soulevées, ses petites lèvres tremblantes, il essayait de retenir sous ses grands cils une grosse larme brillante.

Quel courage ne faut-il pas pour ne pas calmer par un baiser cet orage qui va éclater, pour ne pas consoler ce petit cœur qui se gonfle, pour ne pas sécher cette larme qui déborde et va devenir torrent.

L'expression d'un enfant est alors si touchante, il y a tant de douleur dans une larme chaude qui tombe lentement, tant de douleur dans ce petit visage qui se contracte, dans cette poitrine chérie qui se soulève !

Tout cela est bien loin... Les années se sont écoulées sans parvenir à effacer ces souvenirs aimés; et maintenant que mon bébé a trente ans et de grandes moustaches, lorsqu'il me tend sa large main en me disant de sa voix de basse :

« Bonjour, mon père. »

Il me semble que l'écho me répète dans le lointain ces mots chéris d'autrefois :

« *Bonzou petit pé.* »

LES PETITES BOTTES

Le matin, quand je quittais ma chambre, j'apercevais, soigneusement alignées devant la porte, ses chaussures et les miennes. C'était de petites bottines lacées, un peu avachies, et ternies par le rude usage auquel il les soumettait. La semelle était amincie à gauche et un petit trou menaçait à l'extrémité du pied droit. Les cordons, fatigués et lâches, pendaient à droite et à gauche. Au gonflement du cuir, on reconnaissait la place de ses doigts et de son pouce, et tous les mouvements accoutumés de son peton avaient laissé leur trace par des plis insensibles ou profonds.

Pourquoi ai-je retenu tout cela? je ne sais en vérité mais il me semble encore voir les bottes du cher petit posées là, sur le tapis, à côté des miennes, — deux grains de sable près de deux pavés, un chardonneret en compagnie d'un éléphant. C'étaient ses bottes de tous les jours, ses camarades de jeu, celles avec lesquelles il entrait dans les montagnes de sable et explorait les flaques d'eau. — Elles lui étaient dévouées et partageaient si intimement son existence que quelque chose de lui-même se retrouvait en elles. — Je les aurais reconnues entre mille : elles avaient pour moi une physionomie particulière, il me semblait qu'un lien invisible les rattachait à lui, et je ne pouvais regarder leur forme encore indécise, leur grâce comique et charmante, sans me rappeler leur petit maître et m'avouer qu'elles lui ressemblaient.

Tout ce qui touche aux bébés devient un peu bébé aussi et prend cette expression de grâce maladroite et naïve qui leur est propre.

A côté de ces petites bottes rieuses, gaies, de belle humeur, ne demandant qu'à courir les champs, mes chaussures paraissaient monstrueuses, lourdes, grossières, absurdes, avec leurs gros talons... A leur air pesant et désillusionné, on sentait que pour elles la vie était grave, les courses longues et le fardeau à supporter tout à fait sérieux.

Le contraste était saisissant et l'enseignement profond. Je m'approchais de ces petites bottines tout doucement, pour ne point éveiller le petit homme qui dormait encore dans la pièce voisine. Je les tâtais, je les retournais, je les regardais de tous côtés et je me sentais gagner par un sourire délicieux. Jamais le vieux gant qui sentait la violette et qui traîna si longtemps dans le plus profond secret de mon tiroir ne me procura une aussi douce émotion.

L'amour paternel n'est pas de l'amour pour rien :

il a ses folies, ses faiblesses, il est puéril ou sublime, il ne s'analyse pas, ni ne s'explique : il se ressent, et je m'y laissais aller délicieusement.

Que le papa sans faiblesse me lance la première pierre, les mamans me vengeront.

Songez que cette bottine lacée et percée du bout me rappelait son petit pied grassouillet et que mille souvenirs se rattachaient à ce peton chéri.

Je me le figurais, le cher enfant, lorsque je lui coupais les ongles, et qu'il se débattait en me tirant la barbe et en riant malgré lui, car il était chatouilleux.

Je me le figurais, lorsque le soir, au coin d'un bon feu, je lui enlevais ses petits bas. — Quelle fête !

Je disais *une... deux...* Et lui, enveloppé dans sa grande chemise de nuit, les mains perdues dans ses manches trop longues, il attendait, l'œil brillant, tout prêt à éclater de rire, le fameux *trois*.

Enfin, après mille retards, mille petites taquineries qui excitaient son impatience et qui me permettaient de lui voler cinq ou six baisers, je disais : *trois*.

Le bas s'envolait au loin. — Alors c'était une joie folle, il se renversait sur mon bras et ses jambes nues s'agitaient en l'air. De sa bouche, grande ouverte, dans les profondeurs de laquelle on voyait les deux rangées de ses petites perles brillantes, s'échappait une cascade de bons rires sonores.

Sa mère, qui riait aussi, lui disait au bout d'un instant :

« Voyons, bébé; voyons, mon petit ange, tu vas t'enrhumer.

« Mais retiens-le donc... Veux-tu finir, petit démon. »

Elle voulait gronder, mais elle ne pouvait retrouver son sérieux à la vue de sa bonne grosse tête blonde, épanouie, colorée, heureuse, renversée sur mon genou.

Ma femme me regardait, et me disait :

« Il est insupportable... Mon Dieu, quel enfant ! »

Mais je comprenais que cela voulait dire :

« Regarde comme il est beau, bien portant et heureux, notre bambin, notre petit homme, notre fils à nous deux ! »

Et, dans le fait, il était adorable, du moins je le voyais ainsi.

J'ai eu la sagesse — je peux le dire maintenant que mes cheveux sont blancs — de ne pas laisser passer un seul de ces bons moments sans en jouir amplement, et, en vérité, j'ai bien fait. Pitié pour les pères qui ne savent point être papas le plus souvent possible, qui ne savent point se rouler sur le tapis, jouer au cheval, faire le gros loup, déshabiller leur bambin, imiter l'aboiement du chien et le rugissement du lion, mordre à pleines dents sans faire de mal, et se cacher derrière les fauteuils en se laissant voir.

Pitié sincère pour ces infortunés ! Ce ne sont pas seulement d'agréables enfantillages qu'ils négligent là, ce sont de vrais plaisirs, de délicieuses jouissances; ce sont les parcelles, les miettes de ce bonheur qu'on calomnie si fort, qu'on accuse de ne point exister, parce qu'on attend qu'il tombe du ciel tout d'une pièce, sous forme de lingot, alors qu'il est à nos pieds, réduit en poussière fine. Ramassons-en les menus fragments et ne nous plaignons pas trop ; chaque jour amène son pain et sa ration de bonheur.

Marchons lentement et regardons à nos pieds, fouillons autour de nous, cherchons dans les petits coins ; c'est là que la Providence fait ses cachettes.

J'ai toujours ri des gens qui traversent la vie bride abattue, les narines dilatées, les yeux inquiets et le regard à l'horizon. Il semble que le présent leur brûle les pieds, et quand on leur dit : « Mais arrêtez-vous donc un instant, mettez pied à terre, prenez un verre de ce bon vin doré, causons un peu, rions un instant, embrassons votre enfant.

— Impossible, vous répondent-ils, on m'attend là-bas. Là-bas, je causerai ; là-bas, je boirai un vin délicieux ; là-bas, je me livrerai à la tendresse paternelle ; là-bas, je serai heureux... là-bas... » Et quand ils sont arrivés *là-bas*, haletants, brisés, qu'ils réclament en criant le prix de leurs fatigues, le présent, qui rit sous ses lunettes, leur dit :

« Monsieur, la caisse est fermée. »

L'avenir promet, — c'est le présent qui paye, et il faut être en bonne intelligence avec celui qui tient les clefs de la caisse.

Pourquoi s'imaginer qu'on est dupe de la Providence ?

Croyez-vous qu'elle ait le loisir, cette bonne Providence, de servir à chacun de vous un bonheur complet, tout découpé sur un plat d'or, et de nous faire de la musique pendant le repas, par-dessus le marché?... C'est pourtant ce que beaucoup de gens voudraient.

Il faut être raisonnables, retrousser nos manches, nous occuper nous-mêmes de notre cuisine et ne point exiger que le ciel se dérange pour écumer notre pot-au-feu.

Je pensais à tout cela, le soir, lorsque mon bébé était dans mes bras, que son haleine humide et régulière m'effleurait la main. Je pensais aux bons moments que le petit homme m'avait déjà procurés et je lui en étais reconnaissant.

Comme c'est simple! me disais-je, d'être heureux, et la singulière manie d'aller en Chine pour se distraire!

Ma femme était de mon avis, et nous restions de longues heures à tisonner tout en causant sur ce que nous éprouvions.

« Toi, vois-tu, mon ami, tu l'aimes autrement que moi, me disait-elle souvent. — Les papas calculent plus... Leur affection est comme un échange... Ils n'aiment bien leur enfant que le jour où leur amour-propre d'auteur est flatté... Il y a du propriétaire dans le papa... Vous pouvez analyser l'amour paternel, en découvrir les causes, dire : « J'aime mon enfant parce « qu'il est de telle ou telle façon. »

« Pour la maman, cette analyse est impossible, elle n'aime pas son enfant parce qu'il est beau ou laid, intelligent ou absurde, qu'il lui ressemble ou ne lui ressemble pas, qu'il a ses goûts et ses gestes, ou ne les a pas. Elle l'aime parce qu'elle ne peut pas faire autrement; c'est une nécessité.

« L'amour maternel est un sentiment inné chez la femme. — L'amour paternel est chez l'homme le résultat des circonstances. Chez elle, c'est un instinct; chez lui, c'est un calcul dont il n'a pas conscience, il est vrai, mais enfin c'est le résultat de plusieurs autres sentiments.

— C'est très-bien, ne te gêne pas, lui disais-je : nous n'avons ni cœur ni entrailles, nous sommes d'affreux sauvages.. .C'est monstrueux, ce que tu dis là !... » Et j'agitais les pincettes avec violence en dérangeant les bûches.

Cependant ma femme avait raison, je me l'avouais à moi-même. Quand un enfant vient au monde, l'affection de la mère n'est pas comparable à celle du papa. Chez elle, c'est déjà de l'amour. Il semble qu'elle le connaît de longue date, son beau chéri. A son premier cri, on dirait qu'elle le reconnaît. Elle semble dire : C'est lui. Elle le prend sans embarras, ses gestes sont faciles, elle n'éprouve aucune gêne, et dans ses deux bras enlacés le bébé trouve une place à sa mesure et s'endort heureux dans ce nid fait pour lui. On dirait que la femme a fait un mystérieux apprentissage de la maternité. L'homme, au contraire, à la naissance d'un enfant, éprouve un grand trouble. Le premier vagissement du petit être l'émeut; mais il y a dans cette émotion plus d'étonnement que d'amour. Son affection n'est point encore née. Son cœur a besoin de réfléchir et de s'habituer à ces tendresses nouvelles pour lui.

Il y a un surnumérariat, un apprentissage au métier de papa. — Il n'y en a pas à celui de maman.

Si le père est moralement maladroit pour aimer son nouveau-né, il faut avouer qu'il l'est aussi physiquement pour lui manifester sa tendresse.

Ce n'est qu'en tremblant, avec mille contorsions, mille efforts qu'il soulève ce mince fardeau. — Il a peur de briser le marmot, qui en a conscience et qui braille à pleins poumons. Il déploie plus de force, le pauvre homme, pour soulever son enfant, qu'il n'en faudrait pour enfoncer une porte. S'il l'embrasse, sa barbe le pique; s'il le touche, ses gros doigts font un malheur. — Il a l'air d'un ours qui enfile une aiguille.

Et cependant il faut la gagner, l'affection de ce pauvre père, qui n'a d'abord que des mésaventures; il faut le séduire, l'enchaîner, lui faire prendre goût au métier, et ne pas faire durer trop longtemps son rôle de conscrit.

La nature y a pourvu, et le papa passe définitivement caporal le jour où le bébé balbutie ses premières syllabes.

Il faut dire qu'il est bien doux, ce premier bégayement de l'enfant, et qu'il est admirablement choisi pour émouvoir, ce *pa...pa* que le petit être murmure d'abord. Est-ce étrange que le premier mot de l'homme exprime précisément le sentiment le plus profond et le plus tendre de tous?

N'est-il pas touchant de voir ce petit être trouver à lui tout seul le mot qui doit attendrir sûrement celui dont il a le plus besoin, le mot qui veut dire:

« Je suis à toi, aime-moi, fais-moi une place dans ton cœur, ouvre-moi tes bras; tu vois, je n'en sais pas encore bien long; je débarque, mais déjà je pense à toi, je suis de la famille, je mangerai à ta table et je porterai ton nom... *pa...pa... pa...pa...* »

Il a trouvé d'un coup la plus délicate des flatteries, la plus douce des tendresses. Il entre dans le monde par un coup de maître.

Ah! l'amour chéri! *Pa...pa... pa...pa....* J'entends encore sa petite voix hésitante, je vois encore ses deux lèvres vermeilles se lever et s'abaisser. Nous étions tous en cercle autour de lui, agenouillés pour être à sa hauteur. On lui disait : « Répète encore, petit homme, répète encore... Où est-il donc, ton *papa ?* » Et lui, que tout ce monde égayait, me tendait les bras en tournant les yeux vers moi.

Je l'embrassai bien fort, et je sentis que deux grosses larmes m'empêchaient de parler....

A partir de ce moment, je fus un papa sérieux.

J'étais baptisé.

BÉBÉS ET PAPAS

———

Lorsque le bébé atteint trois ou quatre ans, que son sexe apparaît dans ses gestes, dans ses goûts, dans ses yeux, qu'il fracasse ses chevaux de bois, éventre ses tambours, souffle dans des trompettes, casse les roulettes et témoigne pour la vaisselle une hostilité bruyante, — qu'en un mot il est homme, — c'est alors que l'affection du père pour son fils devient véritablement de l'amour. Il se sent envahir par un besoin de tendresse particulier, dont les plus doux souvenirs de la vie passée ne sauraient donner une idée. Sentiment profond dont les racines sans nombre enveloppent le cœur et le fouillent en tout sens. — Défauts ou qualités, elles y pénètrent et s'en nourrissent. Aussi retrouve-t-on dans l'amour paternel toutes les faiblesses et toutes les grandeurs de l'humanité. La vanité, l'abnégation, l'orgueil et le désintéressement y sont à la fois réunis, et l'homme tout entier apparaît dans le papa.

C'est le jour où l'enfant devient un miroir dans lequel on reconnaît ses traits que le cœur s'émeut et frissonne. La vie se dédouble; on n'est plus un, mais un et demi; on sent son importance s'accroître, et, dans l'avenir de ce petit être *qui vous appartient*, on reconstruit son passé, — on ressuscite, on renaît en lui. On se dit : « Je lui éviterai tel chagrin que j'ai éprouvé, j'écarterai de sa route telle pierre qui me fit trébucher, je ferai son bonheur, et *il me devra tout*; il sera, *grâce à moi*, plein de talents et de charmes. » On lui donne d'avance tout ce qu'on n'a pas eu, et dans ses lauriers à venir on se ménage une petite couronne.

Faiblesse humaine. Sans doute, mais qu'importe, si le sentiment qu'engendre cette faiblesse est le plus fort et le plus pur de tous; qu'importe qu'une rivière limpide naisse entre deux pavés! Doit-on nous en vouloir d'être généreux par égoïsme et de nous dévouer aux autres par jouissance personnelle?

Donc, chez le père, la vanité est la corde vibrante. Dites à tous les papas :

« Mon Dieu, comme votre fils vous ressemble. » Vous serez bien reçu. Il hésitera bien à dire oui, le pauvre homme, mais je le mets au défi de ne point sourire. Il dira :

« Peut-être... Ah! vous trouvez?... Cependant... oui, de profil... »

Et, ne vous y trompez pas, s'il en agit ainsi, c'est pour qu'on lui réponde avec étonnement :

« Voilà qui est trop fort, cet enfant est votre portrait ! »

Il est heureux, et cela s'explique : cette ressemblance n'est-elle pas un lien visible entre lui et son œuvre ? n'est-ce pas sa signature, son cachet de fabrique, son titre de possession et comme la sanction qui constate ses droits ?

A cette ressemblance physique succède bientôt une ressemblance morale qui est bien autrement charmante. On est ému aux larmes lorsqu'on reconnaît les premiers efforts de cette petite intelligence pour saisir vos idées. Sans contrôle, sans examen, elle les accepte et s'en nourrit. — Peu à peu, l'enfant partage vos goûts, vos habitudes, vos allures. Il prend sa grosse voix pour faire comme petit père, demande vos bretelles, soupire devant vos bottes et s'asseoit avec admiration sur votre chapeau. Il protége sa maman lorsqu'il sort avec elle, et gronde le chien, quoiqu'il en ait grand'peur, pour faire comme papa. L'avez-vous surpris pendant le repas, fixant sur vous ses grands yeux observateurs et, la bouche ouverte, la cuiller à la main, étudiant votre visage et copiant son modèle avec une expression d'étonnement et de respect ! Écoutez-le dans ses longs bavardages, vagabonds comme son petit cerveau ; ne dit-il pas :

« Moi d'abord, quand je serai grand comme petit père, j'aurai des moustaches, puis une canne, comme lui, et je n'aurai pas peur quand il fait nuit, parce que c'est bête d'avoir peur quand on est grand, et puis je dirai *sacré matin*... puisque je serai grand.

— Bébé... qu'est-ce que vous dites là, monsieur bébé?

— Eh bien, je dis comme papa. »

Que voulez-vous, c'est un miroir fidèle! Vous êtes pour lui un idéal, un but, le type de ce qui est grand et fort, beau et intelligent.

Bien souvent il se trompe, le cher petit; mais son erreur est d'autant plus délicieuse qu'elle est plus sincère et qu'on se sent plus indigne d'une si franche admiration. On se console de ses imperfections en songeant qu'il n'en a point conscience.

Les défauts des enfants sont presque toujours des emprunts faits au père; ils sont la conséquence d'une copie trop exacte. Les prémunir? — Oui, sans doute, mais quelle force d'âme ne faut-il pas à ce pauvre homme, je vous le demande, pour détromper son bébé, pour détruire d'un mot sa confiance naïve et lui dire : « Mon enfant, je suis incorrect et j'ai des laideurs qu'il faut éviter. »

Cette espèce de dévotion du bébé pour son père me rappelle le mot charmant d'un de mes petits compagnons. En traversant la rue, le petit homme aperçoit un sergent de ville; il l'examine avec respect, et, se retournant vers moi après un moment de réflexion :

« N'est-ce pas, grand ami, me dit-il d'un air convaincu, que papa est plus fort que tous les sergents de ville? »

Je lui aurais répondu non, que nos relations étaient brisées du coup.

N'est-ce pas adorable?

On peut dire absolument : Tel bébé, tel papa. —

Notre vie est le seuil de la sienne. — C'est par nos yeux qu'il a vu tout d'abord.

Profitez, jeunes pères, des premiers moments de candeur de votre cher bébé; tâchez d'entrer dans son cœur lorsque ce petit cœur s'entr'ouvre, et logez-vous-y si bien qu'au moment où l'enfant pourra vous juger il vous aime trop pour être sévère et cesser d'être à vous. Gagnez son affection, la chose en vaut la peine.

Être aimé toute sa vie par un être qu'on aime! voilà le problème à résoudre et vers la solution duquel doivent tendre vos efforts. — Vous faire aimer, c'est amasser des trésors de bonheur pour l'hiver. — Chaque année vous enlèvera une parcelle de vie, rétrécira le cercle d'intérêts et de plaisirs dans lequel vous vivez; votre esprit peu à peu perdra de sa sève et demandera du repos, et à mesure que vous vivrez moins par l'esprit, vous vivrez plus par le cœur. La tendresse des autres, qui n'était qu'un hors-d'œuvre agréable, deviendra un aliment nécessaire, et quoi que vous ayez été, hommes d'État ou artistes, militaires ou banquiers, lorsque votre tête sera blanche, vous ne serez plus que papas.

Or l'amour filial ne naît point tout d'une pièce et comme fatalement. La voix du sang est une voix plus poétique que vraie. L'affection des enfants se gagne et se mérite; elle est une conséquence, non une cause, et la reconnaissance en est le commencement. Il faut donc, à tout prix, que votre bébé soit reconnaissant. Ne comptez pas qu'il vous sache gré de votre sollicitude, des rêves d'avenir que vous faites pour lui, des mois de nourrice que vous avez payés et de la dot superbe que vous lui préparez; cette reconnaissance-là exige de sa petite cervelle un calcul trop compliqué et des notions sociales qui lui sont encore inconnues. — Il ne vous saura aucun gré de la tendresse extrême que vous avez pour lui; ne vous en étonnez pas et ne criez pas à l'ingratitude. Il faut d'abord que vous lui fassiez comprendre votre affection, il faut qu'il l'apprécie et la juge avant d'y répondre; qu'il sache ses notes avant de jouer des airs.

La reconnaissance du petit homme ne sera d'abord qu'un calcul égoïste, naturel et peu compliqué. — Si vous l'avez fait rire, si vous l'avez amusé, il souhaitera de recommencer, tendra vers vous ses petits bras en criant : « Encore. » Et le souvenir des plaisirs dont vous l'aurez fait jouir se gravant dans son esprit, il se dira bientôt : Personne ne m'amuse autant que papa; c'est lui qui sait me faire sauter en l'air, jouer à cache-cache, raconter de belles histoires! Et peu à peu la reconnaissance naîtra en lui, comme le remercîment vient aux lèvres de celui qu'on a rendu heureux.

Donc, apprenez l'art d'amuser votre enfant, imitez la voix du coq et roulez-vous sur les tapis; répondez à ses mille questions impossibles, qui sont l'écho de ses rêves sans fin; et puis aussi laissez-vous tirer la barbe et faites *coucou* dans tous les coins. Tout cela est de la tendresse, mais aussi de l'habileté, et le bon roi Henri ne démentait pas sa fine politique en marchant à quatre pattes sur son tapis.

A ce compte, sans doute, votre autorité paternelle perdra de son prestige austère, mais vous y gagnerez cette influence profonde et durable que donne l'affection. Votre bébé vous craindra moins, mais il vous aimera davantage. — Où est le mal?

Ne craignez rien, devenez un peu son camarade pour avoir le droit de rester son ami. — Cachez votre suzeraineté paternelle comme un commissaire de police cache son écharpe. — Demandez avec bonté ce que vous pourriez exiger sans détour, et attendez tout de son cœur, si vous avez su l'attendrir. Évitez avec soin ces vilains mots de discipline, d'obéissance passive et de commandement; que sa soumission lui soit douce et que son obéissance ressemble à une tendresse. Renoncez à la sotte jouissance d'imposer vos fantaisies et de donner des ordres pour constater votre infaillibilité.

Les enfants ont une finesse de jugement, une délicatesse d'impression qu'on ne suppose pas à moins de les avoir étudiés. La justice et l'équité naissent facilement dans leur esprit, car ils ont avant toute chose une logique absolue. — Profitez de tout cela. Il est des mots injustes et durs qui restent gravés au fond du cœur d'un enfant, et dont il se souvient toute sa vie. — Songez que dans votre bébé il y a un homme dont l'affection réchauffera votre vieillesse; respectez-le pour qu'il vous respecte, et soyez sûr qu'il n'est point une seule partie de semence jetée dans ce petit cœur qui tôt ou tard ne produise des fruits.

Mais il est, me direz-vous, des enfants indomptables,

des esprits rebelles et révoltés dès le berceau. — Êtes-vous bien sûr que le premier mot qu'ils ont entendu dans la vie n'a pas été la cause de ces mauvais penchants? Où il y a eu révolte, il y a eu pression maladroite, — et je ne veux pas croire au vice inné. — Au milieu des mauvais instincts, il en est toujours un bon dont on peut se faire une arme pour combattre les autres. Cela demande, je le sais, une tendresse extrême, un tact parfait, une confiance sans bornes, mais la récompense est douce. — Je crois donc, pour conclure, que le premier baiser d'un père, son premier regard, ses premières caresses ont sur la vie de l'enfant une influence immense.

Aimer — c'est bien. — Savoir aimer — c'est tout.
Ne serait-on pas papa, qu'il est impossible de passer devant la sainte marmaille sans se sentir ému et sans l'aimer. Crottés, déguenillés ou pomponnés avec recherche; courant au grand soleil, sur la route, et se vautrant dans la poussière, ou sautant à la corde, au milieu des Tuileries; barbotant parmi les canetons déplumés qui font *koui, koui,* ou faisant des montagnes de sable auprès des mamans empanachées, les bébés sont adorables. Dans ceux-ci et dans ceux-là même grâce, mêmes gestes embarrassés, même sérieux comique, même candeur, même insouciance de l'effet produit, même charme enfin; ce charme qu'on appelle l'Enfance, qu'on ne peut comprendre sans l'aimer; charme difficile à définir, mais qu'on retrouve le même dans toute la nature, depuis la fleur qui s'entr'ouvre, le jour qui commence à poindre, jusqu'à l'enfant qui entre dans la vie.

Le bébé n'est point un être incomplet, une ébauche inachevée, — c'est un homme. Observez-le de près, suivez chacun de ses mouvements; ils vous révéleront une marche logique dans les idées, une merveilleuse puissance d'imagination, qu'on ne retrouvera à aucun âge de la vie. Il y a plus de poésie vraie dans la cervelle de ces chers amours que dans vingt poëmes épiques. Ils sont étonnés et inhabiles; mais rien n'égale la séve de ces esprits tout neufs, frais, naïfs, sensibles aux moindres impressions et se frayant une route au milieu de l'inconnu.

Quel travail immense ne font-ils pas en quelques mois! Percevoir les bruits, les classer entre eux, comprendre que certains de ces bruits sont des paroles et que ces paroles sont des pensées; trouver à eux tout seuls le sens de toute chose, distinguer le vrai du faux, le réel de l'imaginaire; corriger, par l'observation, les erreurs de leur imagination trop ardente; débrouiller un chaos; et, durant ce travail gigantesque, assouplir sa langue, fortifier ses petites jambes chancelantes, se faire homme, en un mot. Si jamais spectacle fut curieux et touchant, c'est celui de ce petit être allant à la conquête du monde. Il ne connaît encore ni la crainte ni le doute, et ouvre son cœur tout grand. Il y a du don Quichotte dans le bébé. Il est comique comme le grand chevalier, mais il en a aussi les côtés sublimes.

Ne riez pas trop des hésitations, des tâtonnements sans nombre, des folies impossibles de cet esprit vierge, qu'un papillon emporte dans les nuages, et pour lequel les grains de sable sont des montagnes;

qui comprend le gazouillement des oiseaux, prête des pensées aux fleurs et une âme aux poupées; qui croit à des régions lointaines où les arbres sont en sucre, les champs en chocolat, où les rivières sont du sirop; pour qui mère Gigogne et Polichinelle sont des personnalités puissantes et pleines de réalité; qui peuple le silence et anime la nuit. Ne riez pas de ce cher amour. Sa vie est un rêve, et ses erreurs s'appellent poésie.

Cette poésie touchante, vous la trouvez dans l'enfance des hommes, vous la trouvez aussi dans l'enfance des peuples. Elle est la même. — Dans l'une et dans l'autre, même besoin d'idéalisation, même tendance à personnifier l'inconnu. Et l'on peut dire qu'entre Polichinelle et Jupiter, mère Gigogne et Vénus, il n'y a pas l'épaisseur d'un cheveu.

PREMIÈRE CULOTTE

Pour l'enfant, le grand désir est de devenir un homme. Or, le premier symptôme de la virilité, le premier pas sérieux fait dans la vie est marqué par l'usage de la culotte.

Cette première culotte est un événement que le papa souhaite et que la maman redoute. Il semble à la mère que ce soit un commencement d'abandon. Elle regarde d'un œil humide le cotillon délaissé pour toujours, et se dit : « La première enfance est donc terminée? Déjà! mon rôle va bientôt cesser. Il va avoir de nouveaux goûts, de nouveaux désirs; il n'est déjà plus moi-même; sa personnalité s'accuse, c'est quelqu'un, c'est un garçon. »

Le père, tout au contraire, est ravi. Il rit dans sa moustache en regardant les petits mollets cambrés qui sortent du pantalon; il tâte ce petit corps dont on saisit nettement le contour sous le nouveau vêtement, et il se dit : « Comme il est bâti, le gaillard! Il aura, comme moi, les épaules larges, les reins solides. Comme ses petits pieds reposent franchement à terre!... » Il voudrait lui voir des bottes; pour un rien, il lui achèterait des éperons. Il commence à s'apercevoir lui-même dans le petit être qui vient de lui; il le regarde avec de nouveaux yeux et, pour la première fois, il trouve un charme extrême à l'appeler *mon garçon*.

Quant au bébé, il est ivre, il est glorieux, il est triomphant, quoique un peu embarrassé de ses bras et de ses jambes, et, soit dit sans vouloir l'offenser, il ne ressemble pas mal à ces petits caniches qu'on a tondus à l'approche de l'été. Ce qui le gêne beaucoup, le pauvre petit homme, c'est son passé. — Que d'hommes sérieux, je vous le demande, éprouvent le même inconvénient! Il sent très-bien que culotte oblige, qu'il lui faut maintenant de nouvelles allures, de nouveaux gestes, un nouveau timbre de voix; il commence à lorgner du coin de l'œil les mouvements de son papa, qui n'en est pas mécontent; il tente maladroitement un geste masculin, et cette lutte entre son passé et son présent lui donne pendant quelque temps la démarche la plus comique du monde. Son cotillon le poursuit, et véritablement il enrage.

Première culotte chérie! je t'aime, parce que tu es une amie fidèle et que je retrouve, à chaque pas de la vie, toi et ton cortége de douces sensations. N'es-tu pas la vivante image de l'illusion nouvelle qui caresse notre vanité. Vous, mon officier, qui mesurez encore vos moustaches dans la glace et venez de mettre pour la première fois l'épaulette et le ceinturon doré, qu'éprouviez-vous en descendant votre escalier lorsque vous avez entendu le fourreau de votre sabre qui faisait *tic, toc, tac* sur les marches, lorsque, sanglé, peigné, botté, les coudes en dehors, le képi sur l'oreille, vous vous êtes trouvé au milieu de la grande rue, et qu'une force irrésistible vous poussant, vous avez contemplé votre image dans les bocaux du pharmacien? Osez dire que vous ne vous êtes point arrêté devant ces bocaux?...

Première culotte que tout cela, mon lieutenant!

Vous la retrouverez encore, la joyeuse culotte, quand vous passerez capitaine et que vous serez décoré. Et plus tard, quand, vieux grognard à moustache grise, vous prendrez une mignonne compagne pour vous rajeunir, vous la remettrez encore; mais, cette fois-ci, la chère enfant vous aidera à la porter.

Et le jour, mon officier, où vous n'aurez plus affaire à elle, hélas! ce jour-là vous serez bien bas; car la vie tout entière est dans ce vêtement précieux. L'existence n'est pas autre chose : mettre sa première culotte, l'enlever, la remettre, et mourir en la regardant.

Est-il donc vrai que la plupart de nos joies n'aient pas de cause plus sérieuse que celles des enfants? Sommes-nous donc si naïfs? — Eh! mon Dieu, oui, mon cher monsieur, nous sommes naïfs à ce point, que nous ne croyons pas l'être. Nous ne nous débarrasserons jamais complétement de nos langes, voyez-vous bien; il en reste toujours un petit bout qui passe. Il y a un bébé dans chacun de nous, ou, pour mieux dire, nous ne sommes que des bébés grossis.

Voyez ce jeune avocat qui se promène longuement dans la salle des pas perdus. Il est rasé de frais; dans les plis de sa robe toute neuve il cache une montagne de dossiers, et sur sa tête, où l'univers s'agite, se dresse une belle toque qu'il a achetée hier et que ce matin il a coquettement défoncée d'un coup de poing. Ce jeune homme est heureux; au milieu du vacarme général il distingue l'écho de ses pas, et le bruit sonore de ses bottes lui fait l'effet du faux-bourdon de Notre-Dame. Tout à l'heure il trouvera le moyen de descendre le grand escalier et de traverser la cour en costume. Vous pouvez être sûr qu'il ne se déshabillera que pour aller dîner. Que de joie dans ces cinq mètres de lustrine noire! que de bonheur sous ce vilain drap tendu sur le carton!

Première culotte, je crois te reconnaître.

Et vous, madame, avec quel bonheur ne retrouvez-vous pas, à chaque nouvelle saison, ces jouissances que cause l'habit neuf? Ne nous dites pas, je vous en prie, que ces jouissances-là sont secondaires, car leur influence est absolue sur votre humeur et votre caractère. Pourquoi, je vous le demande, avez-vous trouvé dans le sermon du révérend père Paul tant de logique entraînante, d'éloquence persuasive? Pourquoi avez-vous pleuré en sortant de l'église et avez-vous embrassé votre mari en rentrant chez vous?
— Vous le savez mieux que moi, madame : c'est que

ce jour-là, vous aviez essayé ce mignon chapeau jaune qui est un bijou — j'en conviens — et vous fait paraître deux fois plus jolie. Ces impressions-là ne s'expliquent pas, mais elles sont invincibles; il y a là peut-être un peu d'enfantillage, vous en convenez, mais ce sont de ces enfantillages dont on ne peut se débarrasser, et comme preuve, c'est qu'un autre jour, retournant à Saint-Thomas pour entendre le révérend père Nicolas, qui est pourtant un de nos flambeaux, vous avez éprouvé des sentiments tout autres : un mécontentement général, des doutes, une irritabilité nerveuse à chaque phrase de l'orateur; votre âme ne s'élançait plus vers Dieu avec le même abandon; vous êtes sortie de Saint-Thomas ayant les pieds froids et la tête chaude, et vous vous êtes oubliée, en montant en voiture, jusqu'à dire que le révérend père Nicolas était un gallican sans éloquence. Votre cocher l'a entendu. — Et enfin, en rentrant chez vous, vous avez trouvé votre salon trop étroit et monsieur votre mari engraissé.

Pourquoi, je vous le demande encore, cette suite d'impressions fâcheuses? — S'il vous en souvient bien, chère madame, vous avez mis pour la première fois avant-hier l'horrible petit chapeau violet qui est du manqué le plus révoltant. Première culotte, chère madame.

Voulez-vous un dernier exemple? — Observez monsieur votre mari. Hier, il sort maussade, — il avait mal déjeuné, — et voilà que le soir, vers sept heures moins un quart, il revient de la Chambre joyeux, content, le sourire aux lèvres, la bonne humeur dans les yeux. Il vous embrasse au front avec un certain abandon, jette sur le guéridon, d'un geste aisé, une foule de brochures et de papiers; il se met à table, trouve le potage exquis et dévore joyeusement. — Qu'a donc mon mari? dites-vous. — Je vais vous l'expliquer : Monsieur votre mari a parlé hier pour la première fois dans cette enceinte que vous savez. Il a dit (la séance était chaude, on élucidait à gauche une infernale question), il a dit (au plus fort de la bagarre, en frappant son pupitre de son couteau à papier), il a dit : « Mais on n'entend pas! »

Et comme ces quelques mots étaient salués par l'approbation générale, que de tous côtés on disait : *Très-bien... parfait... très-bien... très-bien!* il a donné à son idée une forme plus parlementaire et a ajouté : « La voix de l'honorable orateur n'arrive pas jusqu'à nous. »

Ce n'est pas grand'chose, si vous voulez, et l'amendement pourrait bien passer quand même; mais enfin c'est un pas; disons toute la vérité : c'est un triomphe, puisque voilà six ans que monsieur votre mari remet au lendemain pour lancer dans l'enceinte sa première parole. Voilà un député heureux, voilà un député qui vient... de remettre sa première culotte.

Qu'importe que la cause soit futile ou sérieuse, si le sang circule plus vite, si l'on se sent plus heureux, si l'on est fier de soi? Remporter une grande victoire ou mettre un chapeau neuf, peu importe, si ce chapeau vous cause la même joie qu'une couronne de lauriers.

Donc, ne vous moquez pas trop du bébé, si sa première culotte l'enivre; si, lorsqu'il la porte, il trouve son ombre plus allongée et les arbres moins hauts. Il commence son métier d'homme, le cher enfant! pas davantage.

De combien de choses n'a-t-on pas tiré vanité, depuis que le monde est monde? On a été fier de son nez sous le roi chevalier; on le fut de sa perruque au grand siècle, et, plus tard, de son appétit et de son embonpoint. On est vaniteux de sa femme, de sa paresse, de son esprit, de sa bêtise, de la barbe qu'on a au menton, de la cravate qu'on a au cou, de la bosse qu'on a dans le dos.

BÉBÉS DES CHAMPS, CANETONS

POULETS

J'aime le bébé qui court sous les arbres des Tuileries ; je les aime bien, ces belles petites filles blondes aux longs cheveux frisés, aux bas blancs bien tirés, à la crinoline intraitable. J'aime à suivre de l'œil toutes ces bambines parées comme des châsses, déjà coquettes et minaudant autour de leur maman. Il me semble que dans chacune d'elles j'aperçois des milliers de ravissants défauts montrant déjà le bout de l'oreille. Mais toutes ces petites femmes et ces petits hommes en miniature, échangeant des timbres-poste en jacassant toilette, me font un peu l'effet d'adorables monstruosités.

Je les aime comme j'aime une grappe de raisin en février ou un plat de petits pois en décembre.

Dans le royaume des bébés, mon préféré, mon ami, c'est le bébé des champs courant sur la grande route au milieu de la poussière, pieds nus, déguenillé, ou dénichant des nids de merle et de pinson sur la lisière du bois. J'adore son grand œil noir étonné qui vous regarde fixe entre deux mèches de cheveux incultes, ses petites viandes fermes dorées par le soleil, son front noirci, perdu sous sa chevelure, sa figure barbouillée et sa culotte pittoresque qu'empêche de tomber à terre la bretelle paternelle, retenue par un gros bouton de métal (un cadeau de gendarme).

Ah! la belle culotte! pas assez de jambes, mais dans le reste quelle ampleur! il s'y cacherait tout entier, le petit sauvage, dans ce reste immense qui laisse échapper par une large fente un beau bout de chemise qui flotte comme un drapeau — j'allais dire un drapeau blanc. — Cette bonne culotte conserve un souvenir de tous les vêtements de la famille : voici un morceau du jupon maternel, puis un débris de gilet jaune, puis un lambeau de mouchoir bleu; le tout maintenu, cousu avec un fil qui a le double avantage de se voir de loin et de ne pas casser.

Mais sous ces vêtements rapiécés, on sent un petit corps solide; et qu'importent d'ailleurs les vêtements? Le bébé des champs n'est point coquet, et quand la patache descend la côte au bruit des grelots, qu'il faut s'élancer à sa poursuite, bousculer les voisins, tomber avec eux dans la poussière et rouler dans les fossés, que ferait cette chère marmaille d'une culotte courte et de bas de soie?

Je les aime aussi parce qu'ils sont sauvages, s'effarouchent et s'enfuient à votre approche comme une troupe de petits lapereaux joueurs qu'on surprend le matin parmi le serpolet. Il faut employer mille détours pour triompher de leurs frayeurs et gagner leur confiance. Mais si enfin, grâce à votre prudence, vous vous trouvez dans leur compagnie, d'abord les jeux cessent, les éclats et les cris s'éteignent, la petite troupe reste immobile, se gratte la tête, et tous les yeux inquiets vous regardent fixement. C'est le moment délicat.

Un mot sec, un geste dur peuvent vous brouiller à tout jamais avec eux, comme aussi une bonne parole toute ronde, un sourire, une caresse feront bientôt leur conquête. Et la conquête en vaut la peine, croyez-moi.

Un de mes grands moyens de séduction était celui-ci : Je tirais ma montre de mon gousset et je la regardais avec attention. Alors je voyais mon petit monde tendre le cou, écarquiller les yeux, s'avancer d'un pas; et il arrivait souvent que les petits poulets, les canetons et les oies qui flânaient à trois pas de là dans l'herbe imitaient leurs camarades et s'approchaient aussi.

Je portais ensuite ma montre à mon oreille, et je souriais comme un homme qui reçoit une confidence.

Devant ce prodige, mes bambins n'y tenaient plus, se regardaient entre eux de ce regard fin, naïf, peureux et moqueur qu'il faut avoir vu pour comprendre; ils s'avançaient cette fois pour tout de bon, et si j'offrais au plus hardi d'écouter aussi en lui tendant ma montre, il se reculait effrayé, quoique souriant, et la bande éclatait de joie ; les canetons battaient des ailes, les oies blanches ricanaient, les poussins faisaient : *cuik, cuik* ; — la partie était gagnée.

Que de fois j'ai joué cette comédie, assis à l'ombre d'un saule, au bord de ma petite rivière qui chemine en chantant au milieu des pierres blanches, tandis que les roseaux s'inclinent en tremblotant.

Le soleil chauffait dans la prairie, tout bourdonnait autour de nous ; les fleurs des champs se pâmaient sur leur tige, et dans le lointain les peupliers bleuâtres se balançaient autour du clocher.

Ma marmaille se pressait autour de moi pour écouter la montre, et bientôt les questions s'élançaient en chœur au milieu des rires. Ils inspectaient mes guêtres, fouillaient dans mes grandes poches, s'appuyaient sur mes genoux, les canetons se faufilaient sous mes bottes, et les grandes oies me chatouillaient dans le dos.

Comme on jouit de ne point faire peur à des êtres que tout fait trembler.

Je ne bougeais pas, de peur d'effaroucher leur joie, et j'étais comme un enfant qui construit un château de cartes et est arrivé au troisième étage. Mais je regardais toutes ces petites têtes heureuses se détachant sur le ciel bleu ; je regardais les rayons du soleil pénétrant dans le fouillis de leurs cheveux blonds ou s'étalant comme un large écu d'or sur leur petit cou bruni. Je suivais leurs gestes pleins de gaucherie et de grâce ; je m'asseyais dans l'herbe pour être plus près d'eux, et si un poussin malhabile chavirait entre deux pâquerettes, j'étendais le bras bien vite et le remettais sur pieds.

Je vous jure que tout mon public m'en était reconnaissant. Pour peu qu'on aime ce petit monde, une chose vous frappe lorsqu'on le regarde de près.

Caneton qui barbote au bord de l'eau ou fait la culbute dans son écuelle, jeune pousse qui dresse hors de terre ses petites feuilles frileuses, petits poulets trottinant devant la maman poule ou petits hommes trébuchant dans l'herbe... tous ces petits êtres-là se ressemblent. Ils sont bébés de la grande mère Nature; ils ont un code commun, une physionomie commune; ils ont je ne sais quoi de comique et de gracieux, de gauche et de tendre qui les fait aimer tout d'abord; ils sont parents, amis, camarades sous le même drapeau, et ce drapeau blanc et rose, saluons-le quand il passe, vieux barbons que nous sommes! Il est béni et s'appelle *l'Enfance*.

Tous les bébés sont ronds, souples, faibles, peureux, douillets au toucher comme une poignée de ouate. Protégés par des coussins de bonne chair rosée ou par une couche de duvet moelleux, ils s'en vont roulant, trébuchant, tirant à eux leurs petites pattes novices, agitant en l'air leur menotte rondelette ou leur aile déplumée. Voyez-les s'étalant pêle-mêle au soleil, sans distinction d'espèce, se gorgeant de lait ou de pâtée, et osez dire qu'ils ne sont point pareils?

Qui sait si tous ces enfants de la nature n'ont pas un point de départ commun, s'ils ne sont pas frères du même principe?

Qui sait si la source de vie n'est point une?

La Providence anime un chêne, un poulet ou un homme; mais qui me dira que ces trois souffles vivifiants diffèrent? Qui me dira qu'une même cause n'a pas produit tant d'effets différents?

Depuis qu'il y a des hommes à lunettes vertes, on se plaît à étiqueter les êtres de ce monde; on les range, on les divise en catégories, on les classe, on les ordonne, ainsi qu'un apothicaire soigneux qui veut de l'ordre chez lui. Ce n'est point une petite affaire que de caser chacun dans le tiroir qui lui convient, et j'ai ouï dire que certains sujets restaient sur le comptoir pour appartenir à deux cases à la fois.

Et qui me prouve, en effet, que ces cases existent? qui me dit que le monde entier n'est point une même famille, dont les parents diffèrent par des riens que nous croyons tout?

Les avez-vous constatés, ces tiroirs, ces compartiments? Avez-vous vu les barreaux de fer de ces cages imaginaires où vous emprisonnez les règnes et les espèces?

N'y a-t-il point d'infinies variétés qui échappent à votre analyse et sont comme le lien ignoré qui réunit entre elles toutes les parcelles du monde animé? Pourquoi dire : à ceux-ci l'éternité, à ceux-là le néant? Pourquoi dire : celui-ci est l'esclave, celui-là est le roi? — Singulière hardiesse pour des gens qui ignorent à peu près tout!

Homme, animal ou plante, l'être frémit, souffre ou jouit, — existe, et renferme en lui la trace du même mystère. Qui me dit que ce mystère, qui est partout le même, n'est point le signe d'une même parente, n'est point le signe d'une grande loi que nous ignorons?

C'est un rêve, allez-vous dire, que je fais là. — Et qu'est-ce donc que la science fait elle-même quand elle arrive à ce moment suprême où les loupes deviennent troubles et les compas impuissants? Elle rêve aussi, la science, elle suppose!

Supposons, nous aussi, que l'arbre est un homme à la peau rude, rêveur et silencieux, qui aime aussi à sa façon et frémit jusque dans ses racines lorsqu'un soir un vent tiède, chargé des senteurs de la plaine, arrive en soufflant dans sa chevelure verte et l'inonde de baisers.

Non, je n'accepte pas l'hypothèse d'un monde fait pour nous. Orgueil enfantin, qui serait absurde, si sa naïveté même ne lui prêtait quelque poésie.

L'homme n'est point un but, un total, une fin, il est un de ces anneaux d'une chaîne immense dont nous ignorons les deux bouts.

Et n'est-ce pas consolant de rêver que l'on n'est point une puissance isolée, à laquelle le reste du monde sert de piédestal, que l'on n'est point un destructeur patenté, un pauvre tyran fragile que des décrets arbitraires protégent, mais bien la note nécessaire d'un accord infini; de rêver que la loi de la vie est la même dans l'immensité, et rayonne sur les mondes de la même façon qu'elle rayonne sur les cités, qu'elle rayonne sur les fourmilières; de rêver que chaque vibration de nous-même est l'écho d'autres vibrations; de rêver un principe unique, un axiome primordial; de penser que l'univers nous enveloppe comme une mère enveloppe son enfant de ses deux bras; de se dire : « Je suis à lui et il est à moi; il cesserait d'être sans moi, je n'existerais pas sans lui; » de ne voir enfin que la divine unité de lois qui ne pourraient pas ne pas être, là où d'autres n'ont vu que la fantaisie souveraine et le caprice d'un individu ?

C'est un rêve! — Peut-être; mais je l'ai fait souvent en voyant les bébés du village se rouler sur l'herbe tendre, au milieu des canetons.

L'AUTOMNE

SOUPE AUX CHOUX. — GRANDE PLUIE

Connaissez-vous l'automne, cher lecteur, l'automne en pleins champs, avec ses bourrasques, ses longs soupirs, ses feuilles jaunies qui tourbillonnent au loin, ses sentiers détrempés, ses beaux couchers de soleil, pâles comme le sourire d'un malade, ses flaques d'eau dans les chemins... connaissez-vous tout cela?

Si vous avez vu toutes ces choses, vous n'y êtes certes pas resté indifférent. On les déteste ou on les aime follement.

Je suis au nombre de ceux qui les aiment, et je donnerais deux étés pour un automne. J'adore les grandes flambées; j'aime à me réfugier dans le fond de la cheminée ayant mon chien entre mes guêtres humides. J'aime à regarder les hautes flammes qui lèchent la vieille ferraille aux dents pointues et illuminent les noires profondeurs. On entend le vent siffler dans la grange, la grande porte craquer, le chien tirer sur sa chaîne en hurlant, et malgré le bruit de la forêt, qui tout près de là rugit en courbant le dos, on distingue les croassements lugubres d'une bande de corbeaux qui luttent contre la tempête. La pluie bat les petites vitres; on songe à ceux qui sont dehors, en allongeant ses jambes vers le feu. On songe aux marins; au vieux docteur conduisant son petit cabriolet, dont la capote se dandine, tandis que les roues enfoncent dans l'ornière et que Cocotte hennit contre le vent. On pense aux deux gendarmes dont le tricorne ruisselle; on les voit morfondus, trempés, courbés en deux et cheminant dans le sentier des vignes, assis sur leur monture que recouvre le grand manteau bleu. On songe au chasseur attardé courant dans la bruyère, poursuivi par l'ouragan comme le criminel par le châtiment, sifflant son chien, la pauvre bête! qui barbote dans les marais...

Infortuné docteur, infortunés gendarmes, infortuné chasseur!

Et tout à coup la porte s'ouvre, et Bébé s'élance en criant :

« Petit père, le dîner est servi. »

Pauvre docteur! Pauvres gendarmes!...

« Qu'est-ce qu'il y a pour dîner? »

La nappe était blanche comme la neige en décembre, les couverts étincelaient sous la lampe, la fumée du potage s'engouffrait sous l'abat-jour et voilait la flamme en répandant une bonne odeur de choux.

Pauvre docteur! Pauvres gendarmes!

Les portes étaient bien closes, les rideaux soigneusement tirés; Bébé se hissait sur sa grande chaise et tendait le cou pour qu'on lui nouât sa serviette, tout en criant, les mains en l'air :

« La bonne soupe aux choux! »

Et souriant en moi-même, je disais :

« Le bambin a tous mes goûts! »

La maman arrivait bientôt et toute joyeuse, ôtant ses gants étroits :

« Il y a, je crois bien, monsieur, quelque chose que vous aimez beaucoup, » me disait-elle.

C'était jour de faisan! et instinctivement, je me retournais un peu pour voir sur le buffet la bouteille poussiéreuse de mon vieux chambertin.

Faisan et chambertin! la Providence les créa l'un pour l'autre, et ma femme jamais ne les a séparés.

« Sabre de bois! mes enfants, qu'on est bien chez nous! m'écriai-je en riant de bon cœur. Sabre de bois... sabre de bois!

— Pistolet de paille! » ajoutait Bébé en tendant le bec au potage.

Et tout le monde éclatait de rire.

Pauvres gendarmes! Pauvre docteur!

Oui, oui, j'aime beaucoup l'automne, et mon gros chéri l'aimait aussi comme moi, non pas seulement à cause du plaisir qu'il y a à se retrouver ensemble autour d'un grand beau feu, mais aussi à cause des bourrasques elles-mêmes, du vent et des feuilles mortes. Il y a un charme à affronter tout cela.

Que de fois avons-nous été tous deux nous promener dans les champs, en dépit du froid et des gros nuages!

Nous étions bien couverts, chaussés de nos grosses bottes; je lui prenais la main, et nous partions à l'aventure. Il avait cinq ans alors et trottait comme un homme. Grand Dieu! il y a vingt-cinq ans de cela!

Nous remontions la petite route jonchée de feuilles humides et noires; les grands peupliers dépouillés, grisâtres, laissaient entrevoir l'horizon, et l'on apercevait au loin, sous un ciel violet, lamé de bandes jaunâtres et froides, les toits de chaume affaissés et les cheminées rouges d'où s'échappaient des petits nuages bleuâtres que chassait le vent comme un furieux. Bébé sautait de joie, retenant de sa main son chapeau, qui voulait s'envoler, et puis me regardait de ses petits yeux brillants sous les larmes. Ses joues étaient rouges de froid, et tout au bout de son nez pendait une petite perle transparente et prête à tomber. Mais il était joyeux, et nous longions les prés humides sur lesquels s'étalait la rivière débordée. Plus de roseaux, plus de nénufars, plus de fleurettes sur les bords! Quelques vaches entrant dans l'herbe humide jusqu'à mi-jambe et paissant lentement.

Dans le fond d'un fossé, à côté d'un gros tronc de saule, deux petites filles, blotties l'une contre l'autre, sous un grand manteau qui les entortillait. Elles gardaient leurs vaches, les pieds à moitié nus, dans des sabots fendus, et leurs deux petits visages transis apparaissaient sous le grand capuchon.

De temps en temps de larges flaques d'eau, où se reflétait le ciel blafard, barraient le chemin, et nous restions un instant au bord de ces petits lacs frissonnant sous la bise, à voir flotter les feuilles gondolées. C'étaient les dernières. On les voyait se détacher du sommet des grands arbres, tournoyer dans l'air et se précipiter dans la flaque. Je prenais mon petit homme dans les bras, et tant bien que mal nous passions outre. Au bord des champs brunis et vides, on voyait une charrue chavirée ou une herse laissée là par hasard. Les ceps de vigne, dépouillés, rampaient à terre, et les échalas raboteux et humides étaient réunis en gros tas.

Je me souviens qu'un jour, dans l'une de ces promenades d'automne, arrivés au haut de la colline, dans un chemin défoncé qui longe les bruyères et mène au vieux pont, le vent se mit tout à coup en fureur. Mon chéri, suffoqué, s'accrochait à ma jambe, et s'abritait dans le pan de mon paletot. Mon chien, de son côté, s'arc-boutant sur ses quatre pattes, la queue entre les jambes et les oreilles flottantes, me regardait aussi.

Je me retournai : l'horizon était sombre comme un fond d'église. D'immenses nuages noirs accouraient sur nous, et de tous côtés les arbres se penchaient en gémissant sous les torrents d'eau que chassait la bourrasque. Je n'eus que le temps d'emporter mon petit homme, qui pleurait de frayeur, et j'allai me blottir contre une haie qu'abritaient un peu les vieux saules. J'ouvris mon parapluie, je m'accroupis derrière, et, déboutonnant mon grand paletot, j'y fourrai mon bébé, qui s'y réfugia en me serrant de bien près. Mon chien vint se mettre dans mes jambes, et Bébé, ainsi abrité par ses deux amis, commença à sourire du fond de sa cachette. Je l'apercevais par une ouverture et je lui disais :

« Eh bien ! petit homme, es-tu bien ?
— Oui, papa chéri. »

Je sentais ses deux bras qui me serraient la taille. — J'étais plus mince qu'à l'heure qu'il est, et je voyais bien qu'il m'était reconnaissant de lui servir de toit.

A travers l'ouverture il tendit ses petites lèvres et j'approchai les miennes.

« Est-ce qu'il pleut encore dehors, petit père ?
— Voilà que c'est bientôt fini, mon camarade.
— Déjà ! j'étais si bien dans toi. »

Comme tout cela vous reste au cœur. — C'est peut-être niaiserie que de raconter ces petits bonheurs-là, mais qu'il est doux de s'en souvenir !

Nous rentrâmes à la maison, crottés comme des barbets, et nous fûmes grondés d'importance. Mais quand le soir fut venu, que Bébé fut couché et que j'allai l'embrasser et le chatouiller un peu, — c'était notre habitude, — il m'entoura le cou de ses deux bras et me dit dans l'oreille :

« Quand il pleuvra, nous irons encore, dis ? »

IL AURAIT QUARANTE ANS

Lorsqu'on a vu naître son enfant, qu'on a suivi ses premiers pas dans la vie, qu'on l'a vu sourire et pleurer, qu'on l'a entendu vous appeler *petit père* en tendant vers vous ses petits bras, on croit connaître toutes les émotions paternelles et, comme rassasié de ces bonnes joies quotidiennes qu'on touche, on imagine déjà celles du lendemain ; on court en avant, on fouille l'avenir, on est impatient et l'on avale le bonheur présent à longs traits, au lieu de le déguster goutte à goutte. Mais il suffit d'une maladie du bébé pour vous rendre à la raison.

Pour sentir la puissance des liens qui vous attachent à lui, il faut avoir craint de les voir se briser ; pour savoir qu'une rivière est profonde, il faut avoir été sur le point de s'y noyer.

Rappelez-vous ce matin où, ayant soulevé les rideaux de son lit, vous avez aperçu dans l'oreiller son petit visage pâle et amaigri. Ses yeux creusés, entourés de teintes bleuâtres, étaient à demi fermés. Vous avez rencontré son regard, qui semblait caché derrière un voile; il vous a vu sans vous sourire. Vous lui avez dit : bonjour, et il n'a point répondu. Sa physionomie n'exprimait qu'abattement et faiblesse; ce n'était déjà plus votre enfant. Il a poussé une espèce de soupir, et ses paupières trop lourdes se sont affaissées. Vous avez pris ses mains, longues, transparentes, aux ongles sans couleur : elles étaient chaudes et humides. Vous les avez embrassées, ces pauvres petites mains, mais pas un frisson n'a répondu au contact de vos lèvres.

Alors vous vous êtes retourné et vous avez aperçu votre femme qui pleurait derrière vous.

C'est à ce moment que vous vous êtes senti frissonner de la tête aux pieds, et que l'idée d'un malheur possible s'est emparée de vous pour ne plus vous lâcher. A chaque instant vous reveniez vers ce lit et souleviez de nouveau les rideaux, espérant peut-être que vous aviez mal vu ou qu'un miracle s'était opéré; mais vous vous en alliez bien vite, avec des larmes dans la gorge; et cependant, vous tentiez de sourire pour le faire sourire lui-même; vous cherchiez à réveiller en lui le désir des choses; mais rien : il restait immobile, épuisé, ne se retournant même pas, indifférent à ce que vous disiez, étranger à tout, même à vous-même.

Et que faut-il pour abattre ce petit être, pour

l'éteindre à ce point? Quelques heures seulement. Que faudrait-il pour l'achever? Cinq minutes? peut-être.

On sait que la vie tient à rien dans ce corps si frêle, si peu fait pour la douleur. On sent que l'existence est un souffle, et l'on se dit :

« Si celui-ci allait être le dernier ! »

Tout à l'heure il se plaignait. Il ne se plaint déjà plus. Il semble que quelqu'un l'entoure, l'entraîne et l'arrache de vos bras. Alors vous vous rapprochez de lui et le serrez presque involontairement, comme pour lui redonner un peu de votre vie à vous. Son lit est humide des sueurs de la fièvre; ses lèvres se décolorent. Les narines de son petit nez aminci et desséché se soulèvent et s'affaissent. Sa bouche reste grande ouverte. C'est elle pourtant, cette pauvre bouche rose qui riait si joyeusement, ce sont là les deux lèvres qui s'appliquaient contre les vôtres... et toutes les joies, les éclats de rire, les folies, les bavardages sans fin, tous les bonheurs passés se pressent dans votre esprit au bruit de cette respiration haletante, tandis que de grosses larmes chaudes tombent lentement de vos yeux.

Pauvre homme! Votre main cherche ses petites jambes, et vous n'osez toucher sa poitrine, que vous avez baisée si souvent, de peur d'y rencontrer cette maigreur horrible que vous pressentez, mais dont le contact vous ferait éclater en sanglots...

Et puis, à un certain moment, tandis que le soleil inondait la chambre, vous avez entendu une plainte plus profonde qui ressemblait à un cri. Vous êtes accouru : son visage était contracté; il vous a regardé de ses yeux qui ne voyaient plus...

Et tout est rentré dans le calme, le silence et l'immobilité, tandis que ses joues creusées devenaient jaunâtres et transparentes comme l'ambre de son collier.

Le souvenir de ce moment-là reste toute la vie dans le cœur de ceux qui ont aimé; et dans la vieillesse même, alors que le temps a voilé ces douleurs, que d'autres joies et d'autres peines ont empli les jours, le lit de l'agonisant vous apparaît encore quand on tisonne, le soir. On revoit dans la flamme qui pétille la chambre du bébé perdu, la table où étaient les tisanes, les fioles éparses, tout cet arsenal qu'amène la maladie; ses petits vêtements rangés en ordre et qui l'ont attendu si longtemps; dans un coin, ses joujoux délaissés. On revoit jusque sur le papier de tenture la trace de ses petits doigts et sur la porte, les zigzags qu'il fit avec son crayon; on revoit ce coin tout barbouillé de traits ou de dates où chaque mois on le mesurait; on le revoit jouant, courant, arrivant en nage se jeter dans vos bras, et en même temps on l'aperçoit aussi fixant sur vous son regard vitreux ou immobile et froid sous un grand linge blanc tout humide d'eau bénite.

N'est-ce pas, vieille grand'mère, que ce souvenir-là vous revient parfois, et que vous versez encore une longue larme en vous disant : « Il aurait quarante ans ! »

Et ne le savons-nous pas, chère vieille dont le cœur saigne encore, qu'il y a au fond de votre armoire à glace, derrière vos bijoux, à côté de paquets de lettres jaunies dont nous ne voulons pas deviner l'écriture, qu'il y a, dis-je, tout un petit musée de saintes reliques, les derniers souliers avec lesquels il courut dans le sable, ce jour où il se plaignit du frisson, quelques débris de joujoux brisés, une branche de buis desséchée, un petit bonnet, — son dernier ! — déposé dans une triple enveloppe, et mille riens qui sont un monde, pauvre femme ! qui sont les miettes de votre cœur brisé.

Les liens qui unissent les enfants aux parents se dénouent. Ceux qui unissent les parents aux enfants se brisent.

Là, c'est le passé qui s'efface ; — ici, c'est l'avenir qui se déchire.

CONVALESCENCE

BÉBÉ SE REMPLUME

Mais, mon cher lecteur, oubliez ce que je viens de dire. Bébé ne veut pas vous quitter; il ne veut pas mourir, le pauvre petit être; et si vous voulez en avoir la preuve, regardez-le de bien près; le voilà qui sourit.

Sourire bien pâle, qui ressemble à ces rayons de soleil tiède qui se faufilent entre deux nuages à la fin d'un hiver pluvieux. On le devine plutôt qu'on ne le voit, ce sourire, mais il suffit à vous réchauffer le cœur. Le voile commence à se dissiper; il vous voit, il vous entend, il sait que petit père est là; — votre enfant vous est rendu. — Déjà son regard est plus net. Appelez-le doucement...

Il voudrait se retourner, mais il ne peut encore, et, pour toute réponse, sa petite main qui recommence à naître, s'agite et chiffonne le drap.

Attendez encore un peu, pauvre père impatient, et demain, à son réveil, il vous dira : *papa*.

Vous verrez comme il vous fera du bien, ce *papa* qui ressemble à un souffle, ce premier signe à peine intelligible du retour à la vie. Il vous semblera que votre enfant renaît une seconde fois.

Il va souffrir encore, il aura d'autres crises; la tempête ne se calme pas tout d'un coup; mais il pourra maintenant appuyer sa tête sur votre épaule, se blottir dans vos bras, parmi les couvertures; il pourra se plaindre, vous demander du regard et des lèvres aide et soulagement; vous serez réunis enfin et vous aurez conscience qu'il souffre moins en souffrant sur vos genoux.

Vous garderez sa main dans la vôtre, et si vous voulez vous éloigner, il vous regardera en vous serrant le doigt. Que de choses dans cette petite étreinte! Cher monsieur, vous la rappelez-vous?

« Petit père, reste près de moi, tu m'aides à souffrir; quand je suis seul, j'ai peur du *bobo*; serre-moi bien contre toi, et je souffrirai moins. »

Plus votre protection est nécessaire à un autre, et plus vous jouissez en l'accordant. Qu'est-ce donc lorsque cet autre est un second vous-même plus aimé que le premier. Avec la convalescence arrive une nouvelle enfance, pour ainsi dire. Nouveaux étonnements, nouvelles joies, nouveaux désirs arrivant un à un à mesure que la santé renaît. Mais ce qui est touchant et délicieux, c'est cette câlinerie si délicate de l'enfant qui souffre encore et s'accroche à vous, c'est cet abandon de lui-même en vous, c'est cette faiblesse extrême qui vous le livre tout entier. A aucune époque de la vie, il n'a joui autant de votre présence, il ne s'est réfugié aussi volontiers dans votre robe de chambre, il n'a écouté plus religieusement vos histoires et souri plus finement à vos accès de gaieté !

Est-il vrai, comme il vous semble, qu'il n'ait jamais été plus charmant, ou serait-ce simplement que le voisinage du danger vous fait attacher plus de prix à ses caresses, et que vous comptez vos trésors avec d'autant plus de charme que vous avez failli être ruiné ?

Mais le petit homme est sur pieds. Battez, tambours ! sonnez, clairons ! chevaux éventrés, sortez de vos cachettes ; entrez à flots, mon beau soleil ! petits oiseaux, une ritournelle. Le petit roi renaît... vive le roi !

Et vous, monseigneur, venez embrasser votre père.

Ce qu'il y a de particulier, c'est que cette crise affreuse que l'on vient de traverser vous devient douce en quelque sorte ; on y revient sans cesse, on en reparle, on la caresse de la pensée, et, comme les compagnons d'Énée, on cherche, en se souvenant du péril passé, à augmenter la joie présente.

« Te souviens-tu, se dit-on, de ce jour où il était si mal ? Te rappelles-tu son regard éteint, son petit bras maigre, ses lèvres pâlies ?

— Et ce matin où le docteur est parti en nous serrant la main ? »

Il n'y a que bébé qui ne se souvienne de rien. Il n'éprouve plus qu'un immense désir de réparer ses forces, de regonfler ses joues et de recouvrer ses mollets.

« Petit père, est-ce que nous n'allons pas dîner, dis, petit père?

— Oui, petit ami, le jour baisse, attends un peu.

— Dis donc, papa, si nous n'attendions pas?

— Dans vingt minutes, gros goulu.

— Vingt! c'est beaucoup, dis, vingt?... Si on mangeait vingt côtelettes, est-ce que ça vous ferait mal?... Mais avec des pommes de terre, et puis des confitures, et puis de la soupe, et puis des gâteaux, et puis... est-ce qu'il y a toujours vingt minutes? — Dis donc, papa, quand il y a du bœuf avec de la sauce (il en a plein la bouche) avec de la sauce tomate...rouge.

— Oui, l'ami, oui, eh bien?

— Eh bien! un bœuf, c'est plus gros que ce qu'il y a dans le plat; pourquoi donc est-ce qu'on n'apporte pas le reste du bœuf? Moi, d'abord, je mangerais bien tout, mais avec du pain, et puis des haricots, et puis, et puis!... »

Il est insatiable lorsqu'il a la serviette au cou, et c'est plaisir que de voir le bonheur qu'il éprouve à faire travailler ses mâchoires. Ses petits yeux brillent, ses joues se colorent; ce qu'il cache dans son petit four est impossible à dire, et c'est à peine, tant il est occupé, s'il trouve le temps d'éclater de rire entre deux bouchées.

Vers le dessert, son ardeur se ralentit, son regard devient plus langoureux, ses doigts se détendent, et par moments ses yeux se ferment.

« Petite mère, je voudrais bien me coucher, » dit-il en se frottant les yeux.

Bébé se remplume.

LA FAMILLE

L'enivrement du succès, la fièvre de la lutte éloignent l'homme de la famille ou l'y font vivre en étranger, et bientôt il ne trouve plus de charmes aux choses qui l'ont d'abord séduit.

Mais que l'insuccès arrive, que le vent froid souffle un peu fort, l'homme se replie sur lui-même, il cherche tout près de lui quelqu'un qui soutienne ses défaillances, un sentiment qui remplace son rêve évanoui, et il penche son front vers son enfant; il prend la main de sa femme et la serre. Il semble inviter ces deux êtres à partager son fardeau. En voyant des larmes dans les yeux de ceux qu'il aime, les siennes lui paraissent diminuées d'autant. Il semble que les douleurs morales aient les mêmes effets que les douleurs physiques. Le malheureux qui se noie s'attache aux roseaux; de même l'homme dont le cœur se brise serre sa femme et son enfant contre lui. Il demande à son tour aide, protection, chaleur, et c'est chose touchante que de voir le plus fort s'abriter dans les bras du plus faible et retrouver courage dans son baiser. Les enfants ont l'instinct de tout cela, et l'émotion la plus vive qu'ils puissent éprouver est celle qu'ils ressentent en voyant leur père pleurer.

Rappelez-vous, cher lecteur, vos plus lointains souvenirs, cherchez dans ce passé qui vous apparaît d'autant plus net que vous êtes plus loin.

Avez-vous vu une fois rentrer le père à la maison, puis s'asseoir au foyer avec une larme dans les yeux? — Vous n'avez pas osé l'approcher d'abord, tant vous sentiez sa douleur profonde. — Comme il fallait qu'il fût malheureux pour que ses yeux fussent humides! Alors vous avez senti qu'un lien vous attachait à ce pauvre homme, que son malheur vous frappait aussi, qu'une part vous revenait de droit, et que vous étiez atteint puisque le père l'était.

Personne ne comprend mieux que l'enfant cette solidarité de la famille à laquelle il doit tout.

Vous avez donc ressenti tout cela; votre cœur s'est gonflé dans le petit coin où vous étiez resté silencieux, et les sanglots ont éclaté, tandis que, sans savoir pourquoi, vous tendiez vos bras vers le vieil ami.

Il s'est retourné, il a tout compris, il n'a pu contenir sa douleur davantage, et vous êtes restés enlacés dans les bras l'un de l'autre, père, mère et enfant, sans vous rien dire, mais vous regardant et vous comprenant.

Saviez-vous, cependant, la cause du chagrin de ce pauvre homme?

En aucune façon.

Et voilà pourquoi l'on a poétisé l'amour filial et l'amour paternel, pourquoi la famille est dite sainte; c'est qu'on y retrouve la source même du besoin de s'aimer, de s'entr'aider, de se soutenir, qui de temps à autre se répand sur la société tout entière, mais à l'état d'écho affaibli.

Ce n'est que de loin en loin dans l'histoire que l'on voit tout un peuple se grouper, se replier sur lui-même et frissonner du même frisson.

Il faut un bouleversement effroyable pour qu'un million d'hommes se tendent la main et se comprennent en se regardant; il faut un effort surhumain pour que la famille devienne la nation, et que les limites du foyer s'étendent jusqu'aux frontières.

Il suffit d'une plainte, d'une souffrance, d'une larme, pour qu'un homme, une femme et un enfant confondent leurs trois cœurs en un seul, et sentent qu'ils ne font qu'un.

Raillez le mariage, la chose est aisée. Tous les contrats humains sont entachés d'erreur, et l'erreur est toujours comique pour ceux qui n'en sont pas victimes. Il est des maris trompés, la chose est certaine, et lorsqu'on voit choir un homme, se serait-il fracassé la tête, le premier mouvement est d'éclater de rire. De là l'immense et éternelle gaieté qui salue Sganarelle.

Mais fouillez au fond et voyez que sous toutes ces misères, sous toute cette poussière de petites vanités déçues, d'erreurs ridicules et de passions comiques, se cache le pivot même de la société, et constatez qu'en cela tout est pour le mieux, puisque ce sentiment de la famille, qui est la base du monde, en est aussi la consolation et la joie.

L'honneur et le respect du drapeau, l'amour de la patrie, tout ce qui pousse l'homme à se dévouer pour quelque chose ou quelqu'un qui n'est pas lui, dérivent de ce sentiment-là, et c'est en lui, on peut le dire, qu'est la source d'où découlent les grands fleuves où se désaltère le cœur humain.

Égoïsme à trois! dites-vous. — Qu'importe, si cet égoïsme engendre le dévouement!

Reprocherez-vous au papillon d'avoir été chenille?

Ne m'accusez pas en tout cela d'exagération ou de lyrisme.

Oui, la vie de famille est bien souvent calme et prosaïque, le pot-au-feu qui figure dans ses armes n'a point été mis là sans raison; je le reconnais. Au mari qui viendrait me dire : « Monsieur, voici deux jours de suite que je m'endors au coin du feu, » — je répondrais : « Vous êtes trop paresseux, mais enfin je vous comprends. »

Je comprends aussi que la trompette de bébé est bruyante, que les bijoux sont horriblement chers, que les volants de dentelle et les garnitures de zibeline le sont également, que le bal est fastidieux, que madame a ses vapeurs, ses niaiseries, ses exigences; je comprends enfin qu'un homme auquel la carrière sourit considère sa femme et son enfant comme deux bâtons placés entre ses jambes.

Mais je l'attends, l'homme heureux, au moment où son front se plissera, où la déception lui tombera sur la tête comme une calotte de plomb et où, ramassant les deux bâtons qu'il a maudits, il s'en fera deux béquilles.

J'admets qu'Alexandre le Grand, Napoléon Ier et tous les demi-dieux de l'humanité n'aient ressenti qu'à de rares intervalles le charme d'être père ou époux; mais nous autres pauvres petits hommes qui sommes moins occupés, il faut que nous soyons l'un ou l'autre.

Je ne crois pas au vieux célibataire heureux, je ne crois pas au bonheur de tous les êtres qui, par folie ou calcul, se sont soustraits à la meilleure des lois sociales. On en a dit long sur ce sujet-là, et je ne veux pas augmenter le dossier de ce volumineux procès; mais, avouez-le franchement, vous tous qui avez entendu le cri de votre nouveau-né et qui avez senti votre cœur tinter comme un verre qui va se briser, avouez, à moins que vous ne soyez idiots, avouez que vous vous êtes dit : « Je suis dans le vrai, dans le beau et dans le bon. Là, et là seulement, est le rôle de l'homme. J'entre dans la voie battue, frayée, mais droite; je traverserai les landes monotones, mais chacun de mes pas me rapproche du clocher. Je ne suis point errant dans la vie, je marche; je soulève de mes pieds la poussière où mon père a mis les siens. Mon enfant, sur cette même route, retrouvera la trace de mes pas, et peut-être, en voyant que je n'ai point failli, dira : « Faisons comme le pauvre vieux, et ne nous perdons pas dans les terres labourées. »

Si le mot *saint* a encore un sens, en dépit du métier qu'on lui a fait faire, je ne vois pas qu'on puisse s'en mieux servir qu'en le plaçant à côté du mot *famille*.

On parle de progrès, de justice, de bien-être général, de politique infaillible, de patriotisme et de dévouement... J'en suis, morbleu! de toutes ces bonnes choses-là! mais tout ce brillant horizon se résume en ces trois mots : *aimer son voisin*, et c'est précisément, à mon avis du moins, la chose qu'on oublie d'enseigner.

Aimer son voisin, c'est simple comme bonjour; mais c'est le diable que de rencontrer ce sentiment si naturel. Il y a des gens qui vous en montrent la graine dans le creux de la main; mais ceux-là même qui en font commerce, de cette graine précieuse, sont les derniers à vous en montrer la feuille.

Eh bien! mon bon lecteur, cette petite plante, qui devrait pousser en France comme le coquelicot dans les blés, cette plante qu'on n'a jamais vue plus haute que le cresson de fontaine, et qui devrait dépasser les chênes, cette plante introuvable, je sais où elle est.

Elle est au coin du foyer domestique, entre la pelle et la pincette, à côté du pot-au-feu; c'est là qu'elle se perpétue, et si elle existe encore, c'est à la famille qu'on le doit. J'aime, à peu de chose près, tous les philanthropes et tous les sauveurs d'humanités; mais je n'ai foi qu'en ceux qui ont appris à aimer les autres en embrassant leurs enfants.

On ne refera pas l'homme pour satisfaire le besoin des théories humanitaires; l'homme est égoïste, et il aime avant tout ceux qui l'entourent. Voilà le sentiment humain et naturel : c'est celui-là qu'il faut élargir, étendre et cultiver. En un mot, c'est dans l'amour de la famille qu'est compris l'amour de la patrie, et, par suite, celui de l'humanité. C'est avec les pères qu'on fait des citoyens.

L'homme n'a pas trente-six mobiles; il n'en a qu'un dans le cœur; ne le discutez pas et profitez-en.

L'affection gagne de proche en proche. L'amour à trois, lorsqu'il est vigoureux, veut bientôt plus d'espace; il recule les murs de la maison, et petit à petit il invite les voisins. L'important est donc de le faire naître, cet amour à trois; car c'est folie, j'en ai peur, que d'imposer tout d'abord au cœur de l'homme l'espèce humaine entière. On n'avale pas du coup et sans préparation d'aussi gros morceaux.

C'est pourquoi j'ai toujours pensé qu'avec les nombreux sous donnés pour le rachat des petits Chinois on aurait pu, en France, faire petiller la flamme dans des cheminées où elle ne petille plus; faire briller bien des yeux autour d'une soupe fumante; réchauffer des mères transies, faire sourire des bébés amaigris, redonner à de pauvres découragés plaisir et bonheur à rentrer au logis...

Que de gros baisers français vous auriez fait sonner avec tous ces gros sous! et, par suite, quel coup d'arrosoir pour la petite plante que vous savez!

« Mais alors que serait devenu le commerce des petits Chinois? »

Que voulez-vous? nous y songerons plus tard; il

faut savoir aimer les siens avant de pouvoir aimer ceux des autres.

Cela est brutal, égoïste, mais vous n'y changerez rien; c'est avec les petits défauts que l'on construit les grandes vertus. Et, après tout, gardez-vous de gémir; cet égoïsme-là est la première pierre de ce grand monument — entouré d'échafaudages pour le moment — que l'on nomme *la société*.

FIN.

TABLE DES MATIÈRES

	Pages.
A ma lectrice.	1
Mon premier réveillon	3
L'âme en peine.	9
Tout le reste de madame de K.	23
Souvenirs de carême	32
Le sermon	32
Les pénitentes	37
Causerie.	43
Un rêve	50
Un bal d'ambassade.	66
Ma tante en Vénus.	76

EN MÉNAGE.

Conférence d'introduction	91
A la mairie. — A l'église.	103

	Pages.
Une nuit de noce	116
Le cahier bleu	134
Encore le cahier bleu	155
Ma femme va au bal	163
Fausse alerte	175
Je soupe chez ma femme	193
De fil en aiguille	202
Un bout de causette	211
La boule	221
Une envie	228

EN FAMILLE.

Mon premier-né	241
Le jour de l'an en famille	252
Lettres d'une jeune mère	262
Vieux souvenirs	272
Les petites bottes	280
Bébés et papas	289
Première culotte	299
Bébés des champs, canetons, poulets	306
L'automne	314
Il aurait quarante ans	320
Convalescence	325
La famille	329

www.ingramcontent.com/pod-product-compliance
Lightning Source LLC
Chambersburg PA
CBHW060459170426
43199CB00011B/1259